公務員試験

# 現職人事が書いた「公務員になりたい人へ」の本

2026年度版

大賀英徳 編著

実務教育出版

# はじめに

みなさん、こんにちは！　人事課で職員の採用と人事全般を担当してきた大賀と申します。

人事の仕事って、面倒でやっかいなこともたくさんあるのですが、その中で、採用の仕事はとっても楽しみなものです。なぜって、みなさんのような前途有望な、キラキラした受験者の方々とお会いできるのですから。われわれオジサン職員たちは、いつもみなさんから元気をもらって「自分たちも頑張らなくっちゃ！」って思っているんですよ。

さて、この本は、「さぁて、就職、どうするかなぁ？」「これから、就職活動っていっても、何をすればいいかなぁ？」というみなさん、特に、「そうだ！公務員ってどうすればなれるんだろう？」と考え始めたみなさんに、公務員の生活と公務員試験の実際についてご紹介するために書きました。これからのみなさんの進路を決めるに当たって、参考にしていただければ幸いです。

よく説明会などでもお話ししているのですが、就職するって本当に「人生の切り売り」なんです。毎日、楽しく過ごしても、「イヤだなー、失敗したなー」と思って後悔し続けても、どっちにしても、二度と繰り返すことのできない、みなさんの一生の貴重な貴重な一部分を、その仕事にささげることになるわけです。だったら、自分に最もピッタリで、納得のいく仕事に打ち込んでみたいですよね。

というわけで、公務員の仕事がみなさんにピッタリとマッチングするか、その判断の材料を提供していきたいと思います。この本を参考にしていただいて、みなさんそれぞれの人生をどのように歩んでいくか、じっくりと検討してみてください！

大賀英徳

公務員試験

# 現職人事が書いた「公務員になりたい人へ」の本 ▼目次

## 第3章 どうやったら試験に合格できるの？ 公務員試験の対策

## 第4章 オトナの世界へ羽ばたこうとする君たちへ 求められる人物像

# 序章

# キミたちは勘違いしている！
# 公務員に対する誤解

みなさんは公務員のコト、知っているようで、誤解している部分も多いみたい。公務員になりたいみなさんも、そうでないみなさんも、実際の公務員の姿を知ってください！

# 公務員と公務員試験のこと、誤解しないで!!

## 本当に公務員は楽チンでオイシイ仕事か!?

さて、みなさん。みなさんは、どんな気持ちでこの本を手に取りましたか？

「公務員は、ずっと机に向かって事務をしていればいいみたいだし、なんかまったり勤務してるよねー。それに、**残業なしでソッコーで帰れる**し、待遇《たいぐう》や福利厚生《ふくりこうせい》も充実してるらしいし、いいことずくめだよね！　ちょっと地味《じみ》ぃ〜で、ダサくて、シゲキが少なそうだけど、その辺は、まあ、ちょっと我慢《がまん》するかぁ〜」

「ウチの子、**とにかく地元《じもと》**で、安定してて、楽《らく》チンそうで、親としてもご近所にちょっと自慢できるお役所に勤《つと》めさせたいわ！」

こんな夢と希望（!?）を抱《いだ》いているみなさんの〝**妄想《もうそう》**〟**を打ち砕《くだ》く**ために、この本を書きました（笑）。

確かにマスコミなどでたたかれている公務員像って、まさにこれですよね。想像を絶するようなオイシイ手当をもらっていたり、お気楽生活を送っていたり。そんな反省すべき実態もあることは否定できませんが、でも、それは限られた一部だけの話。私が周《まわ》りを見回した限り、そんな夢（！）のような生活をしている公務員は見かけません。みんな、ごくごく普通に、つつましやかに生活をし、マジメに「国民のために働きたい」「みんなのためになることをしたい」という熱意を持って働いている人たちばかりです。

## 公務員なう！　ナマの公務員の「今」を知ろう

実際に人事管理《じんじかんり》（職員の人事配置、昇任昇格等《しょうにんしょうかく》）をしつつ、採用も担当していた私からすると、このへんのこと、まったくわかっていないで、ただただ「公務員！」ってめざしているみなさんがとても多いんです。というわけで、公務員「初心者」であるみなさんに、十分に公務員の実像を知ってもらったうえで、選択していただきたいと思って、この本を書きました。

そこで、まず、仕事、組織《そしき》、給料、待遇、出世《しゅっせ》などといった**公務員の実態**から書いてあります。ご覧になれば、みなさんが思っている以上に公務員の仕事って幅が広いんだなということ、また、給料や待遇面での世間の誤解がおわかりいただけると思います。

次に、「んで、どうすれば公務員になれるの？やっぱコネ？」と考えているキミ、そんなキミに公務員試験について説明します。「し…試験？公務員って試験を受けなきゃダメなのぉ～!?」そうです（キッパリ）。公務員は公平公正に採用を決めなければなりませんから、「試験」に合格しないと採用されません。さらにさらに、国家公務員試験（平成24年度の試験から、今までの枠組みを変更し、総合職試験・一般職試験になりました）では、試験に最終合格しただけではダメ。その後に「官庁訪問《かんちょうほうもん》」という事実上の採用面接が控《ひか》えています。こういった公務員試験への準備（勉強方法・面接対策）についても、**受験者としての経験&採用する側としての経験**の両面からお話しします。

では、その第一歩として、次の「勘違《かんちが》いファイル」で、公務員や公務員試験についてのありがちな誤解について説明していきましょう。

**●国民の目はキビシィ～！**

最近、公務員批判が多くなってきていますよね。それに同じような事件を起こしても「公務員だから」ニュースになることもあります。

なぜ？って、国民が一生懸命働いて、その結果納めた税金でわれわれ公務員の給料は賄《まかな》われているからです。自分が汗水たらして稼《かせ》いだお金で、公務員が安穏《あんのん》とした生活をしていたり、間違いを犯《おか》したりしたら、だれだって腹が立ちますよね。

だから、それだけ、公務員には、ほかの人よりも厳しい自己規制が必要だと思います。

プルタークは「シーザーの妻は一切の嫌疑《けんぎ》を受けてはならない」といっていますが、これは、公務に就《つ》く人物は本人はもちろん家族まで厳しく自らを律しないと国民の信頼を得られない、という意味です。

ウハッ！公務員になるって、大変ですね！

## 勘違いファイル 1

### 公務員なんて、地味でカタくて仕事もつまんなそう……

## 公務員は仕事のデパート！いろんな仕事があります！

昔は、私自身、そんなふうに思ってました（笑）。でも、実際になってみて初めてわかったのですが、実は、公務員の仕事って、意外とアクティブ！　私のような事務の仕事でも、午前は会議、午後は民間企業の人や議員などいろんな人と会って……と、あっちこっち飛び回っています。

それに、公務員ワールドは仕事のデパート！　普通に事務を執《と》っている人、専門的な研究をしている人、国会や裁判所で働く人、外交官、建物を建てている人、船や飛行機をつくっている人とそれを操縦している人、植木の剪定《せんてい》をしている人、掃除をしている人、お医者さん・看護師さん、学校の先生、警察官もいれば消防士も……。

いろんな角度から住民・国民をサポートするために公務員っているわけですから、公務員ワールドにはみなさんの**想像以上にいろんな職種の仕事**があります。だから意欲とチャレンジ精神さえあれば、幅広い経験を積むことができるのです！

「人のためになることをしたい」「だれかに何かをしてあげたい」そんな思いを持った「人が好き！」な人、待ってますよ！

## 勘違いファイル 2

### 残業ナシの楽チン仕事なんでしょ？

民間で残業漬けの毎日なんて耐えられねー
ぶっちゃけ仕事したくねーし
公務員なら残業もないしマシじゃね？
休みも多そうじゃね？
あーまったり生活してーなー
甘いですよ！

### 多様化するニーズに細かく対応していくのは大変なんです！

公務員のイメージって、こうみたいですよね。

確かに、部署《ぶしょ》によっては、あまり残業のないところもあります。でも、みなさんが思っている以上に、残業、多いんですよ。それは、国民（住民）の要望が多様化してきているから。これに**きめ細かく対応**していくには仕事の量が増えますよね。なのに、その一方では、公務員は多すぎるぞーっていうことで定数削減が行われているからです。

また、公務はサービス業ですから、いわゆる業務時間中は、国民（住民）のみなさん（場合によってはその代表者である議員）との応対、対応がメインになるので、自分の仕事は業務時間終了後、すなわち残業でやらなければならないという面もあります。

中央官庁が集まる東京の霞《かすみ》が関《せき》は、まるで不夜城《ふやじょう》。昼間はひっきりなしにかかってくる自治体やマスコミからの電話や陳情《ちんじょう》の対応に追われ、夜は夜で翌日の国会での大臣答弁《とうべん》の草案《そうあん》書き。自分本来の業務はいつやればいいんだろう……と思いつつ、今日も（正確には今朝も）部屋の片隅のソファで仮眠する……という毎日（毎日ですよ！）が繰り返されています（ハァ～）。

## 勘違いファイル 3

# 給料は安くても手当がいっぱいもらえるんでしょ？

## どこと比べるかによって、高くも低くも見えます

「安いぞ！」「高すぎるぞ！」どっちもいわれる公務員の給料。実際に生活してみると、ん〜平均かなー？ってところです。まあ、そんなにキュウキュウとした生活をしなくてもいい（それだけでも大変ありがたいことですが）けれども、たとえ最高幹部になっても、超高級マンションに住んで、高級車を乗り回して、別荘を購入してというのは夢のまた夢……。こんな感じです。

手当や退職金などを含めた生涯賃金で見ても、同じ人数規模の金融機関やマスコミ、その他の大企業と比べると低いけれども、中小企業よりは高い、こんなところでしょうか。それもそのはず、公務員の給料や手当は**民間準拠《じゅんきょ》**で毎年、法律・条例で決められているのです。

定年退職後にきっちり年金がもらえるのはうれしいですが、その分、毎月、エ〜ッて額が給料から天引きされています。

結局、どんな物差しで比較するか、どこと比較するかによって、公務員の給料が高くも低くも見えるということなのでしょう。難しい問題ですね。ただし、一部ではヤミ手当や法律・条例の不当な解釈による支給があったと報道されています。襟《えり》を正さなければ！

## 勘違いファイル 4

## オイシイ福利厚生がいっぱいなんでしょ？

〇〇〇なんて南青山に官舎あんだぜ！
レク施設とか保養所使いたい放題なんでしょ？
すげー
マジで公務員オイシイよなー
あるにはあるけどね…

## 確かにいい面も多いですが、現実は……

「都心の一等地で家賃数万円！公務員のトンデモ宿舎の実態を暴《あば》く！」と、よくマスコミにたたかれます。

確かに都心の一等地で家賃数万円という「物件」もあります。ありますが、なぜか「築ン十年で、改築間際《まぎわ》。システムキッチンは夢のまた夢で、改装不可。エレベーターもガレージもナシ。ときどきムカデとゴキブリの訪問あり」ということはどこにも書かれていません。

いい宿舎もちゃんとあります。最近改築された宿舎はそれなりの設備はありますが、家賃もそこそこ取ります。でも、民間企業に勤めている友人が住んでる社宅のほうがもっと安くて設備が充実しているような……。そんなもんです、大して民間企業と変わりません。

それ以外の福利厚生も、一長一短。特に公務員が優《すぐ》れているというわけではありませんが、オール公務員というスケールメリットはあります。たとえば、ほかの府省や自治体の保養施設も割引価格で使えます。それが全国にあるという意味では**スケールのメリットはどの大企業も及ばない**ということになるでしょう。また、民間との最も大きな違いは、年金制度。この問題点については、国会などで議論されています。

## 勘違いファイル 5

# 同じ職場にずっと勤めることになるの？

わたし実家から通いたいから地方公務員志望なの！
転勤とか絶対イヤだし！
民間だと容赦なく転勤させられたりしそうだよねー
そうねー
公務員なら希望聞いてくれるよね！
安定を求めるなら公務員よね！
学園前
公務員って異動も移動も多いんですよ！

## 定期的に異動があって、異動先の幅も広いです！

上級職や総合職については、**数年間隔《かんかく》で人事《じんじ》異動《いどう》を繰り返す**ことになります。もちろん、引っ越しを伴《ともな》うような異動もあります。「私はちょっと……」とはなかなか言えません。ずっと県庁の本庁舎勤めとか、一度も霞が関から出たことがない、なんてことはないわけです。

また、民間の場合には、総合職で入っても、「あなたは営業系ね」と言われて、ずーっとその関係の部署の中でだけ異動を繰り返すということもあるようですが、公務員の上級職や総合職の場合には、組織内のいろいろな部署の経験をしていくことになります。

一方、中級・初級職や一般職の場合には、ある特定部門のスペシャリストになっていただくという使命がありますから、その関連の部署を中心に異動をすることになります。

ですが、やはり、国や県庁勤務の場合には引っ越しは覚悟。なぜって、たとえ同じ県内、地域といっても広いですもの。ですから、「地元にいたいから」というだけで地元の官公庁に就職するのは、ある意味キケンです。引っ越ししなくて済むのは、あまり広くない市町村に勤務する場合ぐらいでしょう。

## 勘違いファイル 6

### 国家公務員になるには国家試験に受からないといけないんでしょ？

## 公務員になるための試験は、いろいろありますよ！

公務員になるためには採用試験に合格しなければなりませんが、この試験は、医師国家試験のように一度パスしたら永久に効力があるという資格試験ではありません。むしろ民間企業の就職試験と同じだと思ってください。次の年の4月に採用されるかどうかなのです。

それに、医者になるには医師国家試験という道が1本しかありませんが、**公務員になる道（採用試験）はたくさんあります**。事務職、技術職、○○官、資格免許職、技能・労務職……と幅広く試験を実施しています。そのうちのどれかの職種だけしか受験できないということはありません。掛け持ち（併願《へいがん》）してもOKです。また国家公務員の同じ職種の試験でも、国家、裁判所、衆議院、参議院……と分かれています。しかも、それぞれちょっとずつ日程が違っていますので、**いくつ受けてもかまいません**！　しかもタダ！

さらに、県庁や市役所などの各地方自治体でもそれぞれが独自に採用試験をやっていますので、いくつも併願している人のほうがむしろ普通です。やってみたい仕事の内容、勤めたい地域などに応じて、自分の好みでいろんな試験を受験できるのです。

## 勘違いファイル 7

# 試験科目も多いし競争率も高い！オレじゃあ無理だ！

## 驚くのも無理はないですが、実際のところは……

受験案内を取り寄せて見てみると「うぎゃっ！」っていうほど出題範囲が広いですよね！　でも心配ご無用。個別の科目ごとの採点ではないのでトータルで合格点さえ取れれば全問回答する必要はないのです。ですから、各科目、全分野を満遍《まんべん》なく学習することは（理想ではありますが）試験の合格という意味では必要のないことです。短時間で勝負をかけるには、捨て科目を作るという大胆《だいたん》さも必要です。

また、競争率の高さに「ひょえ〜っ！」って引く必要もありません。この公表されている数字には若干《じゃっかん》のカラクリが。公務員の採用試験の場合、ほかの司法試験のような資格試験とは違い、受験料がかかりません。ですから、とりあえずなんでもかんでも応募しちゃえ！っていう受験者がたくさんいます。というわけで、**実際に第1次試験を受験する人は、応募者のだいたい6〜7割程度**にすぎません。さらにさらに、第2次試験・面接では、だいたい日程が重なってきますので、併願しているうちのどこかを欠席しなければならないような状況になります。というわけで、面接試験まで進んでくると、実際の競争率はまたまた下がるというわけです。

## 勘違いファイル 8

## やっぱり高学歴で年齢が若いヤツが有利なんでしょ?

## いい人材であれば、まったく関係ないです!

公務員の試験はいろいろな職種・区分に分かれていますが、そのほとんどが年齢制限だけで、学歴・職歴に関しては制限がありません。ですから、「大学卒業程度」の試験となっていても、受験者には大学院卒の人もいれば、高卒、専門学校卒の人もいるわけです。職歴があっても・なくてもかまいません。

「受験はできても実際には採用されないんじゃないの?」というところが心配でしょうが、私の採用した職員には「大学卒業程度」の職種に大学中退や専門学校卒の人だっていましたし、何年も「ニートやってました」っていう子も今では立派に更生《こうせい》(?)しています(笑)。

公務員受験界では、25歳以上は老人扱いされているとのこと。ひどいですよね。だれがこんな悪いウワサを流すようになったのでしょう? 私自身、その「老人」の部類から採用されたのですから、これが真っ赤なウソであることは身をもって証明できます。

なかなか合格できない理由を「学歴」「職歴」「年齢」に責任転嫁《てんか》してはダメ。人事は、いい人材、デキる人間であれば、**学歴・職歴・年齢なんて、まったく気にしていません。**

# これだけは心にとどめておこう！

## オトナの世界への入口は厳しいぞ！

公務員試験を受けようかな～と思い始めたみなさん！　このことは絶対に心にとどめておいてください！

それは、みなさんが今まで受けてきた試験、高校や大学の**入学試験や期末テストと公務員試験は決定的に違～う！**ということです。

「入試や期末テストと試験科目は違うけど、公務員試験だってやっぱり〝試験〟なんだから、勉強していい成績取れば、合格っていうか採用になるんでしょ？」

こう思ってはいませんか？

実は、これが大間違い‼

みなさんが経験してきた〝入試〟や〝期末テスト〟というものは、筆記試験の成績がよければOKという世界でしたよね。単純に筆記試験の〝順位〟〝順番〟だけで決められちゃう。「これこれについて知っている人、あ～つまれっ！」「たくさん知ってるほど、覚えてるほどグッド！」という知識・記憶オリンピック的な要素が強かったと思います。

これが、今までみなさんが受けてきた〝お子ちゃま〟世代の試験でした。

でも、オトナの世界の試験は違います！

オトナの世界の試験とは、社会人として働くことができるかどうかが試される試験です。民間

この子、筆記試験の成績はものすごくいいんだけど・・・
イエーイ
う～ん、社会人としてはどうもねぇ・・・

企業の就職試験、公務員試験といったオトナの世界の試験では、まず、オトナになる資格があるのかな？〝お子ちゃま〟世代にキミはちゃんと勉強してきたのかな？という部分が試されます。というわけで、オトナの試験では、公務員試験の教養試験の部分や民間企業のＳＰＩ試験のように、まず、教養試験（基礎能力試験）というのをやるんです。これが第一段階の関門。

第二の〝ふるい〟は、「知っていること・覚えていることは当たり前だよね。その知ってること・覚えていることを使って、キミは問題をどう解決するの？どう政策を組み立てるの？」という部分が試されます。知識をどう活用できるか、ものの見方・考え方、応用力というところが大切なのです。だから、どの試験でも、記述式試験や論文試験・作文が取り入れられているんです。

さらにさらに。就職試験（公務員試験も就職試験の一種です）では、第三の関門として、キミはうちの組織の目標・目的に貢献《こうけん》できるのかな？みんなと一緒に働けるかな？という部分が試されます。これが**面接試験**の部分です。だから、どんなに筆記試験の成績がよくてもダメです。たとえ筆記試験の成績がダントツの一番であっても、面接官に「この人とは一緒に働きたくないなー」と思われてしまったら、一発でアウト。**面接官に「この人と一緒に働きたい」と思ってもらわないと合格できない**のです。

どうです？〝お子ちゃま〟世代の試験とオトナの世界の試験の違いがわかりました？　お子ちゃま時代の気持ちを引きずったままだと、かなりマズーです。気持ちを切り替え、フンドシを締め直して取りかかりましょう！

**●教養試験をナメちゃいけない！**

「学生時代はちゃんと勉強してきたよ！　だから、一般ジョーシキぐらい、勉強しなくてもなんとかなるさ！」と思っているそこのキミ！

試験会場で問題を見てビビる前に、十分対策を考える必要がありますよ！　第3章の実際の出題例を見てみてください！

**●民間企業の就職活動と公務員試験の違い**

民間企業の就職活動では、説明会でいきなり面接に入ったり、筆記試験がまったくなかったりなど、その年、その時によって、いろいろな「作戦」を繰り出してきて、いい人材を選抜しようとします。

一方、公務員の場合も、いい人材を確保したいという点ではまったく同じなのですが、外見的にも「公平性」「公正性」が確保されていることが要求されますので、事前に試験内容を告示し、決められたスケジュールにのっとって進行されている点が大きく異なります。

# 公務員試験は劇的に変化している！

最近は、公務員への批判の高まりを受けて、公務員制度を大きく変化させようという動きが強まっています。これと連動して、採用試験も劇的に変化しています。国でも各地方自治体でも、制度自体の変更に先駆けて、より高度な能力とスキルを持ち、かつ新しい公務員像に対応可能な**デキル人材を確保**して、制度の内部から変えていこうと、試験の内容に工夫を凝らすようになったのです。というわけで、国家公務員では、平成24年度から試験制度が大きく変わりました。その後も細かな変更が続いています。

その一方で、受験者のみなさんの中にはオトナの世界に入れない人が多くなってきているのが問題。1つは、知識量、一般常識に欠けていて「あれぇ？そんなことも知らないのぉ～」という人が多いんです。また、「言われたことしか（も）できないよね！」「協調性ないんじゃないのぉ！」「ちょっと、カレと話が通じないんだけど……」という人も増えています。われわれ後輩を指導する層も大いに悩んでいるんですが、間違ってオトナの世界に入って来ちゃった人も大変です。ギャップに悩んで精神的に参ってしまう人もたくさん！

そこで、こんな不幸を未然に防ぐために、人事としては、いい社会人になれるオトナ度の高い人、そして高い志・意欲とそれを裏付ける優れた能力を備えている人をより厳しく選ぶ必要が生じてきたのです。

というわけで、公務員試験を甘く見てはいけません！　そして、いつも前と同じと思ってもダメ！　公務員試験は生きています。日々工夫し変わっていく試験に対応できるように、受験者であるみなさんも、工夫し、考え、勉強していかなければいけないのです！

**●改革が続く国家公務員の試験**

平成24年度から国家公務員の採用試験が大きく変わりました。Ⅰ種が「総合職」に（総合職は大卒以外に院卒の試験もできました）、Ⅱ種が「一般職［大卒］」に、Ⅲ種が「一般職［高卒］」となり、さらに、独自採用を行う「専門職試験」の数も増えています。また、それぞれの試験の科目数や時間なども変更されています。

試験科目、時間割等、今後も細かな変更が予想されますので、人事院のウェブサイトなどをこまめに見て、新たな変更が発表されていないか、注意しておきましょう。

**●教養試験すら行わない!?**

最近では、教養試験（＝学力試験）すら行われず、面接試験と小論文、プレゼンテーションで選考するというところも出てきました。

# 第1章

## 公務員って何をしてるの？公務員の仕事と実態

公務員に対する誤解は「何をしているのかワカラナイ」「どんな待遇かウワサでしか知らない」ということから生じるもの。まずは、公務員って何？どういう仕事をしていて、どんな待遇なの？というところから、本音でお話しましょう！

# 公務員って何?

## 法律から離れられない公務員

まずは、公務員ってどういうもの?どういう仕事をしていてどれだけ給料をもらえるの?その魅力は何?ということから紹介していきましょう。ときには難しい法律の条文などが出てきますが、ガマンしてくださいね。なぜって、基本的に、**法律に基づいてもろもろの仕事を執行する**ということこそが公務員の仕事なのですから。

「オレは理系の出身だから、法律っていわれてもなぁ」「あたしは初級職だから、法律なんて関係ないよね」というのは言い訳《わけ》になりません。たとえ理系の出身でも、法律を読んで仕事をしたり、法律案の原案を作成したりするんです。せっかく理系で入ったんだから○○研究所で研究者になりたい!と思っても、必ずしもそうなるとは限りません。理系の試験で入っても、ほかの文系の人と同様に事務に従事している人はたくさんいます。それに、総合職や上級職で入ったから、一般職や初級職で入ったから、ということで、法律や条例を直接扱うかどうかに変わりはありません。

それから、この章では、マスコミなどの情報によって若干《じゃっかん》ゆがめられて伝えられてしまっている公務員の実像についてもできるだけ正確にお話ししていきたいと思っています。私自身が人事なので、公務員応援団的なことばかりになってしまうかもしれませんが、なるべくそうならないように、襟《えり》を正すべきはちゃんと正しながらお話ししていきたいと思います。

**●法令、法律、命令、条例**

法令とは、法律と命令のことです。もっと広く、地方公共団体の条例・規則や裁判所の規則などを含めていうこともあります。なお、成文(文字で書き表され文書になっていること)の法令のことを法規といいます。

法律とは、憲法に基づいて国家の立法機関(=国会)により制定される成文法をいいます。

命令とは、国会の議決によらずに行政機関が制定する法規のことです。法律を実施するため、または法律の委任《いにん》に基づいて制定されます。政令・省令・外局規則・会計検査院規則・人事院規則などがこれです。

条例とは、地方公共団体が議会の議決などにより自主的に制定する法規のことです。

## 「公務員」の定義って意外と難しい

それでは、いきなりちょっとややこしいところから。

そもそも、「公務員」ってなんでしょう？　これって意外と難しいんですよぉ。定義《ていぎ》に困ったときには、まず辞典を調べるというのが定石《じょうせき》ですよね。

「広義《こうぎ》では国又《また》は地方公共団体の事務を担当する者を広く指《さ》し、選任方法のいかんを問わず、また立法・行政・司法の各部のどれに属するかを問わない。狭義《きょうぎ》では、国会議員、地方議会議員を除き、国又は地方公共団体の公務に従事する職員、あるいは行政に従事する職員だけを指すことがある。国家公務員と地方公務員から成《な》り、それぞれについて国家公務員法、地方公務員法等が制定されている」（竹内昭夫他編『新法律学辞典（第3版）』有斐閣　４４４ページ）

ふうむ。なかなか難しいですね。では、図にしてみましょうか？　次ページをご覧ください。

なんと、**公務員って全体でおよそ３３９万人**もいるんですね！　図でおわかりのとおり、公務員は大きく国家公務員と地方公務員に分けられます。その内訳《うちわけ》は、**約2割が国家公務員**、残りの**約8割が地方公務員**です。そして、みなさんが「国家公務員」という言葉から最もイメージしやすい「〇〇省の職員」の大部分は、このうちの「一般職」の「給与法適用職員」に入ります。

実は、公務員であるのか、違うのかというのは、はっきりしているようでいてはっきりしない部分が結構あるんですよ。脚注《きゃくちゅう》の例をご覧になってみてください。

**●この人たちは公務員？**

公務員の定義がいかに難しいかについて、ちょっと難しい宿題を。ゼミのテーマにできるかもしれませんね。

**①国家公務員法上の公務員の中に、国会議員は含まれるか？**

国会議員は国家公務員法上の公務員の中から除かれているという説もありますが、国家公務員法の改正経過等から国会議員は特別職の国家公務員であるというのが多数説のようです。

でも、国家公務員法第2条第3項の列挙の中に「国会議員の秘書」はあっても「国会議員」はありません。この多数説では第9号の「就任について選挙によることを必要」とする職員の中に国会議員を含めるのだといっています。ん〜。

**②国会議員の秘書は公務員か？**

国会議員の秘書は、国家公務員法第2条第3項第15号に特別職の国家公務員として明示されていますが、「国会法」、「国会議員の秘書の給与等に関する法律」以外にその権限関係を規定する法律がないため、その法的位置づけが不明確であるといわ

## 公務員の種類と人数

- **公務員** 約339万人
  - **国家公務員** 約59万人
    - **特別職** 約29.8万人
      - 大臣、副大臣、大臣政務官、大公使等 約500人
      - 裁判官、裁判所職員 約2万6000人
      - 国会職員 約4000人
      - 防衛省職員 約26万8000人
      - 行政執行法人役員 約30人
    - **一般職** 約29.2万人
      - 給与法適用職員 約28万2000人
      - 検察官 約3000人
      - 行政執行法人職員 約7000人
  - **地方公務員** 約280万人
    - 一般行政職員（福祉関係を除く） 約56万人
    - 福祉関係職員 約38万人
    - 公営企業等会計部門職員 約34万人
    - 教育部門職員 約107万人
    - 警察部門職員 約29万人
    - 消防部門職員 約16万人

※国家公務員の数は、令和5年度末予算定員による。ただし、行政執行法人役職員の数は、令和5年1月1日現在の常勤役職員数。
※地方公務員の数は、「令和4年地方公共団体定員管理調査」による一般職(教育部門、福祉関係を含む一般行政、公営企業等会計部門、警察部門および消防部門)に属する地方公務員数である。(令和4年4月1日現在)
その他、特定地方独立行政法人職員が一般職の地方公務員である。上記の他、特別職(地方公共団体の長、副知事および副市町村長、人事委員会の委員等)に属する地方公務員がいる。
※職員数については、端数処理の関係で必ずしも合計数とは一致しない。

れています。

なお、社会保険の扱いも、ほかの公務員のように共済組合に加入することなく、普通の民間企業のサラリーマンと同様、組合管掌《かんしょう》健康保険・厚生年金に加入することになっています。

数々の秘書給与疑惑でクローズアップされてきた問題ですが、これも昔から解決されていない非常に興味深い研究課題です。

なお、裁判所の執行官（97ページ脚注）や在日米軍基地・施設職員（124ページ脚注）も非常に特殊な職員です。

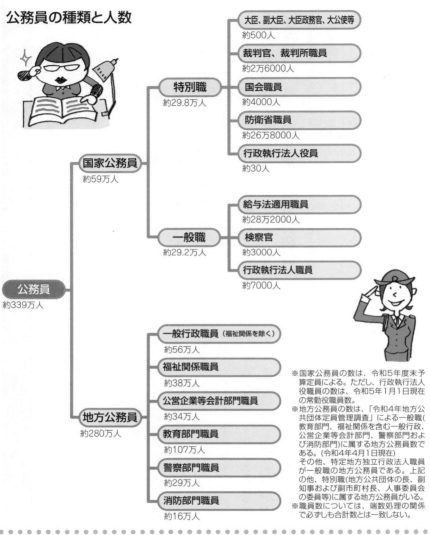

# 公務員の定員は法令などでバッチリ決まっている！

さて、それでは、なぜ、こんな人数がいるとわかるのでしょう？

それは、たとえば国家公務員の場合は「行政機関の職員の定員に関する法律」をはじめとする**個別具体的な法令にきちんと定員が書き込まれているから**です。さらに、各府省の定員は「行政機関職員定員令」という政令に定められています。さらにさらに、○○省△△局□□課には課長《かちょう》補佐《ほさ》が何人、係長が何人という細かいことまで（これを「級別定数」といいます）、内閣人事局が厳格に管理し、毎年の予算で決められています。

つまり、公務員の世界では、先に人を雇《やと》ってから「あなたはこの仕事をしてくださいね」とするのではなく、先に法令で職（仕事）を決めてしまってから「ハイ、この職をするのはあなたね」としているのです。人がいて職がある、のではなく、職があって人がいるのです。

なお、定員というのは、最大この人数までいてよいということですので、だいたい定員いっぱいいるものですが、年度途中に退職者が出たりすれば、実員はこれより若干少なくなります。

公務員は職から先に決まるわけですから、Aという職にいるaさんが退職したら、そこにbさんが飛び込み、そのbさんがいたBという職に今度はcさんが入り、そのCという職に……というふうにドミノ式に穴埋めされて、一番下っ端《ぱ》の職が空席になり、そこに新人クンが入れるようになって、そこに入る新人クンを決めるために採用試験が行われる、という仕組みです。これを欠員補充《けついんほじゅう》の原則といっています。というわけで、毎年度同じだけの人数を採用することが望ましいことは重々承知《じゅうじゅうしょうち》しているのですが、退職者の数によって採用者数が毎年違っちゃうんです。これが年によって採用者数が異なってしまうカラクリです。

**●人のやりくりは楽じゃない！**

人は増やせない仕事は多くなる、となると、内部で人のやりくりをしなきゃいけないわけですが、いかんせん、本文でお話ししたように、人を動かすためには、先に法令を変えなきゃならないんです。法令を変えるとなると、これまた大変なエネルギーと時間がかかります。ですから、公務員の世界では、タスク・フォース（緊急事態に対応した特別編成の組織や対策本部）は急には組みにくくなってしまうのです。

**●欠員補充の原則**

国家公務員法第35条

官職に欠員を生じた場合においては、その任命権者は、法律又は人事院規則に別段の定のある場合を除いては、採用、昇任、降任又は転任のいずれか一の方法により、職員を任命することができる。

# 公務員の仕事はここが魅力的！

## 卒業を前にして

「ふぅ〜。なんかさぁ、民間じゃないんだよね」
「どこのどいつだかわかんない社長に頭下げてまでお金もらいたくないしさ」
「金で人の顔をひっぱたいたり、たたかれたりするようなことはしたくないんだよね」
「ん〜。なんだか、こう、人のためになるような、人に喜んでもらえるような。せっかく仕事をするんだったら、そういう仕事をやってみたいんだよねぇ」

そろそろ卒業後の進路を考えなければならないとき、こんなこと考えませんか？

実は、これ、私自身も悩んだことなんですよ。就職活動には「志望動機が大切！」なんていわれても、最初はピン！とは来ませんよね。そもそも、何をしたいんだか、それ自体もはっきりわからずに就職活動にいきなり放り込まれちゃうんですもの。そして、十分に理解・納得しない・できないうちに、就職先を決めなきゃいけなくなって、働き出して初めて現実を知ることに……。

そこで、そんなみなさんに、あらかじめ公務員の魅力をちょっと紹介してみましょう。と、格好よさそうにいっていますが、それがわかって公務員になったわけではない（笑）ボケボケ学生だった私でも、公務員になってみると**「あ、意外に公務員っていいかも！」**と気が付くようになったものですから。これをきっかけに、公務員になろうと思ってくださる方が増えることを期待しています。

民間企業って いまいちピンと こないのよね…
営業ノルマとか…
やっぱりあたし、公務員めざそう！
人々の幸せのために働くのよ！

## 使命感

ジャ〜ン！　なんかスゴイですねぇ。ちょっと文字にすると気恥ずかしいですが、この「使命感」を満たすことができるというのが、公務員の最大の魅力です。

どんな使命感かというと、「この国をよくしていきたい！」「何か人のためになることをしたい！」といったものです。

公務員になった人の大半が、おそらくなんらかの形でこういった使命感を持っているのではないでしょうか？　最初からそう思ってこの世界に入ってきたか、入ってから気づいたのかは別として。私自身は、恥ずかしながら、この後者、入ってからその使命感を感じたほうです。だから、初めっからそんな使命感バリバリの人はいるのかなぁ？と最初は半信半疑でしたが、何人かの同期が辞めていったり、いろんなことがあったりして、ある程度の年数を経《へ》て課長補佐になって、ふと周りを見回してみると、周りには、「何か世間をよくしていきたい」「ココを改善したい」「人のために尽くしてみたい」こういった理想を持った人たちが集まっていました。そういう意味では、公務員って結構、思い込みぃな熱い人たちの集団なのです。

「人のためになること」の具体は、その職場、持ち場で異なってくるものでしょう。ですが、その根底に共通しているのは、よく私の使う言葉なのですが、**公務員は究極のサービス業**だという意識です。その仕事によって、自分がまずもうける、満足する、気持ちよくなるというのではなく、国民（住民）の暮らしが快適になり、みんなが満足する顔を見て、はじめて自分も満足する、そんな気持ちになれる人こそが公務員に向いているのだと思います。

われわれ公務員は、タックスペイヤーであると同時に、**税金で食べさせてもらって**

**●人生楽ありゃ苦もあるさ**

どんな企業でも「2・6・2の法則」というのがあって、全業績の半分を2割の社員が達成し、業績の残り半分は6割の社員が達成し、残り2割の社員は業績達成にまったく貢献していないそうです。また、動物生態学者の研究によると、アリのような虫の世界でもこれと同じようなことがいえるそうです。さらにその研究によると、働かない2割のアリを全部除いたところ、みんながみんな働くと思いきや、やっぱり残りのアリのうちの2割が働かなくなったそうです。そんなものなのですね。

人生には、晴れの日もあれば、嵐の日もあります。この数年は頑張りアリさんだったけれども、今はスランプ状態、というふうに同じ人でも山や谷があるものです。ずっとハイテンション、トップでい続けるというのは非常に難しいことです。ですから、もし自分が社会人になったら、どっちの2割でいられるか、なるべく長く頑張りアリさんでいられたらいいなぐらいに思っていれば気が軽くなるでしょう。

**いる**〝タックスイーター〟であるという意識が肝心《かんじん》。これを忘れずに、国民のみなさんに素直に「今日も1日ありがとうございます」と感謝できる、そういう人が求められているのですよ。

逆にいうと、実際、そういう使命感を持ってなきゃ、公務員なんて、やってられません！だって、現実に引き戻されると、給料だってそんなに高くないし、オンボロ庁舎で劣悪な勤務環境だってガマンしなければならないんですもん。

## 自分の思いや仕事が政策に反映される

仕事を続けていくときの活力源は、なんといっても達成感です。一度でもアルバイトなどで働いたことのある方はお気づきのことと思います。いくらもらったか、稼《かせ》いだか、よりも、自分のつくりだしたモノとか、自分の仕事の結果喜んでくれたお客様の笑顔、こういうものを見たときのほうが「ああ今日も充実してたな」と思えるものです。

公務員の場合、日々の仕事をしていても、今日の売り上げはいくらだった、という達成感はありません。でも、自分のしている仕事や思いが、直接政策に反映されたときの達成感は何物《なにもの》にも代《か》え難《がた》いものがあります。

お役所の仕事は、課長、課長補佐、係長、係員というライン職。上から仕事が降ってくるのは当然ですが、下の者が仕事の結果をまとめ、決裁として起案し、順々に上に上げていくというのがシキタリです。ですから、ちまたのガイド本に書いてある「自分の仕事が政策に反映！」なんて意識は、日々の仕事ではなかなか持てないのが現実です。でも、そのときに、言われたことばかりではなく、ちょっとした、ほんのささいな発想で企画したものが採用されたりします（まあ、上司が理解のある人の場合ではありますが）。こんなときは本当に「やったぁ！」です。

**●公務員だって納税者**

「テメエら税金も払ってないくせにオレの払った税金をテキトーに使いやがって！」と怒鳴《どな》り込んできたオジサンに「私たちも税金払ってるんですよ」と説明したらキョトンとされたことがあります。公務員もちゃんと所得税とか住民税とか税金払ってます。タックスペイヤーであることに変わりはありません。

**●少子化対策！**

若手の意向が結構反映された例として、最近話題の少子化対策があります。

この中で、各官庁・地方自治体はそれぞれ独自に、子供を産み・育てやすい環境を整備するための計画を作り、スタートさせなければならないということになったんです。

わが官庁では、私の係が、従来の職務はそのまま、係の人数も増やされることなく（そうですよね。人事自身が仕事が増えたから人も増やしたということになっては、各部署から一斉に「じゃ、うちも」となって収拾がつかなくなってしまいますかまた、「こんなことがあればいいなぁ」「こんな制度があったら」というフトした思いつきを上司に伝えたら、ゴーサインが出た、なんていうことも実際ありました。こういうときはワクワクすると同時に、緊張感が走ります。いろんな紆余曲折《うよきょくせつ》を経て、最終的にそれが法律や条例になったとき、この達成感はなんともいえません。これが公務員の醍醐味《だいごみ》ではないでしょうか。

なお、**芸術家や作家と公務員の一番の違い**は、作品に署名したりとか**「これはオレがつくったんだ」と言うことはできない**ということ。公務員の達成感とは、作品の出来映《できば》えのよしあしや名声ではなく、あくまでも、その作品としての法律（制度）によって結果として喜んでいる国民の笑顔を見て喜ぶことによってのみ得られるということです。

私の同期もこれまでに何人か辞めています。「3年3割（入社3年で3割が辞めていく）」といわれている民間企業ほどではありませんが、最近では公務員でも退職者、特に若手の退職者が多くなってきていることが問題となっています。辞めていった彼らの話を聞いてみると、やはり彼らの心にはいまだに「何か国民のためになることをしたい」という〝使命感〟は消えずに脈《みゃく》打っています。ではなぜ辞めたの？というと、今ここでお話ししている〝達成感〟の感じ方に違いがあったのではないかと思います。

「これはオレがやったんだ！」という名誉欲バリバリの人は公務員には向きません。そういう人は、そもそも公務員を志望することはないでしょう。ただ、公務員の場合、**自分の仕事がすぐに政策になるなどして形が見えるということは、実は数少ない**のです。日々の仕事の積み上げが何になっているのだろうか、「今自分がやっている仕事は、本当に国民（住民）のためになっているんだろうか……」こう思うことのほうが多いのです。**これに耐えつつホフク前進できる人、**こういう人が公務員向きなのです。

ら。ここは「武士は食わねど高楊枝《ようじ》」です）、この計画の立案を担当とすることになりました。

ちょうど自らもこれから子供ができるという世代の係長を中心に、厚生労働省との折衝、研究会への参加、官庁内での全職員対象のアンケートの実施、官庁内の計画策定委員会の立ち上げ・運営などを経て1年がかりで案をまとめ上げたのですが、その過程では、今まさに子育て真っ最中の若手世代とオジサン世代である管理職とのバトルも結構ありました（ちょうどその中間である課長補佐の私は、下からの突き上げと上からの圧力に挟まれて中間管理職の悲哀《ひあい》を十分味わわされましたが……）。

このときに、率先して働いてくれた係長・係員たちが、最終的に幹部会議で決定され「計画（案）」の「（案）」が取れたときに見せた笑顔は、忘れられないものでした。

## 思っている以上にたくさんの分野の仕事ができる

もう一つ、公務員の仕事の魅力は、思いのほか分野が広いということです。たとえば、環境省では環境行政、経済産業省では産業育成行政を行っていますよね。こうやって見ると、官公庁によって、仕事の分野はずいぶん違って見えます。でも、この省庁の縦割りを横に切ってみましょう。1つの例として、ごみのリサイクルなんてどうでしょう。こういう視点から見ると、経済産業省にも、環境省にも、農林水産省にも、そのほかほとんどどこの省庁にもリサイクル関連の部署があります。そしてもちろん、都道府県にも市町村にもあるわけです。

ですから、あまり「○○がしたい。だから○○省しか考えられないっ！」と限定的に考えないほうがいいと思います。官公庁の業務を縦から横から十分に検討してみると、思いのほか**あちこちの官公庁にやりたいことが見つけられる**と思います。

その検討のために、ぜひとも官公庁のパンフレットやウェブサイト（ホームページ）を見ておいてください。こういうことは、受験勉強に本腰を入れる前からできますよね。インターネットで官公庁のページを見ていると予想外のおもしろい発見があったりします。なお、このときのポイントは、どこの官公庁でも組織図をよく見ておくことです。

また同じ1つの官公庁の中でも仕事はバラエティに富んでいます。同じ事務系で入っても、たとえば、デスクワークを中心とする庶務《しょむ》的な業務もあれば、法令の作成に従事するポスト（役職）、ほかの官公庁や民間企業との折衝が主な部署、一般国民（住民）対象の窓口業務、研究所などで研究に従事する職務など、いろんな仕事の形態があります。

そして、その中のどれか1つで道を究《きわ》めるというシステムの官公庁もあれば、いくつかの分野

**●組織図からわかること**

組織図にはその部署がおおよそどんな仕事をしているかも書いてあります。これを丹念に見比べると、その官公庁がほかの官公庁に比べてどういうところ・どういう業務に力を入れているかがわかります。

**●某《ぼう》市勤務M氏の異動歴**

私の友人のMは地元の市役所に勤務していますが、彼の話を聞いていると私以上にいろんな仕事をしているみたいです。

入ってすぐは職員課で職員の給与計算。パソコンがまだ高価な時代だったので、1日中電卓をたたいていたそうです。

次は市民課の駅前出張所。住民票や印鑑証明などを取りに来る市民の応対をする窓口業務。ときには、いわれのない苦情を言いに来る人もいたりして、ストレスもたまったそうです。

ここで人当たりのよさを見込まれたのか、次は生涯学習課に配属になって、市民会館や各地の公民館の企画モノを手がけて講師の手配や受講生の世話をして、年上の友人がたくさんでき

を回ってさまざまな経験をさせ、本人の特性を見ていくというシステムの官公庁もあります。この辺の官公庁独自の人事の運用のしかたについては、なかなか公務員試験受験界や学校には伝わりづらいところですから、ぜひともご自分で説明会に参加するなり、OB・OG訪問（先輩訪問）をするなりして、確認しておくとよいと思います。

また、採用試験の職種によって仕事が同じだったり違ったりということもあります。特に理系の職種で入った場合には、研究職や技術職に従事することが多いようですが、それだけではなく、ほかの事務系の職種で入った人と机を並べて仕事することだってあるんです。

さらに、警察官や消防官、自衛官など、公安系の職種の場合には、直接的に住民（国民）の安全を守る仕事ですから、それ相応《そうおう》の危険も伴うこともありますが、それだけに住民（国民）に直接的に感謝される充実感は代え難《がた》いものがあります。

さらに、スペシャリスト（ある仕事を専門的にする職種）の仕事もたくさんあります。たとえば、国が特別に採用試験を実施しているものとしては、税に関する事務を担当する国税専門官、労働行政を監督する労働基準監督官、外務省に語学専門で入る外務省専門職員、飛行機の安全航行を確保する航空管制官などなど、ここでは挙げきれないほど各種のスペシャリスト採用があります。そして、県庁や市役所など地方公共団体でもさまざまなスペシャリスト採用が行われていて、教員、図書館司書、学芸員、医師、薬剤師、保健師などなど、資格や免許を必要とする専門職種のポストがたくさんあります。

つまり、国民（住民）に対するサービスをきめ細かく幅広く行えば行うほど、それに対応する業務や職種が増えてくるというわけで、国民の**ニーズが多様化**している現在、**公務員の仕事の分野も多方面**にわたってきているということなのです。

たと喜んでました。

今は、都市計画課。現場を見に市内を駆けずり回ったと思いきや、市議会での市長答弁の草案書き。月に1度は県庁と霞が関の中央官庁に陳情に行ったりと忙しい毎日で、私との定期的な飲み会もここのところすっかりご無沙汰《ぶさた》です……。

# 国家公務員、一般職と特別職

## 国家公務員と地方公務員

「人生いろいろ。会社もいろいろ、社員もいろいろだ」とわれらの大ボスであった小泉総理もおっしゃってましたが、「公務員もいろいろ」という話にもう一度戻りましょう。

まず、国家公務員と地方公務員の違いは、国の機関に勤めるのが国家公務員で、地方公共団体に勤めるのが地方公務員と大まかに考えておけばいいでしょう。たとえば、国の○○省から県庁に出向してきたときはどうなるかといいますと、その出向期間中は国家公務員を退職し、地方公務員になるわけです。というわけで、どちらか一方にしかなれないというのではなく、出向によって、あっちからこっちへと出たり入ったりしています。

**国家公務員は東京にしかいなくて、田舎《いなか》にいるのは地方公務員だけだーというわけでもありません**。たとえば、家を買ったとしましょう。登記をしに地元の法務局に行きます。法務局は法務省の出先機関《でさききかん》ですから、そこで働いている人は国家公務員です。税金を払いに行きますよね。この地元の税務署は財務省の外局《がいきょく》である国税庁の出先機関ですから、そこで働いている人も国家公務員です。住民票を移しに市役所に行きます。当然、市役所で働いている人は、その市の職員、すなわち地方公務員です。自動車運転免許証の住所の書き換えにも行かなきゃ、ということで警察署に行きます。応対してくれる警察官や警察事務官は県の職員、すなわち地方公務員なのです。

**●国家公務員と地方公務員の人事交流**

このように身分の異なる公務員間の人事交流も結構あるんです。身分が異なるので、いったん退職して次の官公庁に新規採用される形態をとるので、これを退職出向といいますが、公務員としての身分はすべて通算されます。戻るときはこの逆にまた県庁から退職出向になります。

また、同じ国家公務員間でも一般職と特別職は身分が異なりますので、この場合も退職出向になります。同じ一般職どうしの場合には、同じ身分内の異動ですので、退職する必要はなく、単なる出向になります。

なお、出向については71ページも参照してください。

などなど、私たちの生活にはいろんなところで公務員との接点があります。しかも、国家公務員は東京などの大都市にばかりいるのではありません。各府省の地方出先機関（これを地方支分部局《ちほうしぶんぶきょく》といいます）は全国あちこちにあります。

ということで、国家公務員になりたいから東京に行かなきゃ！ということはありません。確かにあの有名な中央官庁街である「霞が関」で働きたい（というご奇特《きとく》な）方なら国家総合職試験にパスするか、もしくは国家一般職の本省採用で東京に出なければなりませんが、それでも総合職採用の人は全国各地の出先機関への異動や各地方自治体への出向は覚悟しなければなりません。また、一般職の本省採用の人でも、転勤を伴う異動・出向はありますのであしからず。

仕事の中身の面では、よく受験者が「国はスケールの大きな仕事で、地方自治体は地域密着」といった固定化した表現をしていますが、**日々の業務を見るとそんなに違いはありません**。ただし、扱《あつか》っている業務の単位は、確かに国は全国規模で、県は県の規模、市は市の規模という違いがありますが、そこに「スケールの大小」といきむほど、仕事の内容や進め方に違いはないはずです（だからこそ、相互に出向し合ってもなんら支障がないわけです）。

公務というのは、全国一律、どこでも同じサービスを受けられるようにしなければなりません。ですから、東京イコール優秀な人の集まり、地方・地元イコール田舎にいるダメな人たちという区別はしていません。それぞれの地方自治体の場合も同じで、県の本庁が優秀で、田舎の事務所はそれなりに、なんていうこともありません。

なお、この国と地方自治体との人事交流をしやすくするという配慮もあるからでしょうか、各地方自治体はそれぞれ個別に職員の給料等の処遇を条例で定めていますが、だいたい国の内容に合わせてこれに連動して制定改廃していることが多いようです。また、どこに勤務していても、

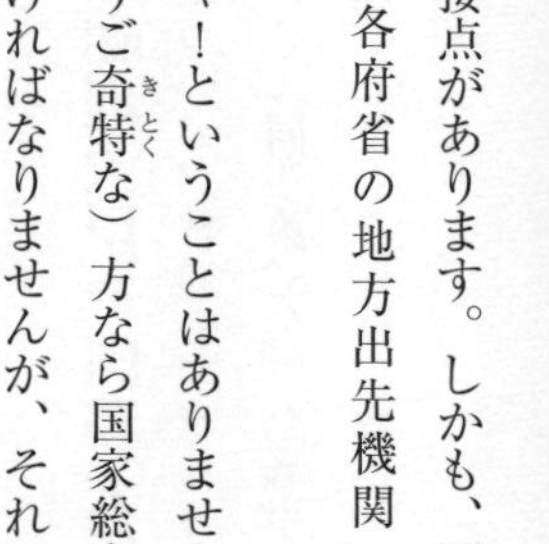

**●中央と地方との関係**

中央（国）と地方、中心と周縁の関係について、文化人類学者の山口昌男氏は「周縁が中心を活性化させる」といっています（『シンクタンクの仕事術』別冊宝島）。たとえば、出雲朝廷があったからこそ、大和朝廷が活性化したというのです。また、作家の童門冬二氏も「グローカリズム」を提唱され、これからは「グローバルに見て、ローカルに生きる」時代だとしています。

ですから、地方出先機関だからといって国・霞が関に対して下手《したて》に出なければならないという時代ではないのです。

同じように公務を提供していることに変わりはないわけですから、都心にいようと田舎にいようと給料の基本給は変わりありません。ただ、物価が高いとか、寒くて光熱費がかかるなどといった個別の事情に合わせて、特別な手当を支給することによって、各地の事情に合わせています。

なお、職務内容によっては国家公務員と地方公務員の区別が複雑で入り組んでいるようなものもあります。この辺の観点から地方分権との関係について切り込んでいくのも、おもしろい研究テーマかもしれませんね。

## 一般職と特別職

さて、先ほどの24ページの表に、「**特別職**」ってありましたね。国家公務員の3分の1弱をも占める、この特別職ってなんでしょう? この一般職と特別職の区別は国家公務員法第2条によるもので、特別職は同条第3項に特に掲げられている職をいいます（脚注を参照）。内閣総理大臣、国務大臣（内閣を構成する閣僚のこと）などなど、なんかスゴそうな人たちが並んでいますねぇ。どんなところが特別なの?といっても名前だけで「あぁ、なんとなく」って感じがしないでもありませんが、実はそんなに大それたことではありません。ここに挙げた人たちには、**国家公務員法が適用されませんよ～**というだけのことです。

なぜ国家公務員法が適用されないかですが、たとえば**内閣総理大臣や国務大臣**のように政治的に決められる人（これを政治的任用職といいます）について、普通の国家公務員と同じように、競争試験で採用を決めたり（同法第36条）、懲戒《ちょうかい》の定め（同法第82条）を適用したりするのはおかしいですものね（こういう人たちは、何か問題を起こしたときには、政治的に辞めたり辞めさせられたりするものです）。

---

**●「一般職」には二重の意味**

採用試験の段階では、主に企画立案業務を行う職種を総合職、主に事務処理業務を行う職員を一般職といいますが、本文の一般職と特別職はその職務の特殊性と国家公務員法の適用関係という観点から区分けしたものです。よって、一般職国家公務員である○○省職員の中にも総合職試験採用者と一般職試験採用者がいますし、特別職国家公務員である国会職員や裁判所職員の中にも総合職試験採用者と一般職試験採用者がいることになります。ヤヤコシイですね!

**●特別職**

国家公務員法上の特別職は以下のとおりです（第2条第3項）。

- 内閣総理大臣
- 国務大臣
- 人事官及び検査官
- 内閣法制局長官
- 内閣官房副長官
- 内閣危機管理監
- 国家安全保障局長
- 内閣官房副長官補、内閣広報官及び内閣情報官
- 内閣総理大臣補佐官

さらに、**立法や司法の部門で働いている国家公務員**はすべて国家公務員法から外されています。これはなぜでしょう？　その答えは、こういうところにも三権分立が徹底されているからです。立法や司法の部門が職員をどのように採用し、どのように運用するかは、それぞれの内部規律の問題です。ですから、それぞれの部門が独自に決めて、法律で定める部分はそれぞれ独自に法律で定めてくださいねー、ということです。立法や司法の部門で働いているからといって、特に変わった〝スペシャル〟な仕事をしているというわけではありません。

さらに特別職の大半の人数を占めているのは**自衛官**。確かに自衛官のように特別な任務を課せられたり危険を伴《ともな》ったりする人は、その分給料も高かったりするので、普通に国家公務員法を適用することはできないですよね。

こういう国家公務員法を適用することが適切でない人たち（特別職）を除いた部分、すなわち国家公務員法を普通に適用できる人たちを「一般職」といっています。みなさんの多くが「国家公務員」としてイメージするところと結果的にだいたい同じになるのではないでしょうか。

といったわけで、よ〜く考えてみれば、国家公務員法は、国家公務員全般を網羅《もうら》しているわけではなく、「普通に働く行政府の職員法」だったというだけのことです（要は、実体に比べてカンバンが大きすぎるわけです）。

なお、この国家公務員の場合と同じように、地方公務員の場合も一般職と特別職に分かれています。地方公務員の場合の特別職とは、地方自治体の首長《しゅちょう》（知事、市町村長）や副知事、副市町村長、監査委員、議員、各種委員会の委員、任命権者の判断で任意に任用される自由任用職などがあります。

- 副大臣
- 大臣政務官
- 大臣補佐官
- デジタル監
- 内閣総理大臣秘書官及び国務大臣秘書官並びに特別職たる機関の長の秘書官のうち人事院規則で指定するもの
- 就任について選挙によることを必要とし、あるいは国会の両院又は一院の議決又は同意によることを必要とする職員
- 宮内庁長官、侍従長、東宮大夫、式部官長及び侍従次長並びに法律又は人事院規則で指定する宮内庁のその他の職員
- 特命全権大使、特命全権公使、特派大使、政府代表、全権委員、政府代表又は全権委員の代理並びに特派大使、政府代表又は全権委員の顧問及び随員
- 日本ユネスコ国内委員会の委員
- 日本学士院会員
- 日本学術会議会員
- 裁判官及びその他の裁判所職員
- 国会職員
- 国会議員の秘書
- 防衛省の職員
- 行政執行法人の役員

# 公務員の仕事の種類

それじゃ、今度は、そんな公務員の仕事にはどんなものがあり、どんな種類に分けられるのか、見ていきましょう。

## 事務職

公務員＝机に向かって事務という、一番みなさんの想像しやすいのがこの事務の仕事です。〝事務職〟っていうとどうしても「ずうっとオフィスの中で書類やパソコンとにらめっこ」というイメージがありますよね。でも、そんなことはありません。公務員の世界では、専門的な技術、資格や技能を生かした仕事以外の仕事をぜ〜んぶひっくるめて〝事務職〟といっているだけです。

ですから、机に向かって書類やパソコンとにらめっこしている職員も、窓口で国民・住民の方々を応対している職員も、議員と折衝《せっしょう》している職員も、ほかの官公庁や民間企業の人と会議をしている職員も、み〜んな〝事務職〟なのです。

この事務職の仕事は、それぞれの官公庁独自・固有《こゆう》の事務と、どこの官公庁にもある事務に大きく分けることができます。

官公庁独自・固有の事務とは、それがあるからこそ、その官公庁があるという事務です。たとえば、外務省にいれば外国政府との連絡・折衝や通訳をやるわけですし、経済産業省だったら業界団体への指導や調整があるわけです。また、1つの官公庁の中でも、たとえば国土交通省の中は、鉄道系、航空系、自動車系、海運系、土木系、建築系……とそれぞれ専門分野別に部署が分

**●民間企業の仕事との違い**

公務員と民間で決定的に違うのって、ナニ？

**①だれもが使う可能性のあるモノを提供する**

お店で売っているモノ（サービス）は、買いたい人もいれば買わないで済む人もいます。でも、公務員の扱うモノは、生活していくうえで、今は必要ないかもしれないけれど、生涯に1度は必ずだれもが使う・利用するようなモノです。

**②必ず提供される状態にある**

たとえば服などは同じモノであっても、売っている店もあれば、売っていない店もあるわけです。でも、公務員の扱うモノは、どんな状況、地域でも必ずあるということが要求されるようなモノなのです。

**③だれもが同じ質のモノを同じ価格で提供される**

店によって売っているモノの質や価格が違ったりするので、あっちこっちのぞいたりします

かれています。というわけで、どこの官公庁がどんな仕事をしているかは、おおよその組織がどんな部署を作っているか、その部署名を見ればわかります。

一方、どこの官公庁に行ってもあるのが総務的な仕事、たとえば、人事とか会計とか管理などの仕事です。国の中央官庁の場合には、大臣官房《だいじんかんぼう》というところに集められているような仕事です。地方の場合だと、総務部とか企画部がこれに当たります。なお、中央官庁ではこの「官房」に対して、それぞれの官公庁固有の事務を行っている各部署を「原局《げんきょく》」とか「原課《げんか》」といい習《なら》わしています。

今度は、そのそれぞれの部署の中を見てみましょう。まず、**今後の政策の企画立案をし、法令を立案する仕事をする人**がいます。これは、だいたいキャリアと呼ばれるような人たちがやっています。国の場合だと**総合職**、地方の場合だと**上級職**の方々です。

次に、作られた法令に基づいて、これを**各種の個別具体的なケースに当てはめて処理していく人**がいます。ここが業務の中核になるわけですが、国の場合には**一般職［大卒］**の方々がこれを担《にな》っています。地方の場合には、企画と執行を特に分けないで同じ人がやることが多いので、主に上級職の人がこの職務を行っています。

さらに、それぞれの部署の縁《えん》の下の力持ちとして、その部署の仕事が円滑《えんかつ》に進むように、**庶務的な仕事から雑用までを一手に引き受けてくれる人**もいます（このような仕事を総称して「一般事務」といっています）。これに従事してくれるのは**一般職［高卒］**や**初級職**で入ったみなさんです。

だいたい、こんな構成できちんと役割分担がされているので、各部署の仕事がスムーズに運んでいくのです。

よね。でも、住民票を取りに行くのにあっちの支所とこっちの支所で値段やモノが違ったりというのでは困りますよね。

公務員の扱っているモノとは、こんな性質を持つものではないでしょうか？　医療費や年金、生活保護なんていうモノを考えてみると、必ずこの①〜③の要件を満たしますし、また、そうでないと、なんだか不公平感が残ってしまいます。そう、一般の人がやってもうからない仕事を公平・公正に行うというところに公務員の仕事の本質があるのではないでしょうか？

**●総合職と一般職ってどう違うの？**

国家公務員では、平成24年度の採用試験から、職務の困難度と試験の難易度に応じて総合職と一般職の区分に分けられました。総合職は、大学院・大学卒業程度の試験レベルで、政策の企画立案に携わる幹部となることが期待される職員を採用する試験です（従来はⅠ種試験といっていました）。一般職は、大学卒業程度の試験（従来のⅡ

## 技術職

技術職は、その試験区分によって非常に細かく分けられています。専門的な科目が多いので、学校でそれ専門の勉強をしてきた人じゃないと、ちょっと太刀打《たちう》ちできませんよね。

さて、採用試験の区別と、実際にやっている仕事の区別はどういう関係でしょう？　みなさんは、たとえば土木やら農学やら電気やらといった技術職区分で採用されると、ずーっとその技術だけで仕事をするのかなぁ？と思っていません？　「建築」で採用されたらいつも設計ばかりしているとか、「電気」で採用されたらいつも配線をいじっているとか……。

そんなことはありません。その技術を生かした仕事に就《つ》くことが多いからこそ、あえて事務職と分けて採用試験を行っているのは事実です（こういう技術を生かした仕事をしているときには、一般の事務職の場合と違って、先輩も後輩も一技術者として同等・同様の仕事をしたりすることもあります）。しかし、たとえば、こんな地域にこんなダムをつくりたい、っていう話のときには、文系出身でダムの構造のなんたるかもわからないような人ばっかりが集まって会議したって、どうにもなりませんよね。だから、こういうときには、そういう**技術・専門知識を持った技術職の職員が事務職の中に交《ま》じって仕事をしている**んです。

同じような例ですが、こんな薬を使ってだいじょうぶ？ということを決めるような仕事の場合には、やっぱり専門的な知識を持っているお医者さんが入っていると断然違って安心できますよね。というわけで、日々の仕事の現場では、文系の試験区分で入った職員も、理系・技術系の試験区分で入った職員も、資格免許職で入った職員も、みんな入り交じって仕事をしているわけです。

---

種試験）と高校卒業程度の試験（従来のⅢ種試験）に分かれますが、いずれも事務処理等の定型的な業務に従事する中堅職員を採用する試験です。

地方自治体の場合も国とほぼ同じで、上級・中級・初級と分けていますが、地方中級の場合は、自治体によって大学卒業程度の試験と短大卒業程度の試験が混在している場合もあります。

**●キャリア＝官僚**

各種の総合職試験で採用された職員を「キャリア」と呼んでいます。「官僚」という言葉も本来はこのキャリアのみをさす言葉です。一方、そのほかの一般職・専門職などで採用された職員は、ノンキャリアと呼ばれています。

キャリアは、幹部候補生として配属、昇進等について特別な配慮がなされてきました。同じキャリアの中でも特に事務系、さらにその中でも法律区分から高級幹部が登用されることが多かったようです。

ただし、採用試験の合否や採

## 専門職

事務系の中にも、特殊《とくしゅ》な仕事をしている人たちがいます。たとえば、植物防疫《ぼうえき》官、家畜検疫《かちくけんえき》官、特許庁の審査官および審判官、船舶《せんぱく》検査官ならびに航空管制官なんかです。また、試験所、研究所などに勤務して試験研究または調査研究業務に従事する職員もそうです。なお、このうち特許庁の職員とか航空管制官というのは、職務の性質上、国家公務員だけです。

こういう人たちに共通しているのは、専門技術や専門的知識が必要な仕事だということと、でもその専門技術や知識は採用後の専門的なトレーニングで身につければよく、学生時代に資格や単位を取得しておく必要はないという点です。

また、仕事の性質上、ほかの事務職員のように、係長、課長補佐、課長といったラインで仕事をする仕事（ライン職）ではなく、個々の職員が独立で仕事をするような職種（ライン職に対比して**スタッフ職**といっています）であるという点も特徴的です。

ただし、スタッフ職ではなくライン職であり、むしろ仕事柄《しごとがら》、ときには危険な場面もあり、警察官的な仕事もするというものもあります。その代表例は、国税庁に勤務し、租税の賦課《ふか》および徴収に関する事務などに従事する職員（国税専門官試験で採用される国税調査官、国税徴収官、国税査察官、税務職員採用試験で採用された者など）です。ときにはマルサ（国税査察官）のように強制的に捜査《そうさ》したりという危険なことがあったりしますので、若干給料が高くなっています。

これと同じように、ときには警察官的な仕事をするものとして、労働基準監督官、麻薬取締官などもあります。これらの人たちも、国家公務員特有の仕事です。



用試験時の試験区分だけで（その実際の働き具合も見ないうちから）将来がほぼ決まってしまうというこれまでの人事管理・運用に対しては、官庁の内外から批判も多く、改革の気運が高まってきています。

**●一度も診察しないお医者さん**

たとえば、厚生労働省の仕事は医業や薬業に関係する部署が多いですよね。こういう部署では、医師の国家資格を持っている人がたくさん働いています。

当然、こういう人も、公務員試験（国家Ⅰ種試験・国家総合職試験）に合格して入ってきているわけです。

**●仕事によって異なる給料**

国家公務員の仕事を種類分けしている法律がないかナ？と見回すと……ありました。実は、「一般職の職員の給与に関する法律」が、その従事する職種の応じて給料を、16種類の表（これを俸給《ほうきゅう》表といいます。61ページを参照してください）に分類しています（ここでお気づ

## 公安職

警察官的、などという話が出てきましたので、次に警察官のお話をしましょう。ところで、わが国は自治体警察の組織を採《と》っていますので、国家公務員の警察官って、極々《ごくごく》少数なんですよ。みなさんが普通目にしている警視庁や〇〇県警の制服を着た**警察官は都道府県の職員、**すなわち地方公務員なんです。国が持っている唯一の警察本部は、皇宮《こうぐう》警察本部だけです。

また、消防組織も、わが国の場合は地方公務員がやっていますよね。国にはありません。総務省の外局である消防庁は、総合的な防災の企画立案や研究を行っているだけで、消防車も救急車も持っていませんし、もちろん消防士さんもいません。

警察官や消防官・消防士の仕事は、みなさんご想像のとおりのものです。ただし、想像しているような外で体を張った仕事ばかりではなく、表《おもて》に現《あらわ》れない、庁舎の中で行っている事務的な仕事も結構あります。また、事件・事故を未然に防ぐための広報・周知活動も最近では比重を増してきています。ですから「アタマは〝?〟だし、しゃべれないけど、体力だけは自信あります!」というアピールをされても困ります。

こういう警察、消防系の職種(これら公共の安寧《あんねい》〔秩序《ちつじょ》・安全〕を守る職務をまとめて公安系の職種といいますが)は、逮捕《たいほ》したり捜査したり、危険な場所に行ったり、夜勤があったりという仕事ですので、その分、給料が若干高くなっています。なお、国家公務員の公安系の職種としては、このほかに、皇宮護衛官、入国警備官および刑務所などに勤務する職員(刑務官など)や、検察庁、公安調査庁、海上保安庁などで公安業務に従事する職員などがいます。その個別の職種の仕事については、第2章でお話しすることにしましょう。

きになったと思いますが、この法律は国家公務員のうち、国家公務員法が適用される「一般職」についてだけ定めたものです。その他の特別職は、それぞれ個別に同じような内容の法令を作って給与を定めています)。

### ●やっている仕事によって俸給表が変わる!?

いったん採用されて、自分に適用される俸給表が決まればそれで固定され、基本的にこれらの俸給表間を移動することはないのが原則です。たとえば、財務省本省に勤務していて通常の事務を執っている職員には、行政職俸給表(一)が適用されます。

ですが、この職員が税務署に転勤(異動)になった場合には税務職俸給表が適用されるようになります。また財務省本省に戻ると、俸給表もまたもとの行政職俸給表(一)に戻ります。

つまり、現在従事している仕事の内容によって適用される俸給表が決まるので、仕事の内容によって俸給表の間を行ったり来たり(それによって基本給も上がったり下がったり)するわ

## 資格免許職

仕事によっては、採用時に**国家資格を取得もしくは取得見込みであることが条件**であるものもあります。代表的なのは、公立学校の先生です。公立学校の先生は地方公務員です。なお、国立大学が非公務員化された後も国には若干の学校組織がありますので、このような大学校などで働く先生は国家公務員になります。

また、医師、歯科医師、薬剤師、栄養士、保健師、助産師、看護師などもいますし、身体障害者援護施設、児童福祉施設等に勤務して入所者の指導、保育、介護などの業務に従事する職員もいます。国や自治体が所有している船や飛行機などの操縦士や整備士も、公務員です。

## 技能・労務職

公営地下鉄・バス・公用車の運転手、ボイラー技師など機器の運転操作をする人、庁舎の監視その他の庁務をする人（守衛・学校の校務員など）、大工さん、庭師さん、清掃作業をする人など、技能系・現業系・労務系の職種の人たちも公務員の世界にはたくさんいます。

## 国家公務員の仕事と地方公務員の仕事

さて、いろいろな仕事を見てきましたが、国家公務員にも地方公務員にも、ほぼ同じような仕事・職域があります。ただ、国と地方で大きな違いというものもあります。それは、外交と国防は国にしかない仕事です。また、裁判も国にしかない仕事です。こういう仕事に携わりたい場合には、国家公務員を選択しなければなりません。

けです。

**●特別職の場合も一般職とほとんど同じ**

たとえば司法府や立法府の職員の場合にもそれぞれ俸給表（給料表ともいう）が定められていますが、その中身は一般職に準じています。人数が少ないので、一般職ほど細分化されてはいませんが、仕事も、事務系、技術系、公安系、技能・現業系の各職種があります。

また、自衛官の中にも、一般にみなさんが想像するような部隊勤務のほか、事務を中心に行っている人、研究中心の人など、さまざまな職種に従事している人がいます。

# 国の組織と仕事

それでは今度は、国と地方の組織と仕事を順に見ていきましょう。国の組織は、まず、司法と立法と行政に分かれますよね。いわゆる、三権分立ってやつです。

## 司法の組織と仕事

司法というのは、裁判を行っているところです。司法の頂点にあるのは最高裁判所です。その下に高等裁判所、地方裁判所、簡易《かんい》裁判所、家庭裁判所があります。

それぞれの裁判所で、原告と被告の主張を整理して判断し裁判の中身（判決）を下《くだ》すのが裁判官で、この裁判官は、原則として司法試験に合格した人がなります（当然、裁判官も国家公務員です）。そして、その裁判において裁判官の仕事をサポートする人たちが**裁判所書記官、裁判所事務官や家庭裁判所調査官**です。この書記官、事務官や調査官が、公務員試験に合格した人たちがなる仕事です。それぞれの裁判所には事務局が設置されていて、この事務局で、書記官、事務官や調査官が働いているわけです。裁判所ならではの裁判に関する事務だけでなく、人事や会計や庁舎管理など総務的な仕事もしています。

裁判官とこれら職員たちは共同して裁判が円滑かつ公正に行われるように努力するわけですが、判決を下すのはあくまで裁判官のみであるという役割分担はきっちりしています。なお、裁判官が各裁判所の事務局で勤務することもあり、たとえば最高裁判所事務総局の管理職はほとんど裁判官がなっています。

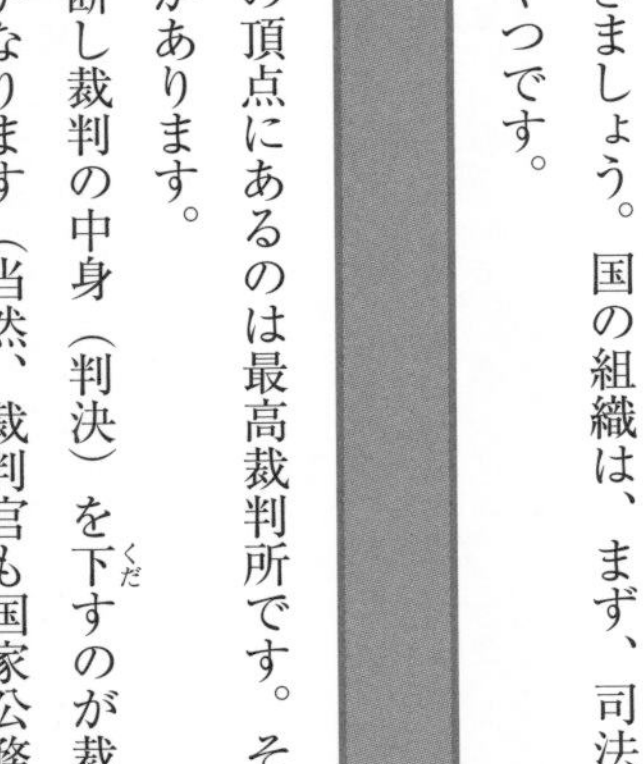

**●司法試験と国家公務員採用試験は兄弟!?**

旧憲法下での公務員（当時は〝官吏《かんり》〟といいました）の採用試験は「文官高等試験」（略称「高文」）といいましたが、この高文には司法科と行政科がありました。この行政科を引き継いだのが現在の国家総合職試験で、司法科を引き継いだのが現在の司法試験というわけ。2つは兄弟だったんですね！

## 裁判所の組織図

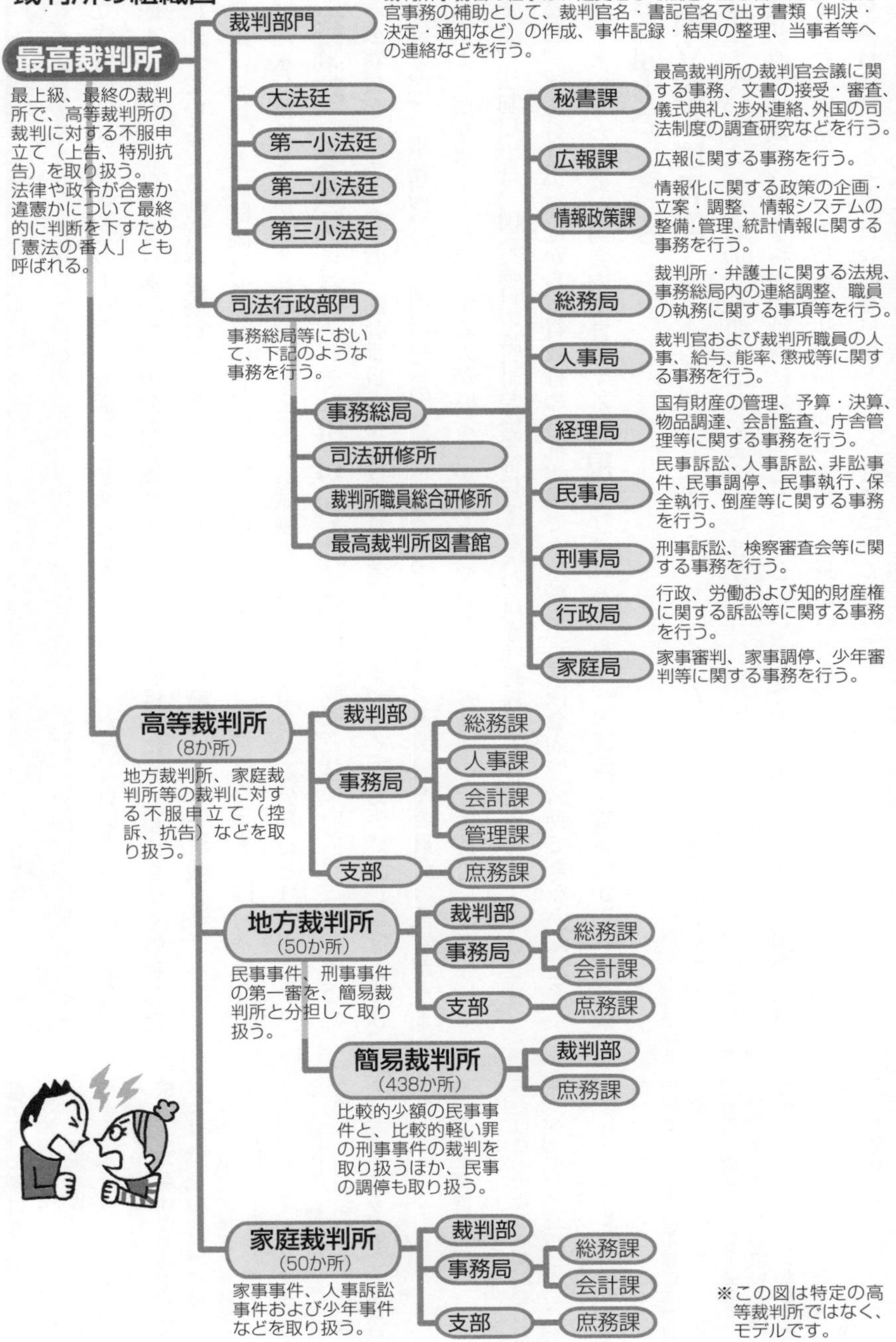
最高裁判所
最上級、最終の裁判所で、高等裁判所の裁判に対する不服申立て（上告、特別抗告）を取り扱う。
法律や政令が合憲か違憲かについて最終的に判断を下すため「憲法の番人」とも呼ばれる。
裁判部門
裁判所事務官の仕事は、廷吏として法廷に立ち合ったり、書記官事務の補助として、裁判官名・書記官名で出す書類（判決・決定・通知など）の作成、事件記録・結果の整理、当事者等への連絡などを行う。
大法廷
第一小法廷
第二小法廷
第三小法廷
司法行政部門
事務総局等において、下記のような事務を行う。
事務総局
司法研修所
裁判所職員総合研修所
最高裁判所図書館
秘書課
最高裁判所の裁判官会議に関する事務、文書の接受・審査、儀式典礼、渉外連絡、外国の司法制度の調査研究などを行う。
広報課
広報に関する事務を行う。
情報政策課
情報化に関する政策の企画・立案・調整、情報システムの整備･管理、統計情報に関する事務を行う。
総務局
裁判所・弁護士に関する法規、事務総局内の連絡調整、職員の執務に関する事項等を行う。
人事局
裁判官および裁判所職員の人事、給与、能率、懲戒等に関する事務を行う。
経理局
国有財産の管理、予算・決算、物品調達、会計監査、庁舎管理等に関する事務を行う。
民事局
民事訴訟、人事訴訟、非訟事件、民事調停、民事執行、保全執行、倒産等に関する事務を行う。
刑事局
刑事訴訟、検察審査会等に関する事務を行う。
行政局
行政、労働および知的財産権に関する訴訟等に関する事務を行う。
家庭局
家事審判、家事調停、少年審判等に関する事務を行う。
高等裁判所
（8か所）
地方裁判所、家庭裁判所等の裁判に対する不服申立て（控訴、抗告）などを取り扱う。
裁判部
事務局
総務課
人事課
会計課
管理課
支部
庶務課
地方裁判所
（50か所）
民事事件、刑事事件の第一審を、簡易裁判所と分担して取り扱う。
裁判部
事務局
総務課
会計課
支部
庶務課
簡易裁判所
（438か所）
比較的少額の民事事件と、比較的軽い罪の刑事事件の裁判を取り扱うほか、民事の調停も取り扱う。
裁判部
庶務課
家庭裁判所
（50か所）
家事事件、人事訴訟事件および少年事件などを取り扱う。
裁判部
事務局
総務課
会計課
支部
庶務課

※この図は特定の高等裁判所ではなく、モデルです。

## 立法の組織と仕事

立法機関には、ご承知のように、衆議院と参議院があります……だけと思いきや、国立国会図書館も「国会」と付くだけあって、国会の組織です。なお、そのほかにも、憲法をよく勉強した人は知っている、裁判官訴《そ》追《つい》委員会、裁判官弾劾《だんがい》裁判所という組織も国会の一組織です。

衆議院議員、参議院議員という国会議員は、国民の選挙によって選ばれます。国会議員も当然、国家公務員ですが、今私たちが考えている試験に合格して採用される公務員とは別格です。

**衆議院、参議院**には、それぞれ**事務局と法制局**が設置されていて、ここで働いている公務員がいます（なお、国会議員の秘書はこれら職員とはまったく別です。詳しくは123ページ参照）。事務局では、国会議員のために調べものをしたり、本会議や委員会の運営がうまくいくようにサポートしたりする人がいるほか、人事や会計や庁舎管理など総務的な仕事もしています。法制局では、国会議員の議員立法を補佐する人のほか、総務的な仕事をする人もいます。

なお、三権分立の原則から、行政権の下部組織である警察官は国会内で活動できないんだそうです。というわけで、国会内を警備する**衛**《えい》**視**《し》と呼ばれる職員を、衆議院、参議院がそれぞれ独自に採用しています。

**国立国会図書館**でも、本の管理や貸し出しをしている人だけでなく、国会議員のために調査をしている人や総務的な仕事をしている人もいます。

裁判所では裁判官が事務局の役職に就《つ》くこともあるといいましたが、国会の場合は、国会議員はまったく別格なので事務局や法制局などの課長や部長といった役職に就くことはありません。国会議員は議長とか委員会の委員長といった役職に就くのみです。

### ●三権の長は4人!?

司法の最高組織が最高裁判所、行政の最高組織は内閣。いずれもそこで働く人がいる実体のある組織です。立法は国会……ん？国会という実体のある組織はありません。国会というのは対等な関係にある衆議院と参議院を合わせた概念上のものです。

というわけで、三権の長というときには、最高裁判所長官（司法）、内閣総理大臣（行政）と立法の衆議院議長と参議院議長の計4人がいるわけです。

### ●国会図書館の特徴

納本制度といって、国内で刊行された出版物は必ず国会図書館に納めなければならないことになっています（この本も!）。

なお、国会図書館の利用は18歳以上となっており、また普通の図書館のように本棚に本が並んでいるのを自由に見ることができる（開架式）のではなく、窓口で見たい本を申請して借り出す（閉架式）という点も特徴です。休館日は日・祝日、年末年始、第3水曜日ですので土曜日でも開館しています。

## 国会の組織図

- 国会
  - 衆議院
    - 事務局
      - 秘書課：議長や事務総長の秘書事務、議員の辞職・欠席等に関する事務を行う。
      - 議事部：本会議の運営、議案、請願の受理に関する事務や、国会の文献・資料の調査・収集を行う。
      - 委員部：各委員会の運営に関する事務を行う。
      - 記録部：本会議・委員会の速記および会議録の編集、会議録のデータ化やデータ管理を行う。
      - 警務部：議院内部の警察、参観者の案内を行う。
      - 庶務部：人事や会計など議員・職員にかかわる全般的な庶務、ホームページの作成などを行う。
      - 管理部：議員宿舎・議員会館の管理や自動車の配車、議員・職員の福利厚生に関する事務を行う。
      - 国際部：議員の海外出張時の渡航手続き、議院の外事事務と翻訳、国際会議などの事務を行う。
      - 憲政記念館：憲政記念館の管理運営、立憲政治に関する文献・資料の収集・保管・展示などを行う。
      - 憲法審査会事務局：憲法審査会の運営および調査を行う。
      - 情報監視審査会事務局：情報監視審査会の運営および調査等を行う。
      - 調査局：各委員会の議案等の審査や参考資料の作成、施策の実施状況の説明や予備的調査を行う。
    - 法制局
      - 法制企画調整部
      - 第一部
      - 第二部
      - 第三部
      - 第四部
      - 第五部
      - 法制主幹
      - 法案審査部
      - （以上）各委員会担当に分かれ、議員発議の法律案の起草、法律案に対する修正案の起草、委員会の命を受けて行う法制に関する予備的調査、議員等からの法律問題の照会に対する調査回答、法制に関する資料の収集・整理および調整を行う。
  - 参議院
    - 事務局
    - 法制局
  - 国立国会図書館
    - 総務部：調査業務や司書業務を円滑に遂行させるための業務を行う。
    - 調査及び立法考査局：議員等に対して法案等の分析・評価、国政審議に係る調査や資料提供等を行う。
    - 収集書誌部：書籍等の収集・管理、収集資料の整理、書誌データや目録の作成を行う。
    - 利用者サービス部：利用者サービスに関する事務を行う。
    - 電子情報部：インターネット等の電子情報の収集・提供を行う。
    - 関西館
    - 国際子ども図書館
    - 行政及び司法各部門支部図書館
  - 裁判官訴追委員会
    - 事務局
  - 裁判官弾劾裁判所
    - 事務局

※参議院の組織は衆議院とほぼ同様なので省略しました。

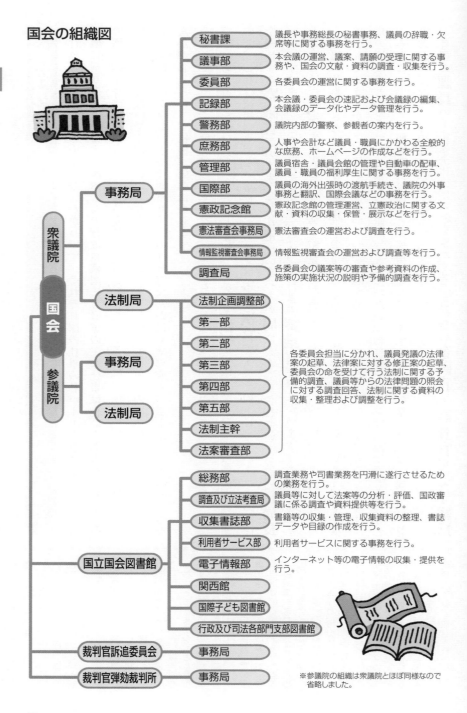

# 行政の組織と仕事

行政の組織が三権の中で一番大がかりです。それぞれ国の仕事の各パートを府や省や庁などの組織に割り振っています。次ページの行政組織図に各府省の主な仕事は書いておきましたが、その細かい中身については、ご自身で各府省のパンフレットを見たり、ウェブサイトを見たりして、確認しておいてください。これをやっておくと、各府省の仕事の内容や仕組みがわかりますし、また、パンフレットやウェブサイトの作り方なんかにもその府省の風土とか仕事のやり方なんかが感じられて、結構、勉強になります。

それでは、ここでは府省の大まかな内部組織を説明しましょう（府や庁でも同じですが、ここでは「ある省」を例にとってお話しします）。各省の**大臣**は、国会議員などから任命されますので、これは超超別格です。事務方《じむかた》のトップは**事務次官**です。その下にナンバーツーの官庁を統括する**審議《しんぎ》官**がいます。省の仕事はいくつかの**局**に大ぐくりされていて、局には**局長**がいます。また、この局長を補佐するため、局付きの**審議官**が何人かいます。この、局長とか審議官は、指定職俸給表という特別な給料体系が適用されるほんの一握《ひとにぎ》りの〝雲上人《うんじょうびと》〟です。

各局の仕事をさらに細分化して**課**があります。省の下に複数の局という形でピラミッドが構成されていますが、この局の下にもいくつかの課があってまたピラミッド構造になっています。局の取りまとめをしているのが〝筆頭《ひっとう》課〟で、だいたい「総務課」とか「○○政策課」というところがこれです。一般職職員は局ごとの採用になっていますので、この筆頭課では、局内の予算などだけでなく、その局の人事全般もすべて掌握しています。

各課の**課長**の下に課全体ににらみをきかす若手管理職の**企画官・調査官**がいたり**総括**《そうかつ》

### ●「局」と「部」

各府省では「○○局」っていいますが、地方自治体では局ではなくて「部」にしているところが多いですよね。

これはなぜかというと、国の行政機関は、戦後も、旧憲法下でプロシア式に作られた官僚機構を基本的に引き継ぎ、その中身は新憲法に沿うように変えても「局」という名称には愛着を感じ、そのまま使ってきたからです。各府省において「部」を置くときは、局の下部組織とか外局のときだけです。

一方、地方自治は進駐軍の指導の下、抜本的に改革され、地方自治体の組織もアメリカ型の行政組織をまねて作られたため「部」制を取り入れたのです。

なお、唯一国の組織の中で大きくアメリカ型に作り替えられたのは、議会（国会）です。進駐軍は、日本を民主国家にするためには議会をアメリカ型に変える必要があると強く感じ、その補佐機能を充実させるために、事務局、法制局、国会図書館を作り、その組織もアメリカと同様「部」制を取り入れました。

# 国の行政組織図

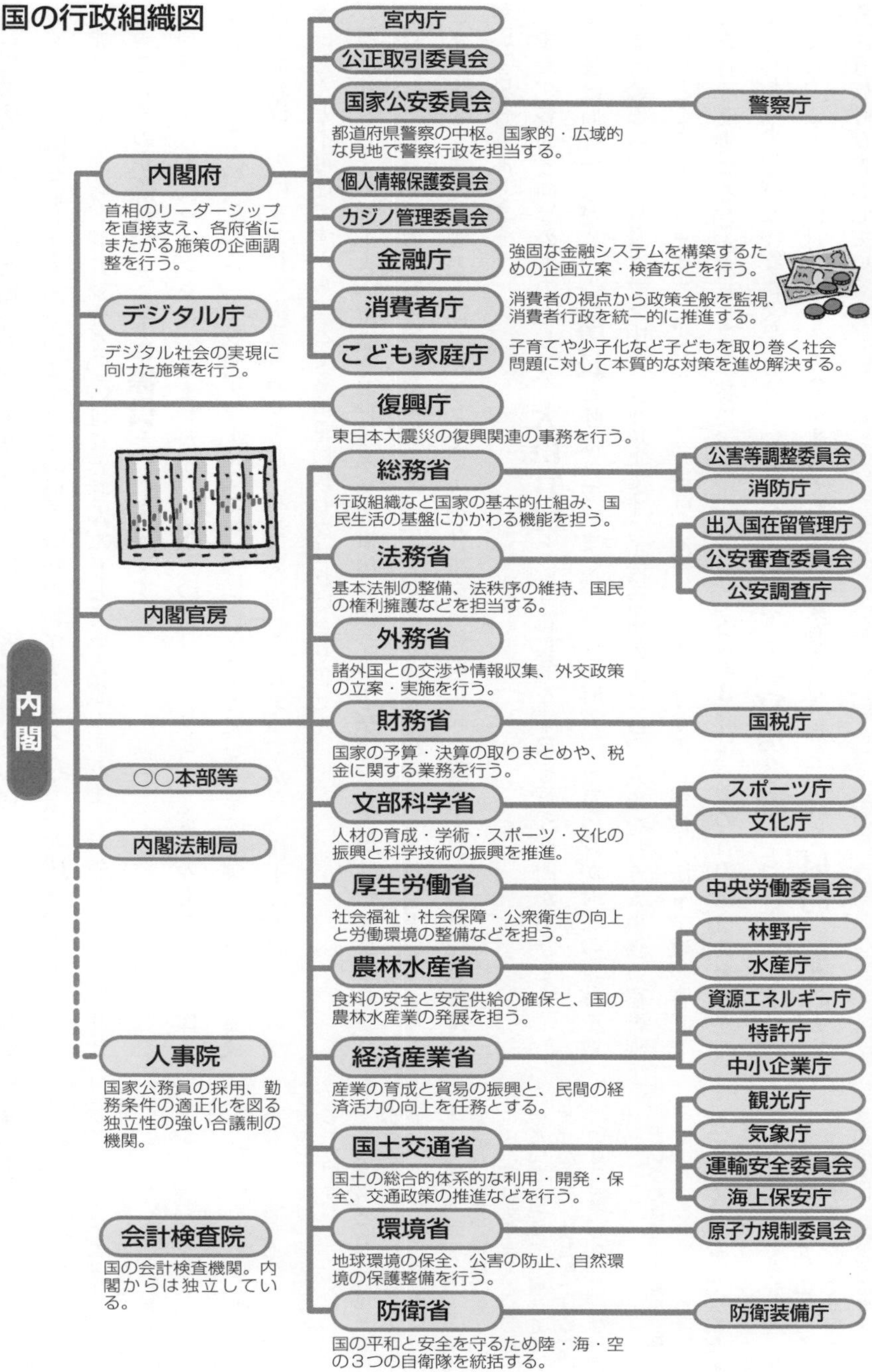
内閣
内閣府
首相のリーダーシップを直接支え、各府省にまたがる施策の企画調整を行う。
宮内庁
公正取引委員会
国家公安委員会
都道府県警察の中枢。国家的・広域的な見地で警察行政を担当する。
警察庁
個人情報保護委員会
カジノ管理委員会
金融庁
強固な金融システムを構築するための企画立案・検査などを行う。
消費者庁
消費者の視点から政策全般を監視、消費者行政を統一的に推進する。
こども家庭庁
子育てや少子化など子どもを取り巻く社会問題に対して本質的な対策を進め解決する。
デジタル庁
デジタル社会の実現に向けた施策を行う。
復興庁
東日本大震災の復興関連の事務を行う。
内閣官房
総務省
行政組織など国家の基本的仕組み、国民生活の基盤にかかわる機能を担う。
公害等調整委員会
消防庁
法務省
基本法制の整備、法秩序の維持、国民の権利擁護などを担当する。
出入国在留管理庁
公安審査委員会
公安調査庁
外務省
諸外国との交渉や情報収集、外交政策の立案・実施を行う。
財務省
国家の予算・決算の取りまとめや、税金に関する業務を行う。
国税庁
○○本部等
文部科学省
人材の育成・学術・スポーツ・文化の振興と科学技術の振興を推進。
スポーツ庁
文化庁
内閣法制局
厚生労働省
社会福祉・社会保障・公衆衛生の向上と労働環境の整備などを担う。
中央労働委員会
農林水産省
食料の安全と安定供給の確保と、国の農林水産業の発展を担う。
林野庁
水産庁
人事院
国家公務員の採用、勤務条件の適正化を図る独立性の強い合議制の機関。
経済産業省
産業の育成と貿易の振興と、民間の経済活力の向上を任務とする。
資源エネルギー庁
特許庁
中小企業庁
国土交通省
国土の総合的体系的な利用・開発・保全、交通政策の推進などを行う。
観光庁
気象庁
運輸安全委員会
海上保安庁
会計検査院
国の会計検査機関。内閣からは独立している。
環境省
地球環境の保全、公害の防止、自然環境の保護整備を行う。
原子力規制委員会
防衛省
国の平和と安全を守るため陸・海・空の3つの自衛隊を統括する。
防衛装備庁

**課長補佐**がいたりする場合が多いようで、そのほかに**課長補佐**が何人かいて、それぞれがいくつかの**係**を取りまとめています。このいくつかの係がまとまったものを**班**と呼び習《なら》わしています。ですから、課長補佐を○○班長と呼んだりしている省もあります。係を実際に取り仕切っているのが**係長**、その下に**係員**という構成です。

今は上から下にラインを見てきましたが、仕事上の流れでいうと、一番下の者が原案を作り（これを起案《きあん》といいます）、1段階ずつ上にこれを上げていくことになります。課長で終了する決裁もあれば、大臣まで行く決裁もあります。ハンコを押してしまってからの修正は大変、というかほとんど不可能ですから、とても慎重に扱わなければなりません。

課よりもちょっと小さい組織でトピックス的事項を扱うのが**室**で、**室長**は企画官をちょっと経験したぐらいの若手管理職がなる例です。室長の下にも課長補佐、係長、係員というラインがあります。また、課長と同じクラスで局内の仕事を全般的に見る**参事官**という役職を持っている場合もあります。

また、各局と同等のものとして、**大臣官房**《だいじんかんぼう》という総務的な業務を行う部門があります。この長は局長ではなく、**官房長**と呼ばれています。どこの府省でも官房長が府省の全体を取りまとめるので、局長クラス中で一番格上です。大臣官房の中には、人事を行う人事課（秘書課というところもあります）、予算を扱う会計課、法律・政省令等その省が扱う法令全般の審査などを行う文書課などがあります。特に、人事、会計、文書の3課は、その省の屋台骨《やたいぼね》を担うので、課長以下精鋭《せいえい》を集める場合が多く、いわゆる〝花形〟です。**「官房3課」**と呼ばれています。

なお、この官房に対して、その省本来のそれぞれの業務を行う局とか課を**原局**《げんきょく》、**原課**《げんか》というふうに呼び習わしています。

---

**●決裁取りは大変！（汗）**

お役所の仕事はなんでも文書にして、上司にお伺《うかが》いを立てるのですが、これを決裁といいます。部下から決裁が上がってくると、これを見て、了解するとハンコを押してさらに上司に上げて……ということを繰り返すわけですが、ハンコを押すということは、責任も生じるわけですから、必ず中身の説明を求めるわけです。

課長補佐までは、自分の部下の仕事をだいたい把握していますので、「ああ、あの件ね」とわかるものですが、課長、局筆頭課長、局長、事務次官、場合によっては大臣までとなると、いちいち細部まで把握してはいませんので、決裁を上げるたびに中身を説明しなければなりません。

というわけで、中身を一番よく知っている担当係長や課長補佐クラスが局長などに決裁を取りに行くわけです。

いつもは話ができないようないかめしいオジサンのところに行って説明するわけですから、最初の頃は、超緊張です！

## 省の組織図（厚生労働省の例）

**厚生労働省**

- **大臣官房**　省内の総合調整・中枢機関。法令案の審査なども行う。
- **医政局**　良質で効率的な医療提供体制の実現などの政策の企画立案を行う。
- **健康局**　保健所を通じた地域保健向上、がんや生活習慣病対策などを行う。
- **医薬・生活衛生局**　医薬品・食品の安全確保、生活衛生環境営業の振興などを行う。
- **労働基準局**　適正な労働条件の確保・改善対策を推進する。
  - 安全衛生部　産業安全、労働衛生、家内労働者の安全衛生に関することを行う。
- **職業安定局**　雇用の安定、再就職の促進などを行う。
- **雇用環境・均等局**　非正規雇用労働者の待遇改善、ワーク·ライフ·バランスの推進などを行う。
- **社会・援護局**　福祉分野の人材育成、地域福祉の増進、戦没者慰霊《いれい》などを行う。
  - 障害保健福祉部　障害者の地域生活の支援などを行う。
- **老健局**　介護保険制度による介護サービスの提供などを行う。
- **保険局**　医療保険制度の企画立案などを行う。
- **年金局**　年金制度の企画立案などを行う。
- **人材開発統括官**　働く人のスキルアップを支援する施策を行う。
- **政策統括官**　省の総合的・基本的な政策を策定し、政策評価を行う。

**施設等機関**
検疫所、国立ハンセン病療養所、国立医薬品食品衛生研究所、国立保健医療科学院、国立社会保障・人口問題研究所、国立感染症研究所、国立障害者リハビリセンター

**特別の機関**
死因究明等推進本部、自殺総合対策会議、中央駐留軍関係離職者等対策協議会

**審議会等**
社会保障審議会、厚生科学審議会、労働政策審議会、医道審議会、薬事・食品衛生審議会、中央最低賃金審議会、労働保険審査会、中央社会保険医療協議会、社会保険審査会、疾病・障害認定審査会、援護審査会、ハンセン病元患者家族補償金認定審査会、がん対策推進協議会、肝炎対策推進協議会、国立研究開発法人審議会、過労死等防止対策推進協議会、特定石綿被害建設業務労働者等認定審査会、アレルギー疾患対策推進協議会、循環器病対策推進協議会、アルコール健康障害対策関係者会議、医薬品等行政評価・監視委員会

**地方支分部局**
- **地方厚生局**
  - 地方厚生支局
  - 地方麻薬取締所
- **都道府県労働局**（47）
  - 労働基準監督署
  - 公共職業安定所

**外局**
- **中央労働委員会**
  - 事務局

## 外局と地方支分部局

省の担当する仕事であっても、各局の枠《わく》に入らない大きな仕事のまとまりがある場合には、これを1つの単位として分けて「○○庁」と別の組織にしています。たとえば、農林水産省と水産庁、林野庁との関係がこれに当たります。こういう組織を**外局**《がいきょく》と呼んでいます。

外局は**長官**がトップになります。長官は、政治家ではなく事務方から任命されますが、本省の事務次官よりは下で局長より上ぐらいの格に当たります。そしてその下に**部長**がいて（本省の局長より下、課長より上の格）、その下に課長、課長補佐、係長、係員です（これらはいずれも本省と同じ格）。

なお、見方によっては、警察庁や金融庁も内閣府の外局になるわけですが、これらの官庁は、その扱う中身が非常に重要ですので、それぞれ担当する大臣が任命されています。また、事務方のトップを事務次官という代わりに**長官**と呼ぶほかは、その内部組織もほかの官庁とまったく変わりなく作られていますので、前の項の府省のほうの説明をご覧になってください。

以上が霞が関にある本体の部分です。これを「**本省**《ほんしょう》」と呼び習わしています。これに対して、各地方にあるそれぞれの府省の出先機関を「**地方支分部局**《ちほうしぶんぶきょく》」と呼んでいます。地方支分部局は、中央（霞が関）で決めたことを各地方に伝達し徹底させ、その執行を行う〝実働部隊〟であるとともに、各地方の実情やデータを取りまとめ中央にフィードバックさせるという役割も果たしています。

まず、関東地方とか、近畿地方といった大ぐくりごとに、**○○省関東○○局**というふうに省の名前を冠《かん》した組織があります。この地方の分け方、みなさんが学校で習った関東地方、東

**省・局・課・係の関係**（農林水産省農産局穀物課の例）

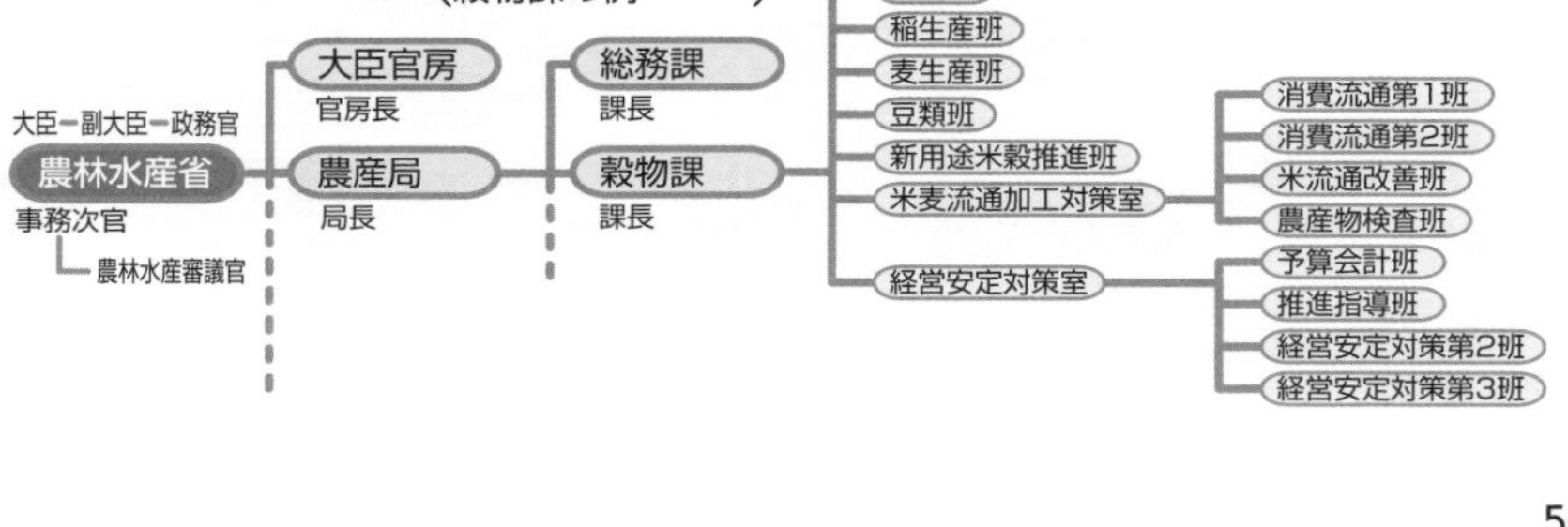

北地方……という区分けとは必ずしも一致していません。また、各府省によってそれぞれ別個に区分けをしているので、その線引きが各府省によって違っています。たとえば、静岡県は関東地方に入ったり、中部・東海地方に入ったりしています。

この○○省関東○○局のトップである**局長**は、本省の局付きの審議官とだいたい同格です。そして、この下に部長、課長、課長補佐、係長、係員となっています。本省課長が部長、本省課長補佐が課長とだいたい同じというふうに、本省の役職と地方支分部局の役職が対応していますので、本省で課長補佐だった人が関東○○局に来て課長になったり（その逆があったり）ということが起こるのです。出先機関の課長になったら、管理職手当が出ますが、超過勤務手当は出ません。本省の課長補佐に戻ったら、管理職手当が出なくなって、その代わり超過勤務手当が出ることになります。おもしろいですね！

さらにこの○○局の下に、各都道府県単位の△△**県事務所**があり（県単位に置かれているので△△県事務所といっていますが、ちゃんと国の組織です）、さらにその下にいくつかの事務所・出張所が設けられているという構成です。県事務所の**所長**は○○局の課長とだいたい同じ格（ということは本省の課長補佐とだいたい同じ格）、事務所・出張所の所長は県事務所の課長とだいたい同じ格というふうになっています。

ね？これで大臣を頂点とした見事なピラミッドが完成したでしょう。1つの大きなピラミッドの下にいくつかのピラミッドがあって、その中にもいくつかのピラミッドが……というふうなマトリョーシカ構造にきれいに整備されているのが日本の官僚組織なのです。

地方のナントカ事務所にいるあの人、こんなメチャメチャ地元にいるけど本当に国のお役人さん？と思っていらっしゃった方、これで謎《なぞ》が解けましたか？

**●道州制を阻《はば》む壁**

市町村合併は怒濤《どとう》のように行われましたが、次に検討されるのは都道府県の合併＝道州制でしょう。この区割りを検討する際に参考にされると思われるものが、国の地方機関の区割りです。これが本文でお話ししたように各府省によって異なっているということも、道州制を検討する際の一つの壁となっています。

**●管理職**

管理職とは、管理・監督の地位にある職員のことで、いわゆる「役付き」です。部下を束《たば》ねたり、職務の責任を負ったりすることから管理職手当が支給されていますが、その代わりヒラだったときに支給されていた超過勤務手当などは支給されなくなります（そりゃあそうです。今度は超過勤務を命じる側の立場になったわけですから）。

**●マトリョーシカ**

人形の中に人形があってその中にまた人形が……と入れ子が続くロシアのオモチャです。

# 地方の組織と仕事

## 都道府県の組織と仕事

都道府県など地方自治体の組織も国をまねて作ったものですから、だいたい同じです。ここではある**県**を例にとって、主に国と違う部分に絞《しぼ》って説明しておきましょう。

県のトップは**知事**《ちじ》ですが、知事は選挙によって選ばれますので、別格です。その下に**副知事**がいますが、任命に当たって県議会の承認が必要になる政治的任用職ですので、これまた別格の人です。県の職員が副知事になることもありますし、知事が国家公務員や民間人から副知事を選ぶこともあります。

この下に、県の仕事をいくつかに分けた**部**があります。この知事をトップにしたピラミッドを**知事部局**と呼び習わしています。この部は、知事を内閣総理大臣に見立てれば府省に、知事を各省の大臣に見立てれば局に当たるといった感じです。

国の省の場合の大臣官房に当たるのが、県の場合は**総務部**です。人事を行う職員課や、予算を扱う財政課、それから県の総合的な調整・企画を行う担当部署（企画課といったり、県によっては総務部と別立ての企画部だったりいろいろです）は、国の官房3課の場合と同様に、やはり花形部署といえるでしょう。

そのほか、商工労働部とか土木部などに分かれていますが、商工労働部は国の経済産業省や厚生労働省、土木部は国の国土交通省などとかかわりが強いので、国の機関（本省直接とか、地方

**●都道府県庁の仕事**

都道府県庁の仕事は、地方の総合開発計画の策定、治山治水事業、農林水産業や中小企業等の指導・振興、基幹道路や河川など公共施設の建設・管理、義務教育や社会福祉事務の基準の維持、高校・博物館・研究所等の建設・管理、警察の管理・運営、各種営業の許可、各種試験・免許・検査などがあります。

市町村との連絡調整も行っていますが、都道府県と市町村はそれぞれ業務を分担しているだけで、どっちが上下という関係ではありません。

**●地方自治体と地方公共団体ってどう違うの？**

同じです。「地方公共団体」っていうのが法律用語で（憲法第92条以下参照）、「地方自治体」というのは通称です。

出先機関と）密接に連絡を取り合って仕事をしています。

国の場合には、経済産業省で職員の採用をしていますが、**県の場合には一括採用**ですので、商工労働部で働いていた人が次は土木部というふうに異動することは当然のことです（なのに、なんで国ではそうしないんでしょうね?）。

部の内部には**課**があって、その下に**課長補佐**、**係長**がいて**主事**《しゅじ》がいます。国の係員に該当するのが主事です。……というのが原則ですが、この辺の役職や名称については、各地方自治体によってさまざまです。たとえば、係長の手前に**主任**《しゅにん》という役職があったり、課長補佐の手前に**主査**《しゅさ》という役職があったり、課長と課長補佐の間ぐらいに**主幹**《しゅかん》という役職があったりしますが、自治体によっては主査が係長の手前だったり主幹が課長補佐の手前だったりするのです。また、**参事**《さんじ》という役職が課長級だったり部長級だったり、副参事という役職があるので課長補佐より上かと思ったら下だったりなど、本当に複雑怪奇《ふくざつかいき》です。そのうえ、最近では課とか係という組織をやめて**グループ**にし、課長とか課長補佐をグループリーダーという名称に改めるところもあります。役人の世界は上下関係を大事にしますので、会議のセッティングなどのときには、いちいち確認しておかないと大変です。

県には裁判権がないので、司法を担当する部署はありません。でも条例を作る県議会という立法機関はありますよね。この県議会の組織は、知事部局とは別立てです。県議会には**事務局**があって、国の場合の衆議院や参議院の事務局と同じように立法の補佐を行っています。ただし、衆議院や参議院のように独自に職員を採用することはありません。職員は県に一括採用され、知事部局に行ったり議会の事務局に行ったり、そのほか別立ての組織に行ったりしています。

同じく知事部局と別立ての組織としては、**人事委員会**、**教育委員会**、**公安委員会**

地方公共団体とは、一定の地域およびそこに住む住民を存立の基礎とし、その地域における行政事務を住民の自治によって行う団体のことをいいます。

みなさんがよく知っている都道府県・市町村は普通地方公共団体と呼ばれています。地方公共団体にはもう一つ特別地方公共団体というものがあります（地方自治法第3編）。東京都の特別区と地方公共団体の組合（一部事務組合、広域連合）がこれです。地方公共団体の組合には市町村衛生施設組合、消防事務組合、上水道企業団、広域市町村圏事務組合などがあります。

**●自治体マネジメント体制の強化**

長、副知事・助役、出納長・収入役の「3役」体制の原型は明治21年にまでさかのぼりますが、地方の自主・自立性の拡大、自治体マネジメント体制の強化の観点から、平成19年度から、助役を廃止して副市町村長に、また、出納長・収入役を廃止することになりました。

などの各種の行政委員会があります。これらは、その専門性から知事とは一歩離れて別の組織とし、数名の委員の合議制で意思を決定していくものです。これらの下には**事務局**が置かれていて職員が働いていますが、こちらも独自の採用ではなく、知事部局と行ったり来たりしています。ただし、一部の職種、たとえば教員の採用試験は別途行われていますし、公安委員会の下部組織である警察本部の警察官も独自の試験によって採用されています。

**人事委員会**は国の場合の人事院と同じような組織で、給与勧告や不利益処分の審査などを行う機関です。県職員の**採用試験の実施**もこの人事委員会が行い、人事委員会が最終合格者を発表して採用候補者名簿を作成して、この採用候補者名簿に記載された人物に対して、知事部局の職員課が最終面接をして採用を決定するというのが、職員採用の流れです。なぜ、こんなふうに分けるかというと、採用試験の実施主体と採用主体を分けることで、なれ合い試験・なれ合い採用を防止するというシステムなのです。

**教育委員会**の下にはその事務局として教育庁があり、県立高校などの学校教育の指導監督をしています。県立高校の先生は、この県の教育庁の職員なのです。**公安委員会**の下には、警察本部があります。**警察官**は、この警察本部に採用された公安職の職員になります。

そのほかに、水道事業、交通事業（バス、地下鉄など）、病院事業、下水道事業など地域住民の生活や地域の発展に不可欠なサービスを提供する**公営企業**を置いている都道府県もあります。企業庁とか水道局、病院局など名前はさまざまです。この公営企業の職員の身分はほかの本庁や行政委員会の職員と基本的には変わりありません。

また、公立大学などの**地方独立行政法人**を設置している都道府県もありますが、地方独立行政法人の職員は、国の独立行政法人と同じように公務員型と非公務員型に分かれています。

---

**●行政委員会って？**

行政委員会とは、一般行政部門からある程度独立した地位と権限を持つ合議制の行政庁です。委員会は複数の委員によって構成されていますが、その下に常設的な事務組織（部とか課とか）が設置されています。

行政的機能のほかに、規則制定などの準立法的機能や争訴判断などの準司法的機能を有する委員会もあります。

どの自治体にどんな委員会が設置されるかは、地方自治法第180条の5に書かれてます。

**●教員採用試験**

教員（公立の小・中・高校などの先生）も地方公務員ですが、ほかの職種とは違った独自の採用試験ですので、この本では触れないことにします。これをお話しするだけでも、本1冊分になってしまうので、また別の機会に。

なお、教員が県や市町村の教育委員会に異動になって、ほかの普通の公務員試験で採用された職員と机を並べて仕事をすることもあります。

## 都道府県庁・都道府県警察の組織図

- **知事**
  - **副知事**
    - 総務部：人事や予算の編成、県税業務、市町村振興など都道府県行政全般にわたる内部事務を行う。
    - 企画部：重要な施策の総合的な企画や計画づくり、調整、統計調査などを行う。
    - 福祉保健部：国民健康保険や年金の指導、保健医療体制の整備、高齢者・児童・障害者福祉の増進などを行う。
    - 生活環境部：交通安全対策、消防防災、環境保全、公害防止、生活文化に関する仕事などを行う。
    - 農政部：農業・畜産業・水産業の指導・研究・援助・基盤整備などを行う。
    - 林務部：林業の指導・研究・援助、治山、緑化の保全、木材産業の振興などを行う。
    - 商工労働部：商工業振興のために指導や援助、企業誘致、労働行政などを行う。
    - 土木部：道路・公園・橋・河川の整備、都市計画、下水道整備、住宅対策などを行う。
  - 出納局：公金などの出納業務、決算に関する事務、証紙の管理などの出納《すいとう》業務全般を行う。
- 公営企業管理者 ― 企業局：電気や水道の供給に関する事業、土地の造成、有料道路の管理などを行う。
- 議会 ― 事務局：議会の運営、議案の調査、議員活動に必要な資料や情報の収集などを行う。
- 人事委員会 ― 事務局：都道府県職員の採用試験の実施、給与勧告、職員に対する不利益処分の審査などを行う。
- 監査委員 ― 事務局：財務に関する事務の執行や、事業が適正に行われているかどうかの監査を行う。
- 地方労働委員会 ― 事務局：不当労働行為救済申立ての審査、労働争議の斡旋《あっせん》・調停・仲裁などを行う。
- 教育委員会 ― 教育庁：学校教育の企画・指導、生涯学習・文化・スポーツの振興、文化財の保護などを行う。
- 収用委員会 ― 事務局：用地の収用・使用についての裁決などを行う。
- 選挙管理委員会 ― 事務局：選挙の公正な執行の管理などを行う。
- 海区漁業調整委員会／内水面漁場管理委員会：海や川、沼などの漁業権や漁場の調整などを行う。
- **公安委員会**
  - 警察本部
    - 総務部：文書・施設・情報管理、会計予算、広報活動などを行う。
    - 警務部：採用や人事、給与、福利厚生などを担当する。
    - 生活安全部：風俗、麻薬、銃器、公害、経済事犯の取締りのほか、青少年の非行防止などを行う。
    - 地域部：地域の安全を守り犯罪を未然に防ぐため警察署や交番等を拠点とし巡回や連絡を行う。
    - 刑事部：殺人、強盗など凶悪事件、詐欺、横領などの犯罪の捜査、暴力団の取締りなどを行う。
    - 交通部：交通指導取締り、交通安全教育、交通事故捜査、運転免許にかかわる事務などを行う。
    - 警備部：密入国犯の取締り、テロなどの封圧・検挙災害時の救助活動、雑踏警備などを担当。
  - 警察学校
  - 警察署
    - 警務課
    - 会計課
    - 生活安全課
    - 地域課 ― 交番・駐在所
    - 刑事課
    - 交通課
    - 警備課

※この図は特定の都道府県の行政機構ではなく、モデルです。

# 市町村の組織と仕事

**市町村の組織は、都道府県庁の組織とほとんど同じ**です。仕事の内容からすると、市町村が一番地域密着型。窓口サービスをしつつ企画立案も行うという感じで、国や都道府県のように仕事が分化されていない分、大変な部分もある一方、住民の声を直接聞くことができて、これを政策に反映できるという利点もあります。

組織は若干コンパクトになっていて、たとえば、行政委員会のうち人事委員会はなく、**採用試験については、職員課が実施して職員課が採用します**。ですから、県のように試験実施主体と採用主体が別々ではなく、1つにまとめられているのです。したがって、採用候補者名簿を作成することはないので、最終合格イコール即採用内定になるわけです。また、市町村にも公営企業や地方独立行政法人を持っているところがあります。

警察組織は都道府県にしかないため、市町村の管轄外です。地元の○○警察署の職員は、都道府県の職員なわけです。

んじゃ、**消防**は? いいところに気がつきましたね。消防の組織は非常に特徴的です。消防業務は、消防組織法により**市町村単位**で行うことが原則となっていて、**消防局**や**消防本部**が設置されています。ただし、**いくつかの市町村が一緒**になって広域事務組合を作って消防本部を作っている場合もあります。また東京都では、都の単位で東京消防庁が設置されていますが、都内の一部の地域は東京消防庁の管轄には入らずに消防本部を設置しています。ということで、消防組織の単位は都道府県や市町村の枠とは必ずしも一致していませんが、地方公務員であることには変わりありません。

**●市役所、町・村役場の仕事**

戸籍《こせき》や住民登録など各種証明書の発行、上下水道や公園・緑地の整備、ごみやし尿の処理、都市計画や道路・河川などの建設や管理、公民館や小中学校、図書館などの各種施設の設置や管理など、私たちの生活に密着した仕事をしています。

**●特別区**

東京都の都心部にある23の特別区は基本的に「市」と同じレベルのものです。

特別区の採用試験は、原則として特別区人事委員会が一括して行い、この最終合格者が各区の採用面接を受験するという方法をとっています。

**●政令指定都市**

政令指定都市とは、大都市における行政運営を効率的に行うために創設された制度で、現在20市が指定されています。一般の市よりも分掌事務が広範囲で、都道府県とほぼ同等の権限と組織を持ち、採用試験も道府県の統一試験日に同様の試験内容で実施されています。

## 市役所・消防局の組織図

| 組織 | | 主な業務 |
|---|---|---|
| 市長 ― 副市長 | 総務部 | 総務、秘書、人事、総合計画、統計・情報管理、広報広聴などを行う。 |
| | 財務部 | 市民税・固定資産税の賦課《ふか》徴収、財産管理、財政などを行う。 |
| | 商工観光部 | 商業、工業、観光の振興、企業誘致などを行う。 |
| | 農政部 | 農業の振興、農家指導、土地改良、治山、地籍調査、卸売市場などを担当する。 |
| | 市民部 | 防災、戸籍、住民票、国民健康保険、国民年金などを担当する。 |
| | 環境部 | 環境保全、衛生管理、ごみ収集などを担当する。 |
| | 健康福祉部 | 市民の健康増進、障害者・高齢者・児童の福祉増進、生活保護、介護保険などを担当する。 |
| | 建設部 | 道路・河川の整備・維持補修、市民住宅の建設などを行う。 |
| | 都市政策部 | 街路事業、市街地整備、公園整備などを行う。 |
| | 下水道部 | 公共下水道の計画・整備・維持管理などを行う。 |
| | 支所 | 地域住民の窓口として、戸籍、住民票の発行、社会衛生、民政、福祉などに関する事務などを行う。 |
| 市長 | 会計課 | 公金などの出納業務、決算に関する事務、証紙の管理などの出納《すいとう》業務全般を行う。 |
| 議会 | 事務局 | 議会の運営、議案の調査、議員活動に必要な資料や情報の収集などを行う。 |
| 選挙管理委員会 | 事務局 | 選挙の公正な執行の管理などを行う。 |
| 監査委員 | 事務局 | 財務に関する事務の執行や、事業が適正に行われているかどうかの監査を行う。 |
| 農業委員会 | 事務局 | 農地の開発許可などを担当する。 |
| 教育委員会 | 教育庁 | 学校教育の企画・指導、生涯学習・文化・スポーツの振興、文化財の保護などを行う。 |
| 水道局 | | 上水道の維持管理、設備の整備などを担当する。 |

**消防局**

| 部 | 課 | 主な業務 |
|---|---|---|
| 総務部 | 企画課 | 重要事項の企画、事務・事業の総合調整等。 |
| | 総務課 | 事務管理・渉外・連絡・経理関係等。 |
| | 人事課 | 職員人事・給与・福利厚生・健康管理等。 |
| | 施設課 | 消防施設の建設・営繕・車両製作・整備等。 |
| | 音楽隊 | 各種行事における演奏活動・ドリル演技等。 |
| 予防部 | 予防課 | 火災予防事務・消防に関する広報等。 |
| | 指導課 | 危険物施設の許認可・建築物の消防同意等。 |
| | 査察課 | 立入り検査・消防管理指導等。 |
| 警防部 | 警防課 | 災害警防活動の指揮支援、部隊運用管理等。 |
| | 指令課 | 119番通報の受信・出動指令・消防隊の管制等。 |
| | 計画課 | 防災計画・協定の制定、災害の調査分析等。 |
| | 救急課 | 救急の企画・救急医療技術の調査研究指導等。 |
| 消防訓練センター | | |
| 市民防災センター | | |
| 消防署 | 庶務課　予防課　警備第一課　警備第二課　消防出張所 | |

※この図は特定の市の行政機構ではなく、モデルです。

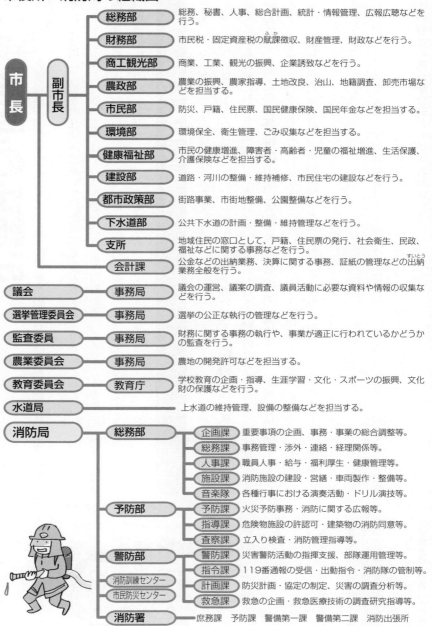

# 給与の仕組み

それでは次に、給与の仕組みについて、簡単に見ておきましょうか。

仕事をするうえでは、まずはその仕事の仕組みとか内容が気になるところですが、たとえば仕事の中身が同じようなものだとしたら、次には給料など処遇の面が気になりますものね。ここでは、国家公務員の場合を例として、その処遇の面を見ていきましょう。

## 給料と給与は違うコトバ

まず、1つ言葉の意味を押さえておきましょう。

給料と給与、似たような言葉ですが、ちゃんと意味が違います。**給料**とは、職員の正規の勤務時間による勤務に対する報酬《ほうしゅう》の基本的部分、すなわち**基本給**の部分です。

**給与**は、この給料に**各種の手当《てあて》を加えたものの総称**です。手当には、期末手当、勤勉手当（この2つを合わせて〝ボーナス〟といっています）のほか、管理職手当といわれているもの（給料の特別調整額）、超過勤務手当（いわゆる超勤《ちょうきん》、残業手当）、住居手当、通勤手当などがあります。この手当の部分は、個々人の勤務成績や生活環境によって、支給される額が違ってくるわけです。

したがって、同期入省（庁）の職員は基本的に同じ給料額ということで横並びになるのが公務員のシキタリですが、勤務成績や残業の量だとか住んでいる場所の違いによって、同じ同期でも個々の職員の給与額は異なってくるわけです。

**●主な手当**

公務員にはいろんな手当がありますが、ここではそのうちの主なものだけを簡単に解説しておきましょう。

○**住居手当**　賃貸住宅に居住し一定月額を超える家賃を支払っている職員には最高限度額を定めて、自宅に居住する世帯主である職員には一定額を支給。

○**通勤手当**　通勤に交通機関等

## 給料はシースルー

というわけで個々の公務員の給与額は個々人の事情によって異なってきますが、基本給の部分、すなわち給料額は、先ほどご説明した「**一般職の職員の給与に関する法律**」などの法律に書かれている**俸給表**《ほうきゅうひょう》によってきっちり決まっていますので、国民だれの目にも明らかです。ですから、ちょっとその表の見方さえ知っていれば、だれがだいたいどの程度の給料をもらっているか、おおよその見当がついてしまいます。

なんだか、お財布の中まで見られているようで、恥ずかしいですね。でも、これが情報公開ということなんですよ。だれがどんな仕事をしているから、その対価としていくらもらっている、ということを国民の目に明らかにしているのです。

年に1回夏に人事院勧告《かんこく》というのが行われ、人事院が、民間企業の標準給与と照らし合わせて、公務員の給料・給与が妥当なものとなるよう是正《ぜせい》勧告をすることになっています。これを受けて、だいたい秋頃に法改正が行われています。

なお、**立法府や司法府**で働いている職員の場合は**別に給料表**が定められてはいるものの、中身はこの一般職の俸給表とほとんど変わりません。また、人事院勧告に連動して、こちらも改正されます。内閣総理大臣など特別に高給な人の給料がどうしても知りたいという方は「特別職の職員の給与に関する法律」をご覧いただければ、はっきりいくらと書いてありますし、裁判官の場合にはまた別の法律にちゃんと給料が書いてあります。

**地方公務員の場合**も、事情はまったく同じで、ちゃんと条例で職員の給料額・手当額が定めてありますし、ほぼ国家公務員の場合に準拠《じゅんきょ》・連動して是正されることになっています。

を利用している職員に対して最高限度額を定めて支給。
○**扶養手当**　配偶者など扶養親族のある職員に支給。
○超過勤務手当　正規の勤務時間を超えて勤務することを命ぜられた職員（非管理職）に対して支給。
○**休日給**　休日等における正規の勤務時間中に勤務した職員（非管理職）に支給。
○**夜勤手当**　正規の勤務時間として深夜に勤務した職員（非管理職）に支給。
○**宿日直手当**　宿日直勤務を命ぜられ勤務した職員（一部管理職を除く）に支給。
○**期末手当**　基準日（6月1日および12月1日）に在職する職員ならびに基準日前1か月以内に退職または死亡した職員（一部管理職を除く）に支給。
○**勤勉手当**　基準日（6月1日および12月1日）に在職する職員ならびに基準日前1か月以内に退職または死亡した職員（一部管理職を除く）に、勤務成績に応じて支給。
○**俸給の特別調整額**　管理または監督の地位にある職員に、そ

## 俸給表の読み方

それじゃあ、簡単にちょっとだけ俸給表の読み方を見ておきましょう。

まず、どのような職務に従事するかによって、どの俸給表を適用されるかが決まります。みなさんの多くが志望されている一般事務系・技術系の場合には、基本的に行政職俸給表(一)（行(一)）が適用されますので、現時点での行(一)表を次のページに掲載しておきます。これは平成17年の人事院勧告で大きな手直しがありました。個々の俸給月額については毎年度ちょこちょこ変わるものですが、表の見方は変わりません。

表を見ると、横に1級から10級まで並んでいますね。これが、**職務の級**です。これは、職務の複雑さ、困難さ、責任の度合いに応じて分類したものです。1級から数が多くなるほどにランクが上がっていきます（昭和60年以前は数が減るごとにランクが上がっていったので、昔の1等級が今の10級になっています）。霞が関に勤務している人の場合、1～2級が係員、3～4級が係長、5～6級が課長補佐、7級以上が管理職で、7級が室長・企画官、8～10級が課長となっています。たとえば、3級は駆け出しの係長、4級は上級（熟練した）係長といった感じです。

それぞれの級の下にずらっと縦に並んでいるのが**号俸**《ごうぼう》です。号俸とは、それぞれの級における経験の度合いに段階を設けたもので、通常、1年たてば4号俸ずつ上がるというふうに毎年1月1日に**定期昇給**（定昇）します。たとえば、一般職（高卒）で採用されたとします。この場合、初任給は1級5号俸となります。その後2年目は1級9号俸、3年目は1級13号俸と定昇していくわけです。勤務成績がよければ、一挙に6号俸とか8号俸とか上がることもありますし、頑張りが足りなければ2号俸しか上がらないとか、まったく上がらないということもあります。

の特殊性に基づき支給（いわゆる管理職手当）。

このほかにも、単身赴任手当、特殊勤務手当など、個々の職員の勤務状況に応じてさまざまな手当が支給されます。

そもそも手当をもらえるということはそれだけ通常の業務よりプラスアルファの仕事をしている、もしくはなんらかの犠牲・対価を支払っているわけですから、差し引きゼロ。結果的に手当分だけ丸もうけというオイシイ話ではありません。

**●全額出ない！**

住居手当や通勤手当には上限があるので、賃貸料が高い物件や遠方からの通勤の場合は全額は支給されません。特に首都圏勤務の場合、自腹を切っている人がかなりいるようです。

**●秋に決まっても4月にさかのぼって**

人事院勧告に基づく法改正は秋に行われるといいましたが、その結果はだいたい4月にさかのぼって行われます。ですから、給料額がアップしたら、4

## (一)

| 職員の区分 | 職務の級 | 1級 | 2級 | 3級 | 4級 | 5級 | 6級 | 7級 | 8級 | 9級 | 10級 |
|---|---|---|---|---|---|---|---|---|---|---|---|
| | 号俸 | 俸給月額 | 俸給月額 | 俸給月額 | 俸給月額 | 俸給月額 | 俸給月額 | 俸給月額 | 俸給月額 | 俸給月額 | 俸給月額 |
| 定年前再任用短時間勤務職員以外の職員 | | 円 | 円 | 円 | 円 | 円 | 円 | 円 | 円 | 円 | 円 |
| | 1 | 162,100 | 208,000 | 240,900 | 271,600 | 295,400 | 323,100 | 365,500 | 410,300 | 459,900 | 523,100 |
| | 2 | 163,200 | 209,700 | 242,400 | 273,200 | 297,500 | 325,300 | 368,100 | 412,700 | 463,000 | 526,000 |
| | 3 | 164,400 | 211,400 | 243,800 | 274,700 | 299,500 | 327,500 | 370,500 | 415,200 | 466,000 | 529,100 |
| | 4 | 165,500 | 212,900 | 245,200 | 276,300 | 301,400 | 329,500 | 372,900 | 417,600 | 469,000 | 532,200 |
| | 5 | 166,600 | 214,400 | 246,400 | 277,800 | 303,200 | 331,500 | 374,800 | 419,500 | 472,000 | 535,300 |
| | 6 | 167,700 | 216,200 | 248,000 | 279,500 | 305,000 | 333,500 | 377,300 | 421,600 | 475,000 | 537,600 |
| | 7 | 168,800 | 217,900 | 249,500 | 281,300 | 306,600 | 335,400 | 379,600 | 423,700 | 478,000 | 540,100 |
| | 8 | 169,900 | 219,600 | 250,900 | 283,100 | 308,200 | 337,300 | 382,100 | 425,900 | 481,100 | 542,500 |
| | 9 | 170,900 | 221,100 | 252,000 | 284,800 | 309,800 | 339,200 | 384,500 | 427,800 | 483,800 | 544,900 |
| | 10 | 172,300 | 222,600 | 253,400 | 286,700 | 312,000 | 341,200 | 387,100 | 429,900 | 486,900 | 546,700 |
| | 11 | 173,600 | 224,100 | 254,900 | 288,500 | 314,200 | 343,200 | 389,700 | 432,000 | 489,900 | 548,500 |
| | 12 | 174,900 | 225,600 | 256,200 | 290,300 | 316,200 | 345,200 | 392,300 | 433,900 | 493,000 | 550,400 |
| | 13 | 176,100 | 226,800 | 257,500 | 292,100 | 318,200 | 347,000 | 394,600 | 435,600 | 495,700 | 552,100 |
| | 14 | 177,600 | 228,200 | 258,700 | 293,700 | 320,200 | 349,000 | 396,900 | 437,400 | 498,000 | 553,500 |
| | 15 | 179,100 | 229,600 | 259,900 | 295,100 | 322,100 | 350,900 | 399,100 | 439,300 | 500,300 | 554,800 |
| | 16 | 180,700 | 231,000 | 261,100 | 296,500 | 324,000 | 352,800 | 401,400 | 441,200 | 502,600 | 555,900 |
| | 17 | 181,800 | 232,400 | 262,300 | 298,000 | 325,900 | 354,500 | 403,200 | 443,000 | 504,600 | 557,200 |
| | 18 | 183,200 | 234,000 | 263,600 | 300,000 | 327,900 | 356,500 | 405,100 | 444,800 | 506,000 | 558,200 |
| | 19 | 184,600 | 235,500 | 264,900 | 302,000 | 329,800 | 358,300 | 407,000 | 446,600 | 507,500 | 559,100 |
| | 20 | 186,000 | 236,900 | 266,200 | 303,800 | 331,700 | 360,200 | 408,800 | 448,300 | 508,900 | 560,000 |
| | 21 | 187,300 | 238,100 | 267,600 | 305,500 | 333,400 | 362,100 | 410,600 | 450,100 | 510,100 | 560,900 |
| | 22 | 189,600 | 239,700 | 269,100 | 307,400 | 335,400 | 364,000 | 412,400 | 451,600 | 511,500 | |
| | 23 | 191,800 | 241,200 | 270,700 | 309,300 | 337,400 | 365,900 | 414,200 | 453,000 | 513,000 | |
| | 24 | 194,000 | 242,600 | 272,200 | 311,100 | 339,300 | 367,800 | 416,000 | 454,500 | 514,500 | |
| | 25 | 196,200 | 243,600 | 273,800 | 312,800 | 340,700 | 369,700 | 417,600 | 455,900 | 515,600 | |
| | | ⋮ | ⋮ | ⋮ | ⋮ | ⋮ | ⋮ | ⋮ | ⋮ | ⋮ | |
| | | 以下 93号俸 まで略 | 以下 125号俸 まで略 | 以下 113号俸 まで略 | 以下 93号俸 まで略 | 以下 93号俸 まで略 | 以下 85号俸 まで略 | 以下 61号俸 まで略 | 以下 45号俸 まで略 | 以下 41号俸 まで略 | |
| 定年前再任用短時間勤務職員 | | 188,700 | 216,200 | 256,200 | 275,600 | 290,700 | 316,200 | 358,000 | 391,200 | 442,400 | 522,800 |

備考(一)　この表は、他の俸給表の適用を受けないすべての職員に適用する。ただし、第22条および附則第3項に規定する職員を除く。

(二)　2級の1号俸を受ける職員のうち、新たにこの表の適用を受けることとなった職員で人事院規則で定めるものの俸給月額は、この表の額にかかわらず、200,700円とする。

月からの差額分が法改正後に支給されます。じゃあもし給料額が下がったら……？　本来すでに支給されたものについて職員に「返して」とは言えないので、どうするのかな？と思っていましたら、あれこれ理由をつけてボーナスをその分減額するということで切り抜けました。

### ●俸給表の種類

一般職の国家公務員だけでこんなに種類があります。

- ●行政職俸給表(一)
- ●行政職俸給表(二)
- ●専門行政職俸給表
- ●税務職俸給表
- ●公安職俸給表(一)
- ●公安職俸給表(二)
- ●海事職俸給表(一)
- ●海事職俸給表(二)
- ●教育職俸給表(一)
- ●教育職俸給表(二)
- ●研究職俸給表
- ●医療職俸給表(一)
- ●医療職俸給表(二)
- ●医療職俸給表(三)
- ●福祉職俸給表
- ●専門スタッフ職俸給表
- ●指定職俸給表

# 給与総額は勤務内容・勤務地で変わってくる

同じ事務系の仕事をしていても、たとえば公安系の官庁や部署に勤務している場合には、行㈠ではなく、公安㈠や公安㈡が適用されることになりますが、これらの表は危険な職務である点を加味して給料の額が行㈠よりも高く設定してあります。同じように職務の困難性などによって、行㈠より額が高い俸給表を持っている例がたくさんあります（国税庁など）。

また、諸手当の中に地域手当というものがありますが、これは民間賃金の高い地域に勤務する場合に支給されるもので、たとえば**東京都の23区内**に勤務する場合はどの俸給表が適用されているかにかかわらず、給与の18％が支給されます。

どの部署に勤務しても残業は付き物ですが、その**超過勤務手当**（超勤＝残業手当）は、その府省の決められた予算の範囲内で支給されますので、残業した分だけほぼ全額支給される府省（または部署）もあれば、どんなに残業しても月10時間分くらいしか支給されない府省（または部署）もあります。

真夜中の霞が関に行ってみましょう！　どの建物を見ても窓には結構明かりがついています。特に国会開会中は大変です。翌日の国会で大臣がしゃべる答弁案の作成で、みんなてんてこ舞い状態です。なのに、超勤は月10時間程度しか出ないんですよ！　みなさんどうします⁉

こういった事情から、あまりほめられた慣行ではないかもしれませんが、「事実上のフレックスタイム」になっちゃうところも多いようです。本来の官庁の始業時間は8時半とか9時ですが、10時前に電話をかけてもなぜか「○○は席を外しております」という答えが返ってきたときには、「ハハァ」と察しがつくわけです。

オレ先月50時間くらい残業したのにこれしかもらえないの？
あ〜

●困ったときのタクシー券！

霞が関では、残業代は出ない、深夜勤務は続く、今日も終電終わっちゃった……っていうときのために、どこかからかき集めたタクシー券が支給されます（という時代もありました。今でも続いている官庁もあります?)。あまりよろしくない風習でしたが、自衛策としては致し方ない面も。

## 公務員の給料は高いか？低いか？

よくマスコミに「公務員の給料は高すぎる!!」と批判されていますが、これは、どこと比較するかでしょう。たとえば、総合職で入った人の場合、**採用後10年**というと本省の課長補佐ですが、この時点で、大学の同級生でマスコミや金融機関に勤務している友人とはだいたい**年収総額で数百万円近い差**があります。当然、公務員のほうが低いんです。県庁などに上級職で入った場合を比較すると、もう少し差が開くはずです。公務員の給料は、大企業と中堅クラスの企業のほぼ中間あたりに位置するといっていいかもしれません。

一般職や初級職で入った人と、地元の中小企業に入った短大や専門学校の同級生を比較すると、公務員のほうが年収総額では高くなっています。また、技能・労務職系、たとえば自動車運転手などでは、公務員のほうが年収総額が高くなっているうえに、勤務時間がきっちりしているというメリットもありますので、こういういい方は嫌ですが、「お得感」があるのは否《いな》めません。

というわけで、**どこをどう比較するか**で、公務員はもらいすぎ！とするか低すぎ！とするかは意見の分かれるところです。公務員の給料は高すぎるという批判の記事を書いている記者のほうが実は給料がはるかに高かったという笑えない現実もあるわけです。

要するに公務員は国民・住民のためのサービス業なわけですから、国民・住民としては、公務員に給料を支払っている分だけその公務員からサービスを提供させればいいわけです。高いか安いかは、どれだけ公務員を使ったか、働かせたかではないでしょうか。もっと公務員を使ってください！　われわれ公務員は、国民・住民のみなさんのお役に立ちたいと思って、なった人たちですから、使われて文句を言うようなことはありません。

**●尺度は人によって違う**

大学の同級生と比べて「アイツとオレ、どんだけ違うの？」とやっちゃうと、公務員の給料は、ずいぶん少ないわけです。ただ、どっちが忙しい？とか、どっちが大変？ということをいい出すと、その尺度は人によってまちまちですから、どう比較すればいいんでしょうね？

ちょっと ちょっと！
お役に立てなかったときは、切腹して果てる覚悟です！

# 出世と異動・出向

だんだん、人事担当者の本職である黒い話題となってまいりました（笑）。

とにかく公務員になりたい、と思い始めた段階で、給料がどうの、昇進がどうのっていうことを気にする方はあんまりいないですよね。確かにいることはいますが、そういうことを気にしすぎる人は、えてして自分はあんまり昇進できないものです。中学、高校時代にもいませんでしたか？人の成績ばかり気にして自分は大して成績の伸びなかった人！

ということで、あまり気にはしないでください。とはいうものの、**一般のガイド本には書かれていないけれども大切なことや、間違って伝えられていることと**もあるので、あえて若干の説明をしておきたいと思います。

話が変わりますが、たとえばちょっとした電器製品を買ったら、使う前に取扱説明書を読みますよね。でも、おもしろいもので、土地とかマンションなど高額で大きいものを買ったときには意外と説明書とか契約書を読まないので、後でトラブルになったりします。

就職先の選択にも、実はそんなところがありませんか？　日本人は給料とか待遇について、最初はそんなこと気にするのは気恥ずかしいということであまり触れたがりません。でも、こういう問題って必ずしまいには禍根《かこん》になることでもあります。ですから、気にしすぎはダメですが、もっと実情、特に表面的には説明されないけれども知っておいたほうがよい情報については、気取らず正確に知っておいてから、公務員の世界に入っていただきたいと思います。

まずは国家公務員を例にとってお話ししていきましょう。

**●受験を決める前に、よ〜く考えて！**

公務員の給料や昇進などについては、原則は法律でキチンと書かれているものの、実際の運用は各官公庁でまちまち。異動・出向など、その他の勤務環境も官公庁によってだいぶ事情が異なっています。

また、たとえば、民間企業では、バイトで入った人が認められて社長まで登り詰めちゃった！なんていう豊臣秀吉の立志伝のようなこともありえますが、公務員の世界では、採用時の職種・試験区分でどこまで昇進できるかなどが、きっちり線引きされてしまっています。

というわけで、ご自身がどういう人生設計をしたいのかをよ〜く考えたうえで、どの職種・試験区分を受験するか、どの官公庁を志望するかを決めないと、きっと後悔しますよ！

## 採用職種によってスタートから違ってくる

ここでもまずは難しい用語の説明から。一口に昇進といいますが、公務員の世界では、昇任、昇格、昇給と言葉を分けて使っています。それぞれはどう違うのかを押さえておきましょう。

**昇任**とは、職員を現にある職より上位の職につけることで、たとえば、係長を課長補佐にすることをいいます。これに対し、**昇格**とは、職員の現にある級を同一の俸給表の上位の級につけることをいいますので、たとえば、4級から5級に上げることをいいます。具体例を挙げると、3級係長が4級係長になる場合は単なる昇格のみですが、4級係長が5級課長補佐になる場合は、昇任と昇格が同時に行われたことになります。

一方、**昇給**とは、職員の現にある号俸を同一の級の上位の号俸につけることをいいます。原則として年に1回昇給が行われますので、定期昇給（定昇）と呼ばれています。なお、定昇の際に、前年の勤務成績を反映して何号俸上げるかを変えることになっています。

先ほど、行㈠の説明の中で、総合職も一般職も同じ行㈠が適用されるといいましたが、それでは、総合職、一般職の職員はそれぞれどのように給料が違ってくるのでしょうか？　実はこの違いは、**①初任給の格付け**と、**②昇任・昇格のスピードの違い**によってなされます。

まず、初任給の格付けです。一般職［高卒］採用者は1級の初めからスタートするのですが、一般職［大卒］採用者は1級の途中から、総合職採用者は2級からスタートすることができるのです。このスタートの時点でだいぶ差があるということがおわかりになったと思いますが、さらに昇格で差がついてきます。

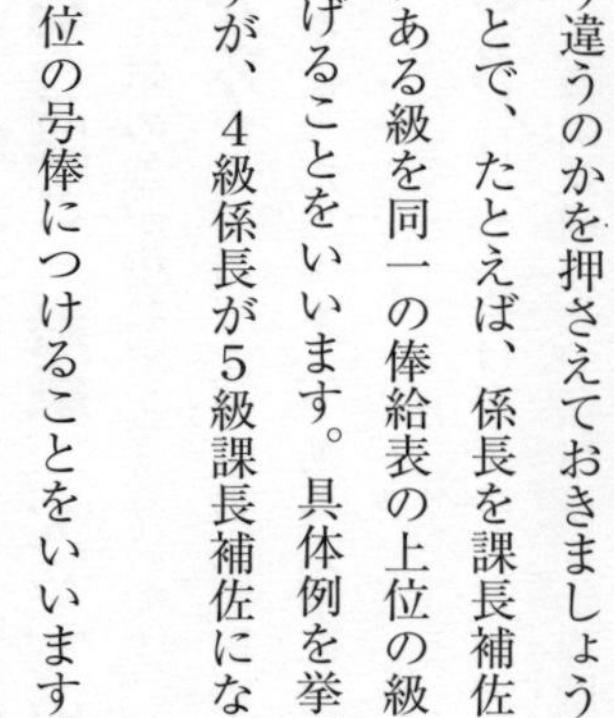


**●初任給**

初任給の格付けは人事院規則9-8（初任給、昇格、昇給等の基準）に定められています。昇格の基準も同規則の在級期間表に書いてあります。たとえば、標準的な経歴の人の初任給は、総合職［大卒］で行㈠2級1号俸、一般職［大卒］で1級25号俸、一般職［高卒］で1級5号俸となります。

## 昇任・昇格のカラクリ

人事院では、標準的な昇格基準を定めています。これを見ると、たとえば、総合職職員は、本府省の係長級である3級になるのに採用から4年、本府省の課長補佐級である5級になるのに採用から10年かかります。一方、先ほど、一般職［高卒］採用者のスタートは1級といいましたが、この一般職［高卒］採用者が一般職［大卒］採用者のスタート地点に到達するまで5年、総合職採用者のスタート地点である2級に到達するまでにはさらに3年（都合8年）かかります。

これじゃあ、ずいぶん差別じゃないか！　同じ一般職なのに［高卒］と［大卒］で5年も違うじゃないか！という方もいらっしゃるでしょうが、採用時においてそもそも［高卒］採用者は4歳若いのですから、実際には1年の差しかないということです（ここでは、現役合格を前提としてお話ししています）。むしろ、**大きく違うのは、総合職と一般職［大卒］の差**で、同じ大学卒であるにもかかわらず、採用時からすでに3年の差が生じてしまうのです。

しかし、**実際の運用には、実はもっと大きな差**があるのです。この人事院の基準に忠実に従って昇格の運用をしている府省は、人事院規則を作った当の本人である人事院などごくごく限られた府省だけなのです。

多くの府省は、総合職採用者のうちの特に優秀な一部の者には、「八掛けルール」といってこの基準の80％のスピードで昇格させています。すなわち、5級課長補佐まで採用後8年程度としているのです。その一方で、一般職採用者に対しては、この基準よりも遅いスピードの運用となることが多く、その**程度は各府省によってまちまち**です。

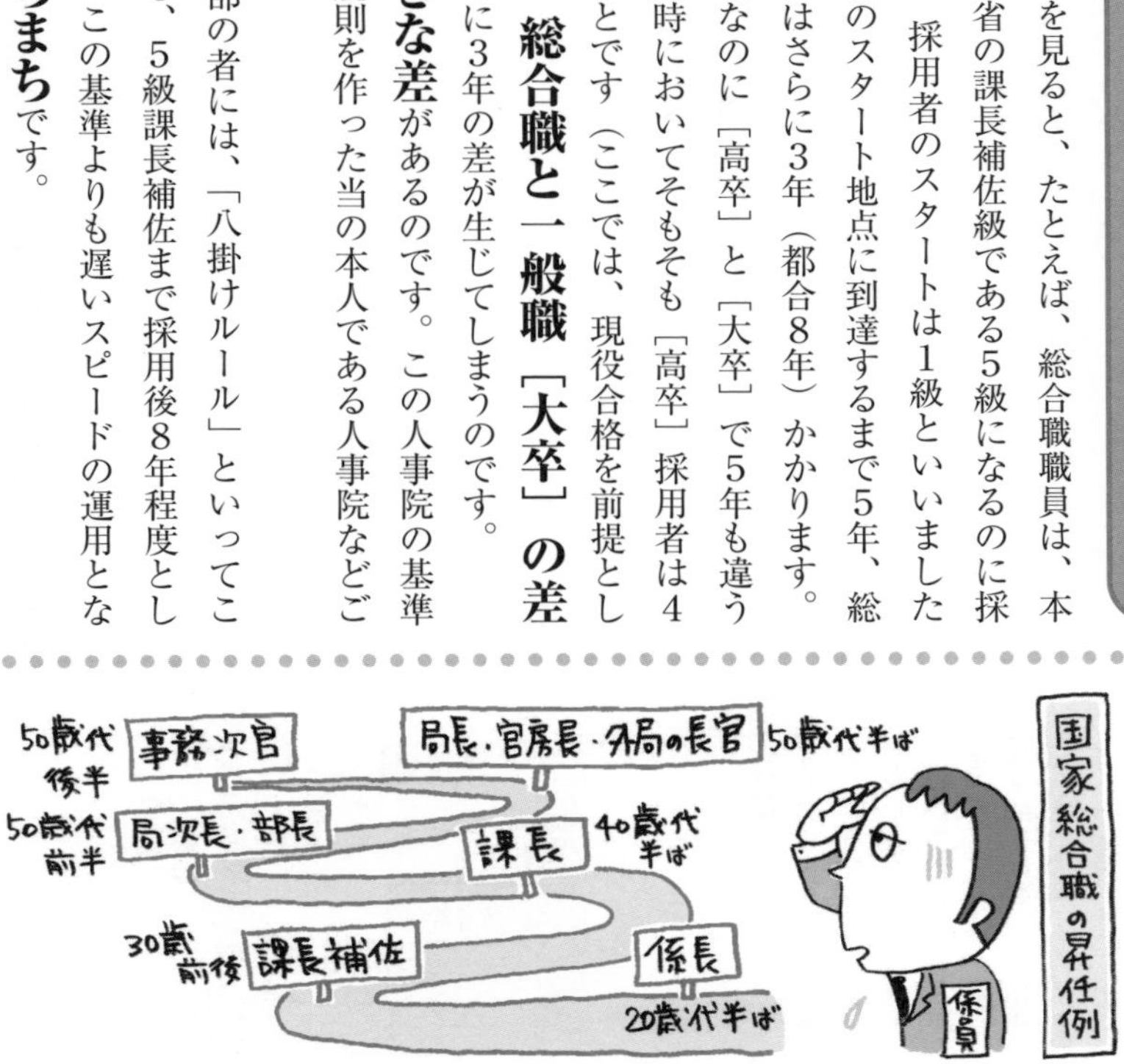

## 採用時の職種・採用官庁と出世の違い

私が官庁訪問をしていたときに聞いた話なのですが、「**総合職**事務系（法律、経済、政治・国際）採用者は、**本府省課長級**までは保証する」といわれているとのことでした。このように定められている法令は実際にはどこにも存在しないのですが、各府省の実際の運用を見ていると、よほどのことがない限り、この言葉のとおりに運用されているようです。

一方、一般職職員の場合は、最も「出世」して本府省課長級に**なれることもある**、というのがだいたいの府省のようです。ただし、一般職職員の場合は、本府省ではなく、地方支分部局において管理職になることが多いようです。

同じ一般職職員でも、地方支分部局（出先）採用の場合より本府省採用の場合のほうが昇進のスピードが若干早いといわれています。また、出先採用の場合でも、「選抜」されて、もしくは「志願」して本府省勤務を経験した場合には、やはり、地方・出先だけで勤務していた場合よりも昇進スピードが早いようです。

なお、従前から指摘されてきたキャリアシステムの問題点について、近年、特にその弊害《へいがい》を指摘する声が強くなっており、能力評価、業績評価の結果によっては、実力のある職員は採用時の職種のいかんにかかわらず積極的に登用していこうと変化してきています。今後の運用は各府省の人事当局の努力次第ということになるわけですが、時代の大きな流れですので、だんだんと変化していくものと思われます。

ただし、一般職職員については、ポストの多い少ないなど**各府省によって処遇の実態がかなり違う**ようですから、実態を事前に調査されたほうがいいでしょう。

### ●総合職職員の出世

総合職職員の場合、だいたい3～4年で係長、8年程度で課長補佐、ということは、だいたい30歳前後で課長補佐になるということです。

本府省の係長は、地方事務所では所長に当たる場合もあります。ですから、一昔前までは、キャリアなり立ての〝おぼっちゃま〟が地方事務所長になるという〝殿様修行〟があったのですね。

### ●同じキャリア組でも

同じキャリアでも技術系（人間科学、理工、農学）よりも事務系のほうが優遇されているのが現実です。

また、同じ事務系キャリアの中でも、事務次官の輩出《はいしゅつ》率などを見ると結果として法律区分採用が有利となっているようです。

さらに、最近ではだいぶ違ってきたとの話も聞きますが、単に総合職試験に合格しただけではダメで、何番で合格したかがその後の昇進に大きく影響しているとの話も聞きます。

## 県や市などの自治体職員の場合

自治体の場合には、係員級の主事からスタートします。その後、主任、係長、主査、課長補佐、課長、部長と昇進していきます。自治体によっては、**昇任に当たって**人事考課だけではなく、**筆記試験を課している**ところもあります。仕事をしながら昇任試験に備えるというのは結構大変。頑張って仕事をして忙しい部署に配属されると、昇任試験の勉強時間が取れなくてかえって昇任が遅くなってしまうという、笑うに笑えない話を聞いたこともあります。

また、上級試験と中級、初級試験で入った場合の違いも国家公務員の総合職・一般職と同じような関係にありますし、採用試験時の成績で配属先に違いが出るといった扱いをするところもあるようです。

なお、役職の名称は、各自治体・官公庁によって異なっています。同じ名称なのに、一方では管理職で、他方では非管理職というように。ですから、たとえば出張に行ったときなどに「あれっ？」と思うこともあります。事前に調べておかないと、相手に失礼になってしまうことがありますので、注意しましょう。

俸給表は各自治体が独自に定めるものですが、**実際は国家公務員の行㈠にほぼ準拠**しています。ただし、国家公務員のように指定職俸給表という高級幹部用の特別の表を設けているところは少ないようです。

国と自治体はそもそも別個独立なのですから、その役職を比較するのは変なのですが、先ほどお話ししたように、出向のときに両者の関係が出てきます。本府省から、県、市町村と1つ行けば1つ役職が上がるという運用になっているようです。

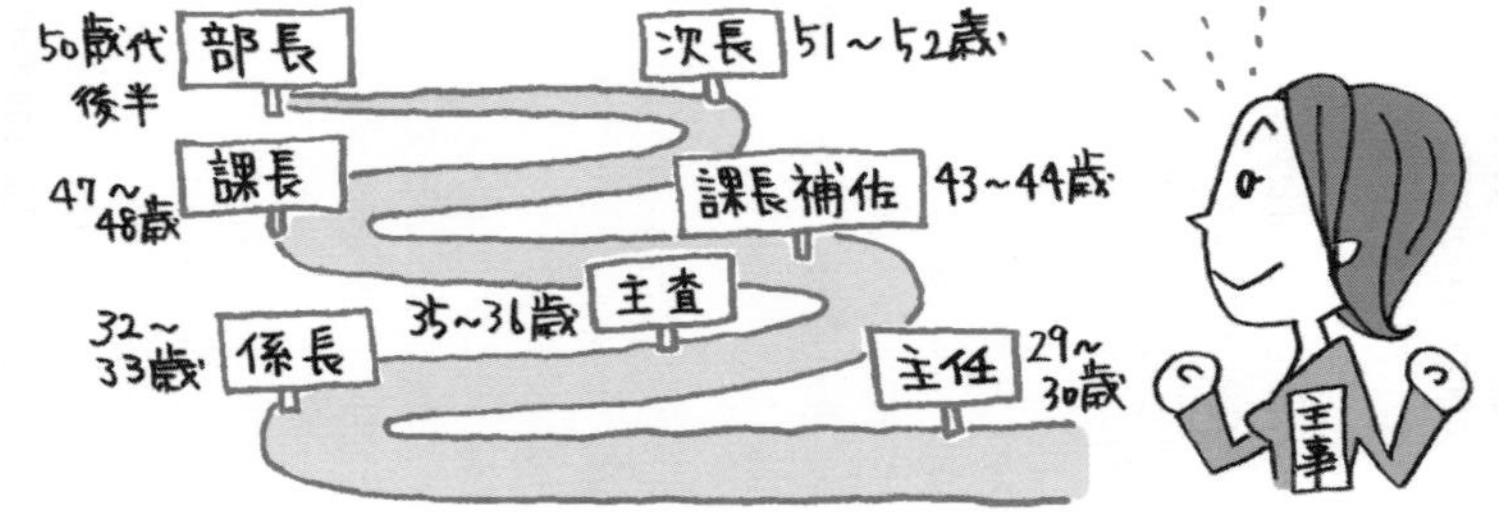

県の上級職の昇任例

## 職種によって異動（配置換）の期間にも差がある

従来従事していたポストからほかのポストに替わることを、異動とか配置換《はいちがえ》といいますが、これは、マンネリと癒着《ゆちゃく》を防止して組織を活性化させる有効な手段として使われています。みなさんも、小学校や中学校で学年が替わるたびにクラス替えがあって、新しい友達ができたりして、気分がスッキリ改まった感じがしたことがありませんか？あの感覚ですよね。

**総合職**職員については、その府省内のさまざまな職場を経験して、将来どの職場の管理職となっても対応できるように、ということで、**2年程度でクルクルと異動**を繰り返します。一方、**一般職職員**は、その専門性を高めて公務の円滑な執行をめざすという観点から、比較的**長く同じ職場**にとどまることになり、また、異動しても異動前と同じような業務に従事することが多いという傾向になります。同じ一般職職員でも大卒試験採用者より高卒試験採用者のほうがより長く同じ職場にいるということが多いようです。

しかし、どうでしょう。私の異動した実感からすると、1年目の前半は仕事を覚えるのに費《つい》やされ、半年たったらようやく周りの人に聞かなくてもなんとか自分の力でやっていけるようになり、仕事の内容を自分なりに根底から理解して自分の独自性を発揮することができるのは2年目から3年目、その効果が実際に現れてくるのは4年目以降という気がします。

そういうことを考えると、総合職の2年というのはあまりに早いのではないでしょうか。やっと覚えた途端《とたん》に、はい異動、っていう感じですもの。それでいい、それがキャリアの育成方針だ、それを知ってて入ってきたんじゃないの？といわれれば、やむをえない部分もあるかもしれませんが、やっぱり、もっと深く仕事をしてみたいな、と思うこともあります。

### ●就業意識の多様化

「試験勉強が大変だし、管理職になっても責任を負わされるだけ……」というわけで、能力もあり上司に勧められても昇任試験を受験しない職員が増えていることが各自治体で問題になっています。このようなことから、昇任試験を面談重視にしたり試験を撤廃したり人事制度を見直したりする自治体が増えています。

### ●能力評価制度の導入が進む地方自治体

国に先駆けて、地方自治体では能力評価が進んでいます。自己申告シートを書いたり、上司と面談したりと、かなり時間と労力もかかります。

最近では、鳥取県や大阪市などのように、2年連続で勤務成績が最低ランクだった職員に自主的に退職を求めたり、分限免職（民間でいう解雇）したりという例も出てきています。

公務員にもだんだん（いよいよ？ようやく？）厳しい時代になってきました……。

# 引っ越しはしたくないけれど

同じ府省の中で引っ越しをしなければならないような配置換を一般に転勤といっています。各府省は霞が関の本府省だけではなく、全国各地に地方支分部局を持っているところがありますので、**国家総合職**職員については、やはり**何度かの転勤**を経験することになります。この場合、全国のどこに行くかはそのときの人事政策ですからまったくわかりませんし、原則として断ることもできません。

一方、**国家一般職**職員の場合は、原則として地方採用ですから、全国を股《また》にかけた転勤はさほどありません。ただし**同じ管区内**の転勤はありますし、志願または選抜で本府省勤務となることもあります。なお、本人の意向にも若干配慮してくれるようです。このように考えると、どうしても地元にいなければならないとか、地元を離れたくないという方にとっては、一般職職員となることは魅力的であると思います。

都道府県の職員の場合も、本庁内だけではなく、県内各地にある出張所や支所に転勤になることもあります。場合によっては、鉄道が走ってないので、東京に行くよりも遠い！という場合もあるようです。というわけで、「引っ越したくない＝地方自治体」というのは短絡的な考えだと思います。

なお、地方自治体の職員が東京出張所に勤務するということもあります。また、「実務研修員」という名目で、霞が関の各本省で国家公務員と机を並べて働く場合もあります。これは、国の職員の定数には限りがあるという理由で、籍は県に置き給料もそのまま県から支給されるけれども、体だけ各省で働くというちょっと変わった方法です。

**●水と油……**

○○局△△課□□係長はキャリアポストという指定をして、歴代そのポストにはキャリアしか座らせないという配置をしていることが多いようです。これは、キャリア職員の人材育成になるようなポストを指定して教育するという理由があるようですが、実際にはキャリアとノンキャリアを水と油のように分離させて交わらせない働きを持っています（同じポストでキャリアの後にノンキャリアの人が

まさかこんなにグルグル回されるとは〜！
キャ
総合職の人はしょうがないのよ
くるくる〜

## 出向

公務員の世界では、官公庁間の異動を出向《しゅっこう》といっています。たとえば、経済産業省から農林水産省へ出向することもあれば、経済産業省から○○県とか△△市に出向することもあります。なお、いわゆる官公庁だけではなく、独立行政法人や特殊法人に出向することもあります。

職員の〝本籍〟は採用時の官公庁ですから、出向しても、いずれ何年かで本籍のある官公庁に戻ってくることが約束されています。ということで、**普通の異動となんら変わりなく**出向が行われています。考えてみれば、民間の場合、同業他社との間で職員が行ったり来たりなんていうことはありえないですから、珍しいことかもしれません。

総合職職員については、生涯で数度の出向を経験するといわれており、こちらも原則としてこれを拒否することはできません。一般職職員の場合は、出向を経験することもないわけではありませんが、総合職職員に比べれば少ないといえるでしょう。また、地方自治体の職員の場合も、たとえば県職員が市町村に出向したりその逆ということもあります。地方自治体も独立行政法人を持っていますし、公営企業があったりもしますので、こちらへの出向もあります。非常にまれですが、ほかの都道府県や国の機関への出向ということもあります。

なお、一般の府省の場合、その府省としての外国勤務はありませんが、外務省に出向して在外公館に勤務する場合などはあります。これは、その府省がどこの国にある在外公館にどういうポストを持っているかによって変わってきますので、希望されるのであれば、パンフレットなどによって事前に確認しておくほうがよいと思います。ただし、どの府省においても数は限られていますので、希望したとしても行けるかどうかは保証の限りではありません。

座って、ノンキャリアの人のほうが働きがよかったとしたら、キャリアシステムの実際上の有効性を疑われてしまいますものね）。

**●片道出向**

もう採用時の官庁には戻ってこない、行ったきりの出向を〝片道出向〟とか〝転籍〟と呼んでいますが、このような出向も国家公務員の場合はかなりの数あります。

特に、公務員制度改革の流れを受けて、ある部門の定員を大幅に削減するため、その部門で働いていた職員をほかの官庁に受け入れてもらうことが多くなってきました。これを「部門間配置転換」といいます。

**●アタッシェ**

ほかの官庁から外務省に出向して、大公使館員として派遣される職員のことをアタッシェ（attaché）といいます。

あのアタッシュケースのアタッシェ（本当の発音はシュではなくシェです）はここからきたものです。

# その他の待遇など

## 勤務時間

公務員の場合、１週間当たりの労働時間は38時間45分で、これを**1日当たりにすると7時間45分**ということになります。ちゃんと法律で決まっているんですね。

というわけで、午前9時始業、午後5時45分終業、もしくは午前9時半始業、午後6時15分終業という官公庁が多いわけです。ん？1時間多いって？　そうです。１日の勤務時間の中に勤務時間には含まれない、すなわち無給の休憩時間を1時間入れなければならないことになっているのです。これが1時間のお昼休みです。ン〜、つまり実質上の拘束時間は8時間45分ということになるわけです。こんなことまで、ちゃんと規則で決まっているんですね！　法令、おそるべし！

ただ、これから公務員になるみなさんにご注意を。９時始業ということは9時に職場に着いていればいいというわけではなく、９時から業務を開始できるようにしておく、つまり、それまでにスタンバイを完了していなければならないということです。そして、当然ながら終業時刻まできっちり業務をしていなければならないわけで、終業時刻キッカリにダッシュで門から飛び出していいといっているわけではありません。

なお、建物を管理している部門に勤務していたり、公安系の職種の場合には、交替制勤務になっています。ということで、早番、遅番があったり、場合によっては夜勤があったりします。

**●勤務時間の根拠**

一般職の職員の勤務時間、休暇等に関する法律第5条第1項。なお1日7時間45分勤務については同法第6条に書いてあります。

**●始業時刻は官庁によって違う**

霞が関の中でも官庁によって始業時刻が午前8時30分、9時、9時30分などと異なっています。同じ官庁内でも、始業時刻が異なっている部署もあったりします。「寝坊だ！」と慌てて飛び出しても、宿舎のお隣さんはゆったりとコーヒーを飲んでるなんてこともあったりします。

この場合にも、週当たり38時間45分の原則の範囲内で行われます。ただし、夜勤をした場合には、夜勤手当が付きます。公務員の勤務している庁舎には、こういう夜勤をする職員がいるので、どこかに必ずお風呂が付いています。私も仕事が忙しくて泊まり込みになってしまった日には、このお風呂を利用させていただいています。

この勤務時間を超えた場合には、超過勤務手当（＝超勤、残業手当）が支給されます。正規の勤務時間外であればいいわけなので、別に夜だけではなく、どうしても朝早く来なければならなかった場合にも付くわけです。なお、残業手当が支給されるのは、やらなきゃならない仕事が山ほどあって、上司から超過勤務をしなさいという命令が下ったときだけですからご注意あれ。お小遣い分の残業手当が欲しいから、飲み会の待ち合わせが遅い時間だから、早く家に帰ってもやることがないから、奥さんと顔を合わせるのが怖いから……といって勝手に残っていても、残業手当は支給できません。

霞が関の本省では、先ほどもお話ししましたが、この**超勤が常態化**しています。霞が関の各オフィスには何がなくとも必ず長いすのソファがある理由をご存じですか？　確かに、昼間、お客様と応対するためにあるのですが、実は、本音は、泊まり込みになってしまった職員の仮眠用のベッドとして使うためにあるのです。よく見ると本来は来客用であるはずのソファの近くに毛布が畳《たた》んであったりします。

残業が常態化している官庁では、クタクタになった職員のための仮眠用の部屋を用意しているところもあります。財務省（旧大蔵省）では、これを「ホテル・オークラ」といっているそうですし、官庁によっては、地下にあってみんな死んだように眠っているので「霊安室」という笑えないブラック・ギャグを通称として使っているところもあります（こわ～）。

**●本省の残業はなぜ多い？**

なぜ本省（霞が関）勤務は残業が多いのでしょう。慢性的な人手不足も原因ですが、最も大きな原因は「国会待機」。国会開会中はバタバタしているので、委員会・本会議での質疑者が決まるのはだいたい前日が通例。それから質問されそうな府省の担当者（国会には各府省の国会担当が詰めています。国会内の廊下を飛び回って情報を収集することから「廊下とんび」といわれています）が質疑をする議員のところに出向いて質問の概要を聞き出し（「問取り」といっています）、霞が関にこれを流し、担当部局が答弁案（本番では大臣が原稿どおりに読むことが多いので「お経」といっています）を作成し、課長、局長、次官、大臣の決裁を得なければならないのです。質問が当たってしまったら徹夜は覚悟。でも、結果として質問がなくても、国会側から質問がないとの確定情報が流れてきたり、自分の部署には関係がないと判明するまでは全員待機がかけられてしまうのです。

## 定年と退職金

公務員の定年は、平均寿命の伸長、年金支給年齢の引上げ等を踏まえ、2022年度から段階的に引き上げられました。それまでの60歳が、2030年には**65歳**になります（地方公務員も同じです）。なお、これに合わせ、60歳を**役職定年**とし、管理職から外れるとともに、給料も以前の7割に減じられることになりました。

なお、定年までどれだけの人が実際に勤めるかというと、国家公務員の場合は、先ほど出世のところで説明したようにピラミッド構造を無理して作り上げていますので、キャリアと呼ばれる総合職職員の場合は、ほとんどいません。同期の中で最後まで残って事務方のトップである事務次官になった人でも、定年前に辞めてしまいます。このように定年前に官（役所の側）の都合で辞めていくことを勇退《ゆうたい》と呼び習わしています。

このキャリアの勇退に関しては、その後の勤務先（すなわち**天下《あまくだ》り**先）が世間からの批判を受けてだんだん少なくなってきていますので、徐々に勇退年齢が高くなってきてはいます。

一般職職員の定年前の勇退の率は府省によってかなり異なります。ほとんどの人が定年を迎えられる府省もありますが、ある事業系官庁では、一般職［高卒］で入っても50歳代後半にはみんな勇退させられてしまうというところもあるようです。一方、専門職種や技能・労務職の人については、どこの府省でもだいたい定年まで勤めることができます。

ということもあり、定年後にもさらに数年勤務を継続できる再任用制度というものが導入されてはいますが、実際にこの制度の適用になる職員の数は、全体としてはかなり少数です。

一方、地方公務員の場合は、幹部級の職員の場合には勇退をする人もいますが、だいたいの職

**●定年の規定**

国家公務員の定年は国家公務員法第81条の6に「年齢65年」と定められています。ただし在外公館に勤務する職員など特殊なものは人事院規則11－8第4条に定められています。

ところで、定年が「分限」の項目に入っていることに気づかれました？「分限」って、降任、休職、免職ができる不利益処分などのことです。これと一緒なんて！でも、定年も公務の能率の維持の観点からの分限なのです（期日の到来をもって自動的に効力が発生するので「処分」ではありませんが）。

**●役職定年**

定年延長に伴い、管理監督職にあった職員は、60歳を過ぎたらヒラ職員に降任することになります。とは言っても、今まで上司だった人が、同僚や部下になるわけで、お互いになかなかやりづらいですよね。

また、60歳を過ぎても事務処理能力は落ちないという科学的な知見があるにもかかわらず、管理職だった人も、そうでない

員が定年まで勤務している点が、国家公務員と対照的です。

なお、退職時には、勤続年数、退職理由の別に応じて**退職金**が支給されます。退職金の額も、民間に比べて高い、といわれますよね。このような批判に応じる形で、退職金の減額措置もとられました（それでもまだ高い！との批判もありますが）。

## 休暇

休暇制度が充実しているというのも、民間との比較でよくいわれていることです。

休暇には、**年次休暇**（年次有給休暇、有休、年休）、病気休暇、特別休暇、介護休暇があります。有休は、**1年間に20日**あります。使い切らなかったときには20日を超えない分については、次の年に持ち越すことができます。つまり、今年まったく使わなかったら、来年は40日あるということになります。理論上はちょっと豪勢な1か月以上のバカンスを取ることだってできるわけです。理論上は、ですよ（笑）。

ここでちょっとおもしろいのは、普通、公務員の「1年」というのは、4月1日から始まる「年度」で計算する場合が多いのですが、この有休の勘定だけはカレンダーどおりの「年」で切られるのです。「どうせ20日分以上は次の年に繰り越せないんだから、その分で年明けにスノボでも行くかぁ！」と思っているのは間違いです。年内に使い切らないと、損なのです。

とはいうものの、私の十ン年の公務員人生でこの有休を使い切った試しはないですね。大病を患《わずら》ったときに、病休ではなく有休にしたときが一番使った年でしたが、それでもずいぶん余りました。なぜ病休ではなく有休で申請したかですって？　それは、病休にしちゃうと、勤勉手当（ボーナス）の査定にかかわってくるからです。

---

人も給料が7割になってしまうなんて、いかがなものでしょう。

**●テレワーク**

いわゆる在宅勤務については、現行制度の枠内で、各府省で試行を行っている段階です。パソコンでの事務作業がメインの部署では在宅勤務も有効な選択肢でしょうが、官物のパソコンをどう管理するか、国民・住民の個人情報を扱う業務も多いので情報・データのやり取りをしているときにハッキングされない方法をどうするかなど、解決しなければならない問題もたくさんあります。

**●休暇の規定**

一般職の職員の勤務時間、休暇等に関する法律第16条で決められています。

**特別休暇**には、結婚休暇とか出産休暇、忌引《きびき》、ボランティア休暇、夏季休暇（7月から9月までの間の連続した3日間）、骨髄移植《こつずいいしょく》休暇などなど、いろんな理由の休暇が認められています。夏季休暇、いいですよねぇ……。私の場合、人事担当者として「夏季休暇を取得しましょう！」というキャンペーンをしている手前もあって、出勤簿上は取得したことになっているのですが、実際は休まず出勤しています。なぜって、夏は、採用試験のシーズン真っ盛りなんですもん……。

## 官公庁によって異なる福利厚生の充実度

宿舎（官舎）に関しては、財務省が保有・管理している各府省合同宿舎が原則ですが、これとは別個に各府省独自に宿舎を保有しているところもあり、このような府省では、比較的容易に順番待ちをせずに宿舎に入居できるようです。特に特別会計を持っている官庁は、充実していると聞きます。

公務員宿舎は、マスコミでたたかれているほどリッチなものではありません。確かに立地条件のいい物件もありますが、築年数が古いものが多くてちょっと不便です。また、確かに料金は安いのですが、思いのほかかかるのが退去時の現状復帰の費用。汚れてないんじゃないかな～と思っていても、畳を張り替えて壁を塗り替えて……なっ、なんじゃこりゃぁ！という額になります。

各府省独自に福利厚生施設（テニスコートやプールなど）を充実させているところもあります。どこの官庁がどういった施設を持っているかは、あまり公表されませんので、パンフレットや説明会などで確認するしかありません。職場内でのクラブ活動、レクリエーションなどの行事の有無についてもそういった機会に確認しておかれるとよいのではないでしょうか。そういえば、昔は国会の裏に「防火用水」という名目のプールがあったという話も……。

### ●お盆もゴールデンウィークも「暦どおり」

公務員の出勤日は、基本的に暦どおり。土日と祝日以外のお休みは12月29日～1月3日だけです。「今年のお盆は10連休！」と民間のように社員一斉に休みを作ったりはしません。ゴールデンウィーク中も、お盆や年末年始の時期も、暦どおりに出勤するのが原則です。

でも、有休や夏季休暇は若い部下たちから取らせてあげたいし、家族持ちの同僚にも気を遣ってあげなきゃいけないし……というわけで、こんな時期には、独身のオヤジ連中が寂しく職場を守っています。トホホ。

### ●特別会計とは

わが国における国の会計は財政法第13条第1項において一般会計と特別会計に区分されています。特別会計については、同

また、就職するということは、1日のほとんどをそのオフィスで過ごすということですから、建物のきれいさとか、職員食堂の様子とかというのも結構ポイントの高い問題です。こういうことも、説明会やOB・OG訪問の際に自分の目で見て観察しておくべきです。トイレまできれいに掃除が行き届いているとか、職員食堂にいる職員が疲れ切っているなどということを観察しておくと、その官庁の**知られざる（？）個性・特徴がはっきり現れる**ものです。

## 共済・年金

民間のサラリーマンの場合、医療は健康保険、年金は厚生年金保険と分かれていますが、公務員の場合は、これらをまとめて**共済《きょうさい》組合**というものがあります。共済の短期給付事業が医療など、長期給付事業が年金となっています。

おおむねそれぞれの府省ごとに共済組合が設置され、職員はこの共済組合に加入することになっています。出向すれば、一時的に自分の府省の共済組合を脱退し、相手方の府省の共済組合に入り直すわけですが、年金の期間の通算などはちゃんとしてくれますので、なんら問題はありません。地方と国との間の異動でも同じです。

この各府省の共済組合の連合体として、国家公務員共済組合連合会（KKR）があります。KKRでは、各共済組合と共同で年金や福祉事業に関する業務を行っていますが、その中には**直営の病院や各種宿泊・保養施設**があり、組合員（つまり各府省の職員）が優先的に使用できる仕組みになっています。

地方自治体の場合にも同様の共済制度があります。各都道府県・市町村の共済組合と、その連合組織である地方公務員共済組合連合会、地方職員共済組合、警察共済組合、全国市町村職員共

---

条第2項において、国が特定の事業を行う場合、特定の資金を保有してその運用を行う場合その他特定の歳入をもって特定の歳出に充て一般の歳入歳出と区分して経理する必要がある場合に限り、法律をもって設置するものとされています。財政投融資特別会計や年金特別会計など13の特別会計があります。

**●地方自治体の福利厚生**

地方自治体も国に負けず劣らず福利厚生は充実しています。と、いいたいところですが、その自治体の財政事情で、国以上にとびっきりいいところもあれば、赤字のところは……ということもあります。まあ、そうはいっても、どんなところでも仕事ライフを支障なく過ごすことができる程度の福利厚生があるというだけでも、公務員は恵まれているといえるのでしょう。

また、地方自治体が独自の施設を持っていない場合でも利用補助・割引の制度などを作って補《おぎな》っていることが多いようです。

済組合連合会などがあり、同様の業務を行っています。

この各共済組合等の病院や施設はもちろん一般にも開放されていますが、加入組合員には格安で、そのほか違う共済組合に入っている公務員にも若干の割引などの優遇措置《ゆうぐうそち》が取られますので、出張や旅行のときには非常に便利です。もちろんとびっきり高級なホテルや旅館と同じようなサービスを期待できるものではありませんが、公務員のいるところには必ず、全国各地にあるわけです。というわけで、こういう施設を利用したときには、公務員の**スケールメリット**はほかのどの大企業よりもいいのかなぁと思うことがあります。

よく、公務員の共済年金のほうが、民間の厚生年金よりも多いじゃないか！といわれていましたが、年金制度の一元化により平成27年10月から共済年金は厚生年金に統一されています。民間企業の企業年金（この部分が各社によって異なるので、多く見えたり少なく見えたりするんですね）に相当する、いわゆる3階部分については、公務員の場合は年金払い退職給付というものになりました。

## 研修

研修にはその官公庁、その担当する職務によっていろいろなものがあります。

まず、採用直後には、新人研修があり、その官公庁のやっている仕事の概要、公務員制度や給与・人事制度の概要、接遇《せつぐう》やパソコンなど日常生活に関することなどをもろもろ説明してくれます。社会人になって、毎日スーツを着て、きっちり8時間勤務して、というのはこれまでありえなかった生活ですから、疲れがドッと出てきて、研修中に居眠りという人もいますよね。

でもご注意！ みなさんの初任給、時間当たりで計算してみましょうか。そうすると、職種に

**●KKR**

国家公務員共済組合連合会(https://www.kkr.or.jp)は、国家公務員の年金や福祉事業に関する業務を加入共済組合と共同で行うことを目的として国家公務員共済組合法に基づき設立されています。なお、地方公務員にも同様に地方公務員共済組合連合会(https://www.chikyoren.or.jp)があります。

KKR、地公共済および各共済組合では独自に職員を採用しています。この共済組合等に雇用されている職員はその官公庁に雇用されている国家公務員・地方公務員ではありません。こんなところにも公務員関連の採用はあるのですね！

**●多様化する研修**

職員の能力を開発し、いかに

よって違うものの、だいたいアルバイトの時給以上！　しかも、まだな～んにも国民・住民にサービスを提供していない、新人研修を受けている段階でももらえるのです。このことを感謝しなければいけませんよ！　居眠りなんてもってのほか。

専門的な職種の場合には、この後**内部の研修機関でみっちり**しごかれることもあります。警察官の警察学校とか、国税専門官の税務大学校などがこれです。それ以外のおおかたの職種についてはＯＪＴ（オン・ザ・ジョブ・トレーニング）ということになりましょう。

その後は、英会話研修を行ったり、係長・課長補佐・管理職になったときなどに行われる研修があったりという感じです。また、各官庁が独自で行っている研修のほかに**人事院が行っている研修**もありますので、ほかの官庁の方々と交流もできて楽しいものです。

そのほか、職員の自発的なスキルアップを積極的に援助している官公庁もあります。このような制度を利用して、アフターファイブに英会話学校や夜間大学・大学院に通学し自己研鑽《けんさん》に励《はげ》む職員が増えてきています。

## 留学は個人のステップアップのためではない！

それ以外にも、みなさんの関心のある話として、国内や国外の大学・大学院や研究所などへの留学の有無があると思います。総合職職員の場合は、このような留学の機会が与えられています（すべての者ではありません）が、一般職職員の場合には、より限られています。どのような留学先があり、どの程度そのような機会が与えられているかは、各府省によってかなり異なっています。

よく受験者のみなさんからは、留学制度の有無や実態について質問されます。こういうときに

公務に反映させるかということが、研修担当者のホットな話題となっています。

たとえば、地方自治体でも、外国の同様な業務に従事している職員との相互交流とか研究機関への派遣などが頻繁《ひんぱん》に行われるようになっています。「やったぁ！公費で海外旅行！」と思ったら大間違い。独力で相手方との日程調整をしなければならないし、膨大な報告書を書かなきゃならないし……費用をかけてもらった分だけ、やらなきゃならないこともたくさん！

また、人事が企画して職員に研修させるというだけではなく、職員自ら発案した自主研修を援助する、という方法も増えてきています。わが職場でも、中国語会話や○○法研究会といった自主サークルが人事の認定を受けて補助対象となっています。

**●ＯＪＴ**

On the Job Trainingとは、実際の業務に就きながら、上司や先輩から仕事のやり方を教わっていくという方法です。

逆に留学を希望される理由を尋《たず》ねると、「自分が勉強したいから」「自分を向上させたいから」というものが多いようです。しかし、公務員をあえて職務から外して留学させる理由は、その職員がどう思っているかではなく、**留学の結果をその後の職務に生かしてもらう**ためなのです。一国民の視点からは、単なる職員の私的興味のために税金を使わせることなんて許されないですよね。そこの部分を履《は》き違えないよう十分心してください。

そのほかにも、女性の方は育児休業にも関心がありますよね。公務員の場合、法律で決まっていますので、民間よりも取得しやすい環境が整備されているのは確かですが、どうしても仕事によっては取得しやすい部署としにくい部署が生じてしまいます。先輩の女性職員に会ってこの辺の実情を聞くとか、女性職員の比率はどれくらいかなどを確認しておくとよいでしょう。

年次有給休暇の取得率、サークル活動の有無、組合加入率など、説明会等では聞きづらい、でも入る前に知っておくと便利なことについては、先輩職員に聞くのが一番便利。公務員試験の受験者はこういう情報収集に疎《うと》い方が多いようですが、積極的にやってみてください。

**●深刻な留学後の退職**

海外の大学・大学院等に留学した後に辞めてしまう若手職員が増えていることが深刻な問題となったため、平成18年に、留学中またはその終了後早期に退職した者に対し留学費用を償還させるという内容の「国家公務員の留学費用の償還に関する法律」が成立しました。

# 第2章

# どうやったら公務員になれるの？公務員試験の仕組み

公務員になるには試験を受けなければダメ！　仕事の種類もたくさんあるので、試験もいろいろです！
公務員ワールドのバラエティある品ぞろえをご覧ください！

# 公務員になるには

## 試験を受けなければ公務員にはなれない!

公務員になるためには公務員試験を受けなければならないということを、これまで当たり前のようにお話ししてきましたが、一部のみなさんには「エッエ～!?」と思われたかもしれません。事実、ある大学に説明会に行ったときのことですが、学生に真顔で「試験を受けなければ入れないんですか?」と驚かれて、逆にこっちがビックリしたことがあるくらいですから。

なぜ、公務員が試験によって採用を決めているかというと、まさに公正を担保《たんぽ》するためです。コネ採用があるんじゃないの?というウワサをよく聞きますが、これを防止するためにやっているのです。ちゃんと国家公務員法第36条にも「職員の採用は、競争試験によるものとする」と書いてあります。

ただし、序章のところでもお話ししましたが、**公務員試験は採用試験である**ことをくれぐれもお忘れなく。確かに成績上位から採用するわけですが、その成績のうちの大きな割合を占める面接試験では、「彼(彼女)はうちの職場で働く能力があるか」「この人を採用して結果として国民(住民)のためになるか」「こいつと一緒に働きたいか」という観点から採点されるわけです。ダントツの筆記試験上位者だって、こう思ってもらえないときには落とされてしまいます。

**●国家公務員法の抜粋**

「お役人」といえば法文がつきもの。公務員をめざすみなさんも、法律に慣れておきましょう!ということで、採用に関する国家公務員法の条文の抜粋です。

第27条　すべて国民は、この法律の適用について、平等に取り扱われ、人種、信条、性別、社会的身分、門地又は第38条第5号に規定する場合を除くの外政治的意見若しくは政治的所属関係によつて、差別されてはならない。

第33条　すべて職員の任用は、この法律及び人事院規則の定めるところにより、その者の受験成績、勤務成績又はその他の能力の実証に基いて、これを行う。

第36条　職員の採用は、競争試験によるものとする。

なお、任用とは、職員の採用、退職、配置、昇任・昇格などを合わせた概念です。

## 公務員試験の特徴

というわけで、公務員になるには試験を受けなきゃいけないわけですが、その特徴を列記すると、

### ① 職種も区分もいろいろ

事務職、技術職、専門職、公安職などいろいろな職種に分かれています。また、同じ事務職の中でも、試験区分は、行政、法律、経済などに分かれていますし、また、担当する職務の困難度と試験の程度に応じて総合職［院卒、大卒］・一般職［大卒、高卒］とか上級・中級・初級などに分かれています。

### ② 日程もいろいろ

国（国の中でもいくつかの組織が別個に試験を実施しています）、地方自治体などの試験の実施機関がそれぞれ日程を独自に決めていますので、日程さえ重ならなければ、体力と気力の続く限り、いくつでも受験が可能です。

### ③ 試験構成もいろいろ

まずは第1次試験で教養試験（基礎能力試験）が課され、後日に面接試験があるということはどの公務員試験でも同じです。でも、それ以外の試験構成・内容は、試験によってバラバラです。また、筆記試験（択一式の教養試験・専門試験、記述式の専門試験・総合試験・論文・作文）の出題範囲はと〜っても広いうえに、民間企業の就活の際のSPI試験のようにジョーシキでなんとかなるというレベルの問題ではありませんので、十分な勉強と用意周到な対策が絶対必要です。

### ④ 無料で受けられる

入学試験や資格試験と違って、基本的に無料です（一部の自治体に有料のところがあります）。

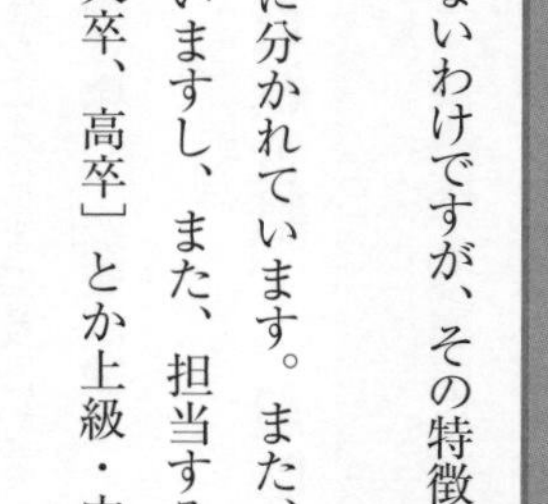

**●受験者1人当たり数千円**

問題の印刷代、採点代、会場費、人件費……受験者1人当たりにかかるコストは数千円にもなります。でも、公務員試験は司法試験のような資格試験みたいに受験料を取りませんよね。だから、申し込みだけしておいて当日欠席という人がとても多い！　どこの公務員試験も受験率は6〜7割程度。でも、何人欠席するかわからないので用意は全員分するのです。余った問題用紙の山を見ていて「ああ、また税金が無駄になってしまった……」といつも思います。

# 国家公務員試験の種類と試験区分

## 国家総合職・国家一般職だけが国家公務員試験じゃない！

「国家公務員になるためには、国家公務員採用総合職・一般職試験のどれかに受からなきゃいけないんですよね？」

こういう受験者のみなさんが結構いますし、また、学校の就職部や進路指導の先生方もそのように考えていらっしゃる方がかなりいるようです。でも、国家公務員になるための採用試験は意外とたくさんあります！

たとえば、みなさんは学校で権力分立（三権分立）ということを習ったと思いますが、この権力分立の実効性を担保《たんぽ》するために、それぞれの機関で働く職員（公務員）はそれぞれ独自に採用することになっています。学校で勉強したことが、こんなところにまで及んでくるんですね！

というわけで、人事院が実施している国家公務員採用総合職・一般職試験というのは、行政府で働く一部の公務員を採用するためだけの試験なのです。

司法府で働く公務員を採用するためには、**裁判所職員総合職・一般職試験**が最高裁判所によって実施されています。

では、立法府である国会についてはどうかといいますと、衆議院と参議院にはそれぞれ議院の自律権というのがありますので、それぞれ独自に職員の採用が行われています。というわけで、**衆議院事務局**（総合職、一般職、衛視）、**衆議院法制局**（総合職）、**参議院事務局**

税務署員
自衛官
私たちも国家公務員ですよー！

**●人気回復のため易化する変更**

だんだん受験者が減ってきているため、各採用試験では、問題数・試験時間の減少、問題の平易化などが図られています。是非ともチャレンジしてください。

（総合職、一般職、衛視）、**参議院法制局**（総合職）、**国立国会図書館**（総合職、一般職）の試験があります。

どうですか？　ここまでお話ししただけでも結構種類がありますよね。

さらに、特殊な職種の場合は、個別に試験を実施しています。このようなスペシャリストの採用試験の例としては、**皇宮護衛官、法務省専門職員、外務省専門職員、財務専門官、国税専門官、食品衛生監視員、労働基準監督官、航空管制官、刑務官、入国警備官、税務職員**などがあります。

そのうえ、**自衛官**や（公務員型の）**独立行政法人**などの職員採用試験もあるんです。今まで挙げた例は、毎年一定数の採用がある大きな試験の例ですが、採用数の少ない特殊な試験がこのほかにもいろいろな官庁で行われています。

また、弁護士、医師、看護師などの**資格免許職の採用試験**もこれらと別に行われることがありますし、**「○○大学校」といった学校系の入学試験**もあります。

以上は毎年定期に行われる試験ですが、さらにさらに、自動車運転手などの**技能・労務職の採用**も選考採用という方法で欠員が出たときに不定期に行われています。

どうです？思いのほかあったでしょう！　「オレは絶対総合職！　1年に1回こっきりだから、これに落ちたらまた来年！」という必要はないんです。総合職だけでもこんなに試験があるんですから！　しかも、後でまたおさらいしますが、試験日程が重なっていないものもありますので、あなたの体力と気力が許す限り、いくつでも受験できるんです！　平成24年度の採用試験制度の変更で新たに加わった「専門職試験」もあり、選択の幅が広がりました。以下にそれぞれの職務の内容、試験の特徴について触れましたので、それらをご覧になって、受験先を決めてください。

**●ゼネラリストとスペシャリスト**

その官公庁内の幅広い分野で能力を発揮してもらう方をゼネラリスト、専門家として道を極めていただく方をスペシャリストと呼んでいます。

公務員の世界では、スペシャリストよりゼネラリストを高く見る風潮があるようですが、それぞれの能力の発揮のしかたの話だけですので、これだけをもって昇格などに差を設けるのは根拠のないことだと思います。

**●取得できる国家資格**

公務員として勤務していれば取得できる資格とか、資格試験の一部が免除される場合があります。たとえば行政書士は、国または地方公共団体の職員として20年（高卒以上の場合は17年）以上勤務していれば取得できます（行政書士法第2条）。このほかにもそのようなものがいくつかありますので、順次脚注でご紹介しましょう。

## 国家総合職・事務系

いわゆる**キャリア**といわれるもので、通常は官僚という言葉もこの総合職採用者のみに使われます。各府省に採用され、どの部署でもゼネラリストとして**主に企画や立案業務に従事**します。その府省の「政策」「方針」といった柱の部分をつかさどる職務です。

企画立案をするというところから、豊富な知識量があることは前提条件。その上に文章読解力、発想力、企画力が必要とされています。仕事柄、どの職種で入ってもリーガルマインドがあり、「法律を読める」ことと「法律案を作れる」ことが重要視されます。企画立案した政策を国民や議員にアピールするためには、説明力、調整力や粘り強さが求められます。また、組織の取りまとめをしなければなりませんので、強いリーダーシップも求められています。

幹部候補生として期待されていますので、**本省の人事課（秘書課）が集中的に人事管理**をしていて、国内外の大学院等への留学の機会が与えられるなど手厚く育成される面もありますが、その分、出向等の人事政策には有無をいわずに従わなければならない面もあります。異動のサイクルは短く、だいたい**2年程度で異動**しますし、局をまたいだ異動は当然のこととして、本省（霞が関）勤務のほか、他府省への出向、地方支分部局（出先機関）への異動や都道府県などへの出向なども頻繁《ひんぱん》にありますので、転勤族です。なお、キャリアの配属ポストは固定化されていることが多く、たとえば「○○局総務課企画係長には歴代キャリアが就く」などといった運用がなされています。

特に本省勤務中の残業時間は多く、国会開会中はほぼ毎日「午前様」という人もいます。そういう意味では、かなり体力勝負の仕事でもあります。

**●記念受験組が多い**

国家総合職試験は公務員試験の先陣を切る日程であることから、絶対受かるわけがないけれどとりあえず受けておこうという「記念受験」組が多いので表面上の競争率は高いものの、実際上の競争率はそんなに高くはありません。

**●十代でも受験OK！**

19歳（大学2年）の秋に受験できる「教養」区分があります（合格しても、実際の採用は卒業後になっています）。民間企業に就職しようか？公務員になろうか？はたまた法科大学院に進もうか？って悩んじゃってる、その方向性を決める、準備を始めようとする、ちょうどそんな時期に試験をやっちゃおう！という超・超青田買い的試験なのですが、定着させるかどうかは今後の状況を検証して判断することとなっています。

なお、秋に教養区分を受験し不合格になっても、改めて翌春にその他の区分の総合職試験を受験することも可能です。

**本省課長級**までは**保証**されているともいわれている昇進はかなり早く、だいたい40歳代半ばに本省課長級（県庁や大企業の部長級に相当）になりますが、その後、省内のポストに就けない人は勇退せざるをえないという過酷《かこく》な人事慣行《かんこう》もあります。

なお、国家総合職試験に最終合格したたけではダメで、その後に府省ごとに行われる官庁訪問をして、採用面接で内定が出れば、晴れて採用ということになります。ただ、財務省のように、本省採用以外に財務局採用、税関採用、国税庁採用と別個に採用するところもありますが、本省採用者とは別個の人事管理、処遇体系となっているようです。また、法務省では、本省一括ではなく局ごとの採用になっていますし、裁判官、検察官が省内の枢要《すうよう》ポストに就いています。

## 国家総合職・技術系

基本的に総合職事務系と同じですが、**採用時の職種と関連のある部署に配属**されることが多く、本省で事務に従事する場合だけでなく研究所に勤務して研究に従事することもあります。また、技術系を定期的に採用する官庁は限られていて、大口の採用は、理工系の区分では国土交通省、特許庁、経済産業省など、農業系の区分では農林水産省など、人間科学区分では法務省などとなっており、まったく技術系の採用がない官庁もあります。

なお、従来は、研究所の多くは各省に属していましたので、国家公務員試験から研究者の卵を採用していましたが、今は独立行政法人化したため、造幣局と国立印刷局以外は、それぞれが独自に採用を行っています。

若手の頃の昇進スピードは事務系と変わりありませんが、技術系の場合、事務系に比べて管理職ポストが少ないようです。

**●院卒試験と大卒試験の違い**

院卒者のほうがより専門的に勉強しているものの、公務員試験対策には疎いという現状を踏まえ、院卒者試験のほうが基礎能力試験（教養試験）の問題数が少なかったり、論文ではなく討議になっていたりします。ただし、院卒者が大卒の試験のほうを受けても構いません。採用後は院卒者と大卒者で初任給は異なりますが、それ以外の区別はなく同じ同期総合職入省として扱われます。

なお、文系・事務系の院卒者試験もありますが、各省の本音のところは、理系・技術系の職種では院卒採用が社会一般の趨勢となっていることから、有望な理系・技術系の院卒者の確保を期待していることにあるようです。

## 国家一般職

平成24年度の試験制度改革によって、総合職、一般職と大きく2つに分けた理由は、主に政策の企画立案を行い幅広い業務を何でもゼネラリスト的に行うけれども、その一方で責任は重く、ハードな業務や出向・転勤もいとわないという人は総合職の職員に、ある一定の任された職務に対して専門的な知見を身に付け、的確・正確に処理するスペシャリストで、しかも自分の一定のライフスタイルも維持したいという人は一般職の職員にと、仕事の内容と人生設計の両面を考えて入口（採用）を分けたものです。

なお、この分け方はあくまでも入口（採用）段階のものですから、入ってから「ヤッパリこっちのほうがイイ！」と方向転換したい人のためには、職員の評価制度の中で、本人の希望と能力・業績の評価結果によって、路線を変更することも可能です。

一般職の職員には、**特定分野について専門的な知識**を持つことが要求されています。自分の持ち場の業務について、その詳しい法令や先例の知識を蓄え、新たな事態にこれを当てはめて、正確かつ的確に執行するという能力が求められます。膨大な量の職務をテキパキとこなす事務処理能力も必要です。また、勤務先によっては窓口業務を担当することになりますので、人と接することが好きであるという点も重要な要素です。

こういったことから、最初に配属された業務をその後も専門的に行っていくことになります。また、専門性を高めるため、**異動のサイクルも比較的長く**なっており、配属先が変わっても引き続き同じ業務を行うことが多いようです。

一般職は、主に地方支分部局（出先機関）で採用されます（なお、一般職［大卒］行政区分の

**●ブロック制**

一般職［大卒］の行政区分、［高卒］の事務区分・技術区分は、地域試験となっており、北海道、東北、関東甲信越、東海北陸、近畿、中国、四国、九州、沖縄の各ブロックに分けられています（なお、大卒の技術系は全国共通）。最終合格者は、原則として合格したブロック内の官庁から採用されることになります。

なお、試験ブロックによってかなり採用予定者数にばらつきがありますので、競争率がずいぶん異なってきます。同じ試験でそれだけ競争率が異なるということは、すなわち各試験ブロックによって合格最低点が違ってくるということになります。

**●任用換《にんようがえ》**

いったん一般職で採用されてから、再び総合職試験を受験して最終合格を得た場合どうなるかということですが、ほかの一般の受験者と同様、（その間仕事を休んで）改めて官庁訪問をすることになります。したがって、自分の勤務する官庁を訪問しても採用内定を取れるかどうかは

本省採用は、関東甲信越地域からの採用が中心となりますが、それ以外の地域からも採用可能となっています。なお、一般職の本省採用は局単位で行われます）。よって、採用された管区内の本局または地方事務所での勤務が中心となります。ただし、管区は広いですので、引っ越しを伴う異動もあることは覚悟してください。さらに、能力と本人の希望によっては、霞が関の本省勤務や他府省、地方自治体への出向もあります。

昇進スピードについては、各府省でばらつきが大きく、最終的にどんな役職まで行き着くかも違っています。おおよそ今までの例では、本省の課長級の役職になる人もいますが、多くは**出先機関の管理職**になります。また、激務である本省勤務を経験した人は、経験しない人に比べて昇進スピードが速くなります。なお、これも府省によってばらつきはありますが、定年まで勤務できるところとある程度の年齢で勇退せざるをえないところがあります。

**一般職試験には大卒と高卒の2種類**があります。職務内容、異動、昇進等、以上お話ししてきたことで大きな差はありませんが、一般職［高卒］の職員は大卒の職員に比べ、官房系の部署で庶務・総務系の事務を行ったり窓口業務を行うことが多いようです。高卒・専門学校卒であっても、担当する業務についての根拠法令や先例について深い知識が要求され、対人適応能力が高いことが求められていることには変わりありません。

一般職［高卒］の職員の異動は非常に限られ、退職までずっと一つの部署で勤務する方もいます。また、出向や転勤を伴う異動をすることもありますが、かなり限られています。ということは、その部署で一番長く勤務している長老職員としていろいろなことを知っていることが期待される、いってみれば縁の下の力持ち的存在となります。

---

保証の限りではありません。

なお、晴れて採用内定となった場合には、3月31日までは一般職としての身分で働き、4月1日からほかの新採用総合職職員と同時に新たに配属し直されます。これを任用換といっています。このとき、公務員としての身分は一般職として採用された最初のときから継続しますが、総合職になった際に総合職の給料体系に転ずることになります。

●金太郎あめ

面接官の立場からすると、みんな同じ答え、同じ反応だと差がつかないというより、マイナスの評価をしてしまいがちです。

特に、公務員試験の専門学校では面接指導が徹底しすぎているのか、生徒がみ～んな同じ答えばっかりする傾向にあります。好きな教科はみんな国語で、最近の関心事はみんな地球環境問題で……となってしまいます。

どんなに自分では個性を出したつもりでも、教えられたとおりの答えばかりしていると「あ、また××専門学校の生徒ね！」ってなっちゃうのでご注意を！

# 国税専門官・税務職員

財務省の外局である国税庁に勤務する税のプロです。国税庁本庁のほか、各地方国税局や税務署において、税のスペシャリストとして法律・経済・会計等の専門知識を駆使し、国税調査官、国税徴収《ちょうしゅう》官、国税査察《ささつ》官といった職種に分かれて業務を行っています。

**国税調査官**は、納税義務者である個人や会社を訪れて適正な申告が行われているかどうかの調査・検査を行うとともに、申告に関する指導を行います。**国税徴収官**は、定められた納期限までに納付されない税金の督促《とくそく》や滞納処分を行うとともに、納税に関する指導を行います。**国税査察官**（いわゆるマルサ）は、裁判官から許可状を得て大口・悪質な脱税の疑いがある者に対して捜索・差し押さえなどの強制調査を行い、刑事罰を求めるため告発したりします。

**国税専門官**は従来からある試験で、一般職［大卒］相当の試験です。また、**税務職員**は従来の国家Ⅲ種［税務］を引き継いだ試験で、一般職［高卒］相当の試験です。それぞれ、第1次試験の日程が重なっている試験とは物理的に併願ができませんので、注意が必要です。

国税専門官も税務職員も第1次試験地を所管する国税局に採用され、主に、採用された管区内の地方国税局または税務署に勤務することになりますが、国税庁本庁（霞が関）に異動になることもあります。なお、本庁および地方支分部局の管理職ポストの大半は財務省本省採用、国税庁採用のキャリアが占めているのが現状です。

国税専門官・税務職員が人気がある理由としては、国家一般職や財務専門官よりも**給料が高い**こと、定年退職後に**税理士になれる**ことなどがあるものと思われます。

**●国税専門官の専門性**

専門試験には、その職務の特殊性から会計学などが課されています。経済学・商学・経営学部出身の方には受験しやすい科目構成になっているのではないでしょうか。でも、特にそのような学部出身である必要はありません。どのような学部出身の方も採用後、税務大学校に入校し、みっちり仕込まれます。

**●税理士**

国または地方公共団体の公務員として税に関する職務（税務

## 財務専門官

従来は国家Ⅱ種の中から官庁訪問で採っていて、超人気官庁として訪問者が集中していたものですが、平成24年度から専門職試験として採用試験自体を独立させました。

財務省職員として、**各管区の財務局に勤務**し、主に国有財産の管理および処分ならびに金融機関等の検査その他の監督に関する業務に従事することになります。何といっても、検査・監督対象である地元の金融機関に顔が利くという点が受験者に人気の理由なのでしょう。財務省本省だけでなく、職務の性質上、金融庁との連携も強く、人事交流も頻繁に行われています。なお、財務局の管理職ポストの大半は、財務省、金融庁採用のキャリアが占めているのが現状です。

## 食品衛生監視員

食品衛生法に基づき任命される一般職相当の技術系専門職です。厚生労働省職員として、**検疫所において輸入食品の監視**（全国主要海・空港における輸入食品の安全監視および指導）、**試験検査**（輸入食品等に係る理化学的、微生物学的試験検査）、**検疫衛生**（全国主要海・空港における検疫感染症の国内への侵入防止）等の業務を行っています。

その職務の特殊性から、受験資格として、原則として大学において薬学、畜産学、水産学または農芸化学を専攻していることが必要となります。輸入食品が入ってくるような大規模な港や国際空港のあるところに検疫所がありますので、勤務地が限定されます。また、検疫所の管理職ポストの大半は、厚生労働省採用の技術系キャリアが占めています。

---

職員、国税専門官、自治体の税関係の仕事など）に一定期間従事すれば、一部の科目が免除されます（税理士法第8条参照）。

**●財務省と金融庁は親子**

金融庁は現在は内閣府の外局ですが、もともとは大蔵省（現財務省）の銀行局と証券局が分割されてできたものです。ですから人事交流も内閣府本府とではなく財務省と行っていますし、金融庁独自の地方支分部局を持たず、元からあった財務省の地方支分部局である財務局がその業務を担当しているのです。おもしろいですね。

**●検疫所の所在地**

小樽・仙台・成田空港・東京・横浜・新潟・名古屋・大阪・関西空港・神戸・広島・福岡・那覇ですが、ほとんどの地方の港・空港に出張所があります。

**●地方公務員にもいる食品衛生監視員**

各都道府県や政令指定都市、特別区等でも独自に食品衛生監

## 労働基準監督官

厚生労働省の職員となり、本省もしくは全国各地の**労働局、労働基準監督署**に勤務することになります。

労働者が健康で安心して働ける職場環境の実現を目的に、法定労働条件や安全・衛生の確保、改善に当たっています。主な業務は、**臨検検査、災害調査、許認可事務**などですが、違反があった場合には、司法警察職員としての職務も行います（つまり、違反者を逮捕したりします）。実際に工場や工事現場などに赴《おもむ》くことが多いので、署外・署内での業務の比率はほぼ半々。つまり、各現場を飛び回って実態を把握したり指導監督したりするのがメインの業務で、自分の机でのデスクワークはその外での業務の整理と準備というような感じです。また、労働局や労働基準監督署内で窓口業務を行う場合もあります。

第1次試験地を所管する労働局や労働基準監督署に採用され、主に、採用された管区内の地方労働局または労働基準監督署に勤務することになりますが、本省（霞が関）に異動になることもあります。なお、地方労働局の上層管理職ポストなどは厚生労働省採用のキャリアが占めているのが現状ですが、労働基準監督官出身の方も署長等の管理職になられています。

国税専門官のところでお話ししたとおり、国家一般職との併願は可能です。

試験区分が、法文系のAと理工系のBに分かれていますが、理工系の方にはあまり周知されていないのか、法文系のおよそ半分の競争率です。ただし、いずれにしても採用数が少ない試験ですので、競争率はかなり高くなっています。

視員を採用しており、保健所において食品の監視、試験検査、検疫衛生業務を行ったり、本庁で食品衛生に関する事務を担当したりしています。

### ●これも専門性は関係なし

労働基準監督官の専門試験には、その職務の特殊性から法文系でも理工系でも労働法や労働事情などが試験科目に入っています。しかし、特に労働関係に詳しい必要はありません。文系・理系のどのような学部出身の方も採用後、労働大学校に入校し、みっちり仕込まれます。

### ●公務員試験と障害者、身体要件（身体基準）

本来、障害者にも健常者と同様に門戸《もんこ》が開かれるべきですので、ほとんどの公務員試験には、障害の程度に応じた特例措置（解答時間延長、拡大文字、ワープロ受験など）が設けられています。

ただし、仕事の内容の特性によっては、どうしても身体的な要件（身体基準）が求められる場合もあります。一般に事務系

## 法務省専門職員（人間科学）

従来の法務教官だけでなく、矯正《きょうせい》心理専門職、保護観察官も合わせた採用試験になりました。**法務教官**は、法務省矯正局所管の少年院や少年鑑別所に勤務し、そこに収容されている非行のあった少年に対して専門的な教育（矯正教育）を施したり、行動観察や生活指導を行ったりしています。**矯正心理専門職**は、少年鑑別所や刑事施設（刑務所、少年刑務所、拘置所）に勤務し、そこに収容されている少年や被収容者の資質の鑑別や調査を行います。また、**保護観察官**は保護観察その他更生保護に関する業務に従事します。つまり、いずれの職務も通常の業務では一般の国民・住民に接することがあまりないという点が特徴的です。

法を犯した少年や被収容者と真正面から向き合い、裸でぶつかり合って立ち直らせ社会復帰させるというのが仕事ですから、粘り強さと信念が必要とされます。そういう意味では、普通の学校の先生と似ているところもありますが、より難しい部分もあるといえるでしょう。また、ほかの職員とのチームワークで仕事をしていくので、協調性も求められます。

**各少年院、少年鑑別所、刑事施設に採用される**ことになりますが、採用された矯正管区内の施設間での異動があります。なお、幹部になるためには試験を受けて高等科研修（上級幹部養成研修）を受講しなければなりません。施設長などの管理職ポストの多くは法務省採用のキャリアが占めているのが現状ですが、法務教官出身者にも、道は開かれています。

矯正心理専門職と法務教官区分では、職務の性質上、Aは男性、Bは女性と試験が分かれており、また、視力などの**身体要件**が課されていますので、ご注意ください。

と思われている法務教官や航空管制官なども、その業務の特殊性から、視力などの基準が定められています。なお、この身体の基準に満たない場合は不合格となってしまいますので、十分注意してください。

キミたちには輝く未来が待っているんだっ！
ウィ〜〜ス

## 航空管制官

航空管制官は、国土交通省職員になります。航空機の安全な離着陸と航行を援助するために管制業務を専門的に行うのがその職務で、各空港で行う管制業務（飛行場管制、ターミナルレーダー管制、着陸誘導管制）と、航空交通管制部で行う管制業務とに分かれています。

**3交代制の24時間勤務**ですが、緊張する仕事なので勤務時間中にも交替で休養を取ります。また、係長、課長補佐といったラインの役職はなく、それぞれの職員が同じように業務を分担し責任を持つ**スタッフ職**です。とはいうものの、勝手に仕事をするわけではなくチーム編成で仕事を行いますし、管理職級の役職が何ランクか置かれています。

試験日程は、ほかの専門職試験と同じですが、職務の特殊性から**適性試験**（航空管制官に必要とされる記憶と空間関係の2種類の特別な試験）、**外国語（英語）試験**があります。そう、映画などでご覧になったことがあると思いますが、航空管制では、英語が国際標準なのです！　また、視力、色覚、聴力などの**身体要件**が課されます。

## 海上保安官

海上保安官は、国土交通省の外局である海上保安庁職員になります。これまで幹部海上保安官になるには高卒で海上保安大学校を卒業するしかありませんでしたが、令和2年に海上保安官試験が新設され、他の一般大学卒業者も幹部になる道が開かれました。高卒の方は後述する海上保安大学校で4年間勉強することになりますが、大卒の方はこの試験に合格後2年間、全寮制の海上保安大学校で研修を受けて幹部になります。航海と機関の2コースに分かれ、高卒の方の半分

**●採用されてもまた勉強**

航空管制官になるためには特殊な技術や用語を習得するため、採用後、航空保安大学校に入ってみっちり研修を受けなければなりません。すぐに管制室で管制業務ができるわけではないのです。

の期間でギュギュッと仕込まれます。

試験日程は、ほかの専門職試験と同じです。また、職務の性質上、**体力検査**があるほか、視力、色覚、聴力などの**身体要件**が課されます。

## 外務省専門職員

外務省本省および各国の在外公館に勤務し、その語学専門性を生かして、わが国代表と相手国政府要人との会合の際の**通訳**および**ロジ**（ロジスティック＝日程調整、ホテル・会議場等の確保など）、会議のセッティング、日常的な相手国政府要人との接触・情報収集、わが国の文化等の広報活動、在留邦人《ざいりゅうほうじん》・旅行者保護などを行っています。大使館に勤務し書記官となることもありますし、領事館に勤務し領事事務を行うこともあります。

どの語学で入るかによって、当然配属先・ポストなど、いろいろと違いが出てくるようです。おおむね5～6年ごとに本省勤務と在外公館勤務を繰り返すことになりますので、その職務の**大半を外国で暮らす覚悟**が必要です。

外国赴任《ふにん》中の給与が高いこと（在勤基本手当など）が特徴です。外務本省の管理職および大使・総領事などの幹部はキャリアが占めていますが、専門職員からの積極的な登用がなされるようになってきており、また、各国に大使館・領事館があるので他府省に一般職で入るよりも管理職ポストが多いという事情もあります。

採用試験は、第1次試験が2日にわたっていることが特徴です。語学力が生かせることから非常に根強い人気を保っており、競争率も高くなっています。なお、外務省が独自に実施する採用試験ですので、問合せ先も人事院ではなく外務省であることに注意してください。

### ●外務省専門職員試験での外国語の選択

第2次試験では、選択した外国語での面接試験があります。英語の場合、実際に最終合格した受験者の成績を見るとだいたいTOEICで800点以上というハイレベルな戦いです。

また、採用の知らせと同時に、採用後研修する語学の指定があります。この研修する語学は、試験時に選択した語学と一致するとは限りません。特に受験者が多い英語の場合、あまり選択者がいない語学が指定語となることもあるようです。この研修した語学の専門職となるわけですから、ある意味一生が決まる重要なポイントとなります。

### ●採用後の研修

採用後は、国内研修を受け、引き続き外務省本省に勤務した後、再び研修所における研修を経て、研修語を履修するのに適した国にある在外公館に外交官補として配属になり、その国の大学等で研修語について2年間（アラビア語は3年間）の研修を受けることになります。

# 裁判所職員

司法府（裁判所）に勤務する特別職の国家公務員です。裁判所事務官、裁判所書記官、家庭裁判所調査官がいます。裁判所書記官は、裁判所事務官から内部試験によって登用されます。

## 裁判所事務官・裁判所書記官

裁判所事務官は、最高裁判所や全国各地の高等裁判所、地方裁判所、簡易裁判所、家庭裁判所に勤務し、法廷事務や裁判手続きの補助を行うばかりではなく司法行政全般を行います。すなわち、裁判に直接かかわることだけではなく、一般の総務系の人事・会計などの仕事も行うことになります。訴状の受付などの窓口業務もあります。

総合職・一般職の区分がありますが、行政府の職員のように総合職と一般職［大卒］で違った仕事をするとか、ポストが交じり合うことがないなどの人事慣行はなく、**基本的に同じ仕事**を行います。総合職と一般職［大卒］の違いは、給料・昇進体系が異なることはもちろん、総合職は最高裁判所の採用なので全国的な異動があるのに対し、一般職［大卒］の場合は第1次試験を受験した地区を管轄《かんかつ》する高等裁判所の採用なので異動の地域がその高等裁判所の管轄内の裁判所内に限定されること、書記官になるための内部試験を**受験できるようになるまでの期間**が違うこと、総合職の場合にはこの試験の**一部が免除**になることなどにあります。

一般職［高卒］の場合には、第1次試験を受験した地区を管轄する高等裁判所の管轄内の裁判所の採用となり、各裁判所において主に一般事務を行います。官房系の部署で庶務・総務系の事務を行ったり、窓口業務を行ったりという、いってみれば縁の下の力持ち的存在です。異動は非

### ●裁判所事務官試験の特徴

日程・試験科目等は最高裁判所が独自に決定しているので、必ずしも人事院が行うその他の試験とは連動していません。ほかの行政府、立法府の試験との併願もなんら支障がありません。

総合職と一般職［大卒］は第1次試験日が同じですので併願はできませんが、あらかじめ希望した総合職受験者には、総合職で不合格でも一般職［大卒］受験者として扱ってくれる特例がある点が特徴的です。

### ●定年後も働ける

また、裁判所事務官・裁判所

常に限られ、退職までずっと同じ部署で勤務する方もいるようです。

裁判所事務官として一定の期間職務を遂行すると、**裁判所書記官になる資格**が得られます。裁判所書記官をめざされる方は、かなりの競争率の書記官養成課程入所試験に合格し、研修を経なければなりません。そのままずっと事務官で行くという選択肢もありますが、給与の面、昇進の面で優遇される書記官をめざす方が多いようです。

裁判所書記官は、裁判の内容を正確に記録し、資料を収集したり調書を作成したりすることによって、裁判官を補助し、審理《しんり》の円滑な進行を補佐します。しかし、単なる補佐役ではありません。最終的な法的判断を行うのは裁判官ですが、その事前段階の原告・被告やその弁護士との調整、検察などほかの官庁との調整など、実際上、訴訟《そしょう》にまつわる業務のほとんど全般を書記官が行っていることになります。

なお、事務官からは試験に受からないと書記官になれませんが、書記官が事務の仕事を行うこともあります。書記官になれば、職務の特殊性から給料に**調整額が上積み**されます。また、定年退職後に**簡易裁判所の判事になれる可能性**があるというのも魅力の一つです。

最高裁判所事務総局の管理職等はほとんどが司法試験合格者である判事（裁判官）がなっていますが、高等裁判所など下級裁判所の管理職は書記官出身者が多いようです。

## 家庭裁判所調査官

家庭裁判所において離婚、財産分与、非行事件等の審理に必要な調査や資料の作成を行います。また、調査官は審判、調停の場に同席し意見を述べる権限も持っています。

**採用時は調査官補**ですが、研修所に入って2年間みっちり専門的な教育を受けて晴れて調査官になれます。最高裁判所の採用ですが、勤務先は全国の各家庭裁判所となります。

---

書記官は定年退職後に簡易裁判所判事になれる可能性があります（裁判所法第44・45条参照）。

**●裁判所職員総合職「人間科学」区分の特徴**

家庭裁判所調査官になるための試験は総合職の「人間科学」区分だけで、一般職からはなれません。なお、ほかの行政府の試験、国家総合職の人間科学区分や法務省専門職員（人間科学）と併願することは何ら支障がありませんが、それぞれによって、採用後に担当することとなる職務がかなり違ってくることには十分注意しましょう。

**●執行官採用選考試験**

裁判の執行のために家の明け渡しを求めたり財産の差し押さえをしたりする執行官も裁判所職員です。国家公務員として課長補佐級以上の職にあったか、これと同等の職務経験がないと受験できません。国家公務員なのに国から給与を受けるのではなく、事件当事者が納めた手数料を収入とする非常に特殊な仕事です。

## 国会職員

国会職員とは、国会の立法活動を補佐し議会制民主主義を支えるために立法府（国会）専属で職務を行う国家公務員の総称です。すべて特別職の国家公務員になります。衆議院、参議院、国立国会図書館などで勤務しています。

### 衆議院事務局・参議院事務局職員

衆・参の事務局で働いている事務系職員の職務は、本会議・委員会などといった会議における適正な手続きの確保と活発な論議のために運営面から会議体をサポートする**会議運営部門**、政策立案を支援する議会シンクタンク（専門の調査・研究・提言機関）である**調査部門**、広報活動、院の国際交流など多角的に院の活動をサポートする総務部門の３部門から構成されています。英国議会では、議会事務局で会議運営に従事する公務員を、特に「パーラメンタリアン（parliamentarian）」と呼んでいます。

そのほか、国会内の警察組織である警務部（ここの職員を衛視《えいし》といいます）と、速記《そっき》を取り会議録を作成する記録部があります。衛視には、職務の性質上、夜勤もあります。

### 衆議院法制局・参議院法制局職員

**議員立法の立案**業務に特化している機関で、議員の依頼に応じて、法律案・修正案の作成、法制に関する調査研究に従事しています。議院事務局と議院法制局の関係は、各府省と内閣法制局の関係に対比することができます。

### 国立国会図書館職員

国立国会図書館も「国会」と付いていることからおわかりのように国会の付属機関なのです

---

**●衆参事務局試験の特徴**

①総合職試験は院卒と大卒に分かれず大卒に一元化されています。
②参議院では一般職［大卒］試験は行われません。
③衆議院の試験会場は東京のみですが、参議院は東京と京都で行われています。
④どちらの総合職試験も国家総合職の政治・国際区分の試験内容に似ていますが、ちょっとずつ試験科目が違っています。
⑤参議院は技術系の試験も行われますが、衆議院は独自の技術系試験は実施せず、人事院の試験から採用しています。
⑤衛視の試験は一般職［高卒］の試験と同日に実施されますので、併願はできません。試験内容も大部分で一般職［高卒］と同じです。

**●衆参法制局試験の特徴**

それぞれの事務局とはまた別日程で行われているので、併願する人が多いようです。総合職のみの採用となっており、合格者が非常に少人数なので、高いね。しかしそれだけではなく、**わが国唯一の国立の図書館**という役割も果たしています。

**司書**業務をする部門と**調査**を行う部門があります。衆参両院の事務局にある調査部門が現在審議されている法案に関する調査や現行制度の問題点の調査を行うことを得意としているのに対し、国会図書館の調査部門は諸外国の制度との比較など長期的視野に立った調査を得意としています。国会議員の立法調査活動を補佐するだけではなく、国内外の文献の収集・整理や、一般利用者へのサービス業務などを行っています。永田町にある本館以外にも東京上野の国際子ども図書館や、京都府内の関西文化学術研究都市にある関西館で勤務することもあります。

## 待遇など

特別職の国家公務員ですが、基本的には各府省で働く職員と変わりありません。

ただし、定年前に退職しなければならないという慣行はないようですので、65歳の定年まで勤務できます。というわけで、総合職の昇進は行政府に比べて若干遅いようです。一方、一般職の昇進は行政府に比べて若干早いようです。衛視、速記者については、いずれも専門職的な意味合いがあるので、一般職［高卒］職員より高い給料・昇進体系になっているようです。

最も特徴的であるのは、国会が東京にしかないことから、**勤務地が東京（永田町）に限られる**ということです。ただし、国立国会図書館については、関西館がありますので、関西で勤務することもあります（採用試験時から意向を聞いてくれるようです）。

なお、行政府の職員のように、総合職、一般職で違った仕事をするとか、ポストが交じり合うことがないなどの人事慣行はありません。基本的に同じ仕事を行います。ただし、総合職は各部門を満遍なく異動して幹部候補になることが期待されている一方、一般職は将来的にいずれかの部門の中堅職員となることを期待されています。

競争率となっています。試験科目は、国家総合職の法律区分と同じような構成になっていますが、第3次試験に口述試験があるところが特徴的です。なお、独自試験の合格者からの採用以外に、国家総合職試験合格者の官庁訪問も受け付けています。

### ●国会図書館試験の特徴

総合職、一般職［大卒］、一般職［高卒］とも英語試験がある点が特徴です。また、総合職、一般職［大卒］の専門試験は、法学、政治学、経済学、社会学、文学、史学、図書館情報学、物理学、化学、数学、工学・情報工学、生物学と文系から理系まで非常に幅広く選択できます。なお、裁判所事務官試験と同様、総合職不合格者が一般職［大卒］受験者としての扱いを受けることができる特例制度があります。

なお、一般職［大卒］相当の資料保存専門職員の採用試験を実施することもあります。

# 刑務官・入国警備官・皇宮護衛官

いずれも高卒程度の試験（皇宮護衛官は高卒試験のほかに大卒程度試験もあります）ですが、公安職の職員なので、給料は一般職で採用された職員よりは高くなっています。また、職務の性質上、**交替制勤務**（夜勤）があるのも特徴です。

## 刑務官

**法務省職員**で、刑務所、少年刑務所、拘置所《こうち》に勤務します。看守《かんしゅ》といわれています。

刑務所・少年刑務所では、受刑者への指導を通じて、その改善更生と円滑な社会復帰の実現のためさまざまな処遇を行います。拘置所においては、拘留《こうりゅう》中の被疑者・被告人を収容し、逃走や証拠の隠滅《いんめつ》の防止に努めます。

看守としての階級を上げ、将来は施設の管理職となることも可能です。採用された矯正《きょうせい》管区内での異動はあります。

なお、試験区分は、男女の別によるA・Bの2区分があるほか、さらに、それぞれ地域別の区分に分かれていて、受験した区分内で採用されることになります。刑務Aは、男子の被収容者に対する指導を行うので男子のみ、刑務Bは、女子の被収容者に対する指導を行うので女子のみが受験できます。なお、柔道または剣道の実技試験で採用する武道区分もあります。

## 入国警備官

法務省の外局である**出入国在留管理庁の職員**で、地方出入国在留管理局・同支局・同出張所、各入国者収容所に勤務します。不法入国者・在留外国人の法令違反事件などの調査、違反容疑者および被退去強制者の護送、収容所の警備などの業務に従事します。

**●国際空港で働く公務員**

入国警備官は本文のように不法入国者などの調査・摘発・収容・送還を職務としています。

空港でパスポートのチェックをしている人は、同じ法務省職員ですがこれとは異なる入国審査官です。入国審査官は独自の採用試験は行われておらず、国家一般職から法務省の各地入国管理局で採用されます。

なお、このほかにも空港で荷物の中の免税品などのチェックをしているのは財務省の税関職員、犬を連れて麻薬の捜査をしているのは厚生労働省の麻薬取締官、検疫・防疫をしているのは厚生労働省の検疫所や農林水産省の植物防疫所・動物検疫所の職員、飛行機の管制をしているのは国土交通省の航空管制官……空港だけでもいろんな官庁のいろんな職種の人が働いているのですね。

**●大卒スペシャリスト採用**

皇宮警察では、大卒で、かつ、英語、スキー、柔道・剣道、乗馬、大型バイク免許など専門的な知識や特技を有する人階級を上げ、将来は管理職となることも可能です。また、異動もあります。

## 皇宮護衛官

**警察庁職員**で、**皇宮《こうぐう》警察本部**に勤務します。皇宮警察本部は、警察庁が直轄する唯一の警察本部です。天皇および皇族の護衛や皇居・御所などの警備に当たります。

ご成婚のパレードや外国からの国賓《こくひん》や公賓が皇居を訪問された際に見ることができる儀礼服に身を正した騎馬隊やサイドカーなどはこの皇宮護衛官の仕事です。また、式典の際に演奏している音楽隊も皇宮護衛官です。経験を積み、特に適性があると認められた者は「側衛《そくえい》官」として、天皇および皇族の側近警護の任務に当たります。皇宮警察版ＳＰです。

東京都千代田区にある皇居内がその主な勤務先ですが、港区にある赤坂御用地や京都御所、奈良県の正倉《しょうそう》院、那須（栃木県）・葉山（神奈川県）・須崎（静岡県）の各御用邸に勤務することもあります。

階級を上げ、将来は管理職となることも可能です。

## 各試験の共通点

最後に、各試験の共通点を挙げると、次のようになります。

①高校卒業程度の試験ですが、**大学卒業者も受験できる**年齢制限となっています。また、社会人区分の募集がある場合もあります。

②入国警備官と皇宮護衛官［高卒］は第１次試験日が同じなので併願はできません。

③職務の性質上、**体力検査**があるほか、身長、体重、視力、色覚などの**身体要件**があります（刑務官には色覚はなし）。

材を採用するための大卒スペシャリスト採用試験が実施されることもあります。

# 各種大学校学生・海上保安学校学生

大学校系の試験としては、海上保安大学校学生、気象大学校学生、防衛大学校学生、防衛医科大学校学生があります。「仕事」というよりも、国家公務員の身分を持つ学生となるものです。ただし、在学中も国家公務員として処遇され、毎月の給料と諸手当（当然ボーナスも）が支給されます。学生舎（寮）で**共同生活**を送るのが特徴です。いずれも4年制で、卒業すれば社会的にも大学卒業と同様の資格と見なされます。また、そのまま勤務すれば、海上保安大学校、防衛大学校、防衛医科大学校の卒業生は国家総合職と同等、気象大学校の卒業生は、国家一般職［大卒］と同等の扱《あつか》いを受けます。

**海上保安大学校**の卒業生は、国土交通省の外局である海上保安庁の職員となり、海上保安官として陸上勤務もしくは海上勤務を行います。海上勤務では、巡視船《じゅんしせん》・巡視艇《じゅんしてい》に乗り組み、海難救助、海上犯罪の取締りなどの海上保安業務に従事することになります。大学校卒業と同時に幹部になりますので、海上保安官の中のトップエリートです。なお、1学年時に全員1級小型船舶《せんぱく》操縦士の免許を取得することになります。

**気象大学校**の卒業生は、国土交通省の外局である気象庁の職員となり、気象庁本庁もしくは各地の気象台に勤務し、観測、予報、調査、技術開発などの職務に従事します。

**防衛大学校・防衛医科大学校**の卒業生は、防衛省の職員である自衛官となります。防衛大学校卒業と同時に幹部になりますので、自衛官の中ではトップエリートになります。防衛大学校学生は、卒業時に、陸上要員は陸上自衛官（陸曹長《そうちょう》）、海上要員は海上自衛官（海曹長）、航空要員は航空自衛官（空曹長）にそれぞれ任命されます。各幹部候補生学校に入校して、初級幹

**●多い中退者！**

この各種大学校の場合、注意していただきたいことがあります。それは、非常に中途退学者が多いということです。

防衛大学校を例に取ると、入校者400人強のうち100人ちょっとが中途退学してしまうそうです。しかもその中退者のほぼ9割が1年生のうちにです！

中退の主な理由としては、性格が合わない、集団生活に耐えられない、ほかの学校を受験したい、自衛官としてやっていく自信がなくなったということが挙げられていました。

また、卒業後に任官辞退する者もいるそうです。

貴重な人生の一部を無駄にしないよう、慎重に考えてから受験しましょう。

**●防衛省と自衛隊**

自衛隊はわが国を守るための組織であることはご存じですよね。防衛省と自衛隊ってどう違うの?ってよく聞かれますので、説明しておきましょう。

防衛省と自衛隊は基本的には同じ組織をさしますが、国の行

部として必要な知識・技能の修得のための教育を受け、約1年後に3等陸・海・空尉《い》に昇任します。防衛医科大学校学生の場合は、卒業後は、陸・海・空曹長に任命され、医師国家試験に合格した後、2等陸・海・空尉に昇任し、医官となります。

なお、2年制で、卒業生は短大卒業と同様の資格（国家一般職［高卒］と同等）とみなされる**航空保安大学校学生**もあります。同大学校の卒業生は、国土交通省の職員となり、航空管制運航情報官、航空管制通信官、航空管制技術官となります。

一方、**海上保安学校**は、1年制、課程によっては2年制の学校で、卒業生は短大もしくは専門学校卒業と同様の資格と見なされます。こちらも国家公務員の身分を持つ学生で、在学中も国家公務員として処遇され、毎月の給料と諸手当（当然ボーナスも）が支給されます。航空課程もあります。同校の卒業生は海上保安庁の職員となり、海上保安官として陸上勤務もしくは海上勤務を行います。海上勤務では、巡視船・巡視艇に乗り組み、海難救助、海上犯罪の取締りなどの海上保安業務に従事することになります。

これらの大学校・学校系の試験は、いずれも**高校卒業（見込）者を対象とする試験**で、学科試験は一般の大学入試用の対策をしていれば対応可能で、基礎能力試験が課される場合は国家一般職［高卒］相当の勉強をしていれば対応可能です。

航空保安大学校と海上保安学校の基礎能力試験は、第1次試験日が同じ入国警備官、皇宮護衛官と同じ問題が出題されています。海上保安大学校と気象大学校は第1次試験日が同じなので同じ問題です。これら第1次試験日が重なっている試験どうしは、当然併願はできません。

気象大学校以外については、**身体要件**が課されていたり**体力検査**があったりしますので、ご注意ください。

政機関という面から見た場合は「防衛省」と呼び、防衛任務の業務運用面から見た場合は「自衛隊」と呼ぶのです。

**●自衛官の階級**

上から順に将官（将、将補）、佐官（1佐、2佐、3佐）、尉官（1尉、2尉、3尉）、准尉、曹（曹長、1曹、2曹、3曹）、士（士長、1士、2士、3士）となっています。

今の将は昔でいうと中将です。幕僚長または統合幕僚長を務める将が大将に当たるとされます。将補が少将、1佐が大佐、2佐が中佐……という対応です。

陸将が師団長、陸将補が旅団長、1佐が連隊長、3佐が大隊長、1尉が中隊長、3尉が小隊長とほぼ対応します。

なお、事務官との対応では、だいたい1佐が事務官の本省課長級相当の扱いになるようです。

ちなみに、みなさんのおじいさんの世代に流行った漫画の主人公「のらくろ」（野良犬黒吉という名の犬が軍隊に入って活躍するという戦時中の漫画）は二等兵（今でいう2等陸士）で入って大尉（1等陸尉）で除隊になりました。

# 防衛省職員

特別職の国家公務員ですが、人事院が行う国家総合職・一般職試験から採用されますので、他の府省の場合と同様に官庁訪問をしなければなりません。事務系の職員は、「制服組」と呼ばれる**自衛官とはまったく別系統の人事・給与体系**となっており、制服組に対比して「背広組（シビリアン）」とも呼ばれています。自衛官としての訓練をしたり、武器を持ったりすることはありません。

事務系の総合職職員は主に本省や外局の防衛施設庁で働きますが、一般職職員は本省、防衛施設庁、地方支分部局だけでなく、全国各地に所在する部隊・基地に勤務し、主に人事・会計など総務系の仕事に従事します。また、技術系の職員は本省、防衛施設庁、地方支分部局等で研究や調達関係の部署に勤務することになります。

また、**防衛省専門職員試験**もあります。内部部局等において、主として諸外国との交渉、国際会議の通訳、海外資料の収集・分析などに従事する職員もいれば、情報本部において、主として国際関係、地域情勢（政治・経済・外交・文化・民族問題・最新技術など）、軍事情勢などの収集・分析等に関する業務に従事する職員もいます。採用区分は語学ごと（英語、ロシア語、中国語、朝鮮語、フランス語、アラビア語、ペルシャ語、インドネシア語）で、すべての語学で毎年募集があるわけではありません。

そのほか、随時募集する職員として防衛研究所研究員（研究職・総合職相当）、教官（教育職・一般職［大卒］相当）、情報本部職員（行政職・一般職［大卒］相当）、防衛医科大学校高等看護学院学生などがあります。

## ●自衛官採用各試験の解説

○**自衛隊幹部候補生**　一般・技術および歯科・薬剤科のそれぞれにおける幹部候補者となるための試験です。採用されると陸・海・空曹長に任命され、幹部候補生として所定の期間、教育を受けた後、3等陸・海・空尉（大学院修了者および医科・歯科は2等陸・海・空尉）に昇任し、幹部自衛官となります。

○**貸費学生**　大学（大学院）に在学する学生で理学および工学を専攻し、修学後にその専攻した学術を応用して自衛隊に勤務しようとする学生に学資金を貸与するものです。修学後は引き続き幹部候補生として採用され教育終了後幹部自衛官となります。

○**航空学生**　海・空自衛隊の中堅パイロットおよび戦術航空士となるための教育・訓練を受け、約6年で3尉に昇任し、幹部自衛官となります。

○**看護学生**　陸上自衛隊において看護業務に携わる自衛官となります。看護師国家試験に合格した後、2等陸曹に昇任し、各病院に勤務することになります。

また、**自衛官になるための方法**は、脚注に示したとおりバラエティに富んでいます。

## 経験者採用試験・社会人試験

**経験者採用試験**は、「民間企業等における有為な勤務経験等を有する者を係長級以上の職へ採用することを目的として行う中途採用試験」と位置づけられています。定期的に行われるものではなく、そのような職員の採用を必要とするようになった府省がその都度募集をかけるものですから、人事院や各府省のウェブサイトをよく見ておかなければなりません。

ここでいう「有為な勤務経験」とは、弁護士、公認会計士、弁理士などの**資格**を持っているとか、語学力とか、ある特定の職種・業界で一定年数以上**実務経験**があることなどをさしており、募集する府省、対象となる職種によって異なります。

基礎能力試験（教養試験）のほか、政策課題討議、政策論文、総合事例研究、外国語、経験論文などの試験も課せられています。

年齢制限は特に定められてはいませんが、係長級、課長補佐級の試験ですので、主に20歳代後半から30歳代前半をターゲットにしているものと思われます。採用された場合には、その職務に応じて総合職あるいは一般職［大卒］として格付けられます。

**社会人試験［係員級］**は、一般職［高卒］程度の試験です。**40歳未満の人であれば、職務経験・経歴等のいかんを問わず受験できます**（大学卒も可）。一般職［高卒］の事務、技術系だけでなく、皇宮護衛官、刑務官、入国警備官などの職種もあります。試験内容は、それぞれの試験と同じです。ただし、従来の再チャレンジ試験・中途採用者選考試験のように毎年必ず行うものではなく、採用予定がある場合に限定されました。

---

○**一般曹候補生**　採用後2年9か月の教育を修了すると3等陸・海・空曹に昇任します。
○**2等陸・海・空士**　教育部隊や一般の部隊で教育訓練を受け、陸2年（技術系は3年）、海・空3年を1任期として勤務します。特技課程により各種の公的資格を取る機会があります。
○**自衛隊生徒**　技術関係の業務に従事する曹としての知識技能を養い4年間の教育後3曹に昇任します。3年次から防衛大学校、航空学生の受験も可能です。
○**医科・歯科幹部自衛官**　経験年数等により2等陸・海・空尉〜2等陸・海・空佐になります。
○**技術海上幹部**　技術者としての経験年数等により2等海尉から1等海尉になります。
○**陸上自衛官［看護］**　看護師としての経験年数等により3等陸曹から陸曹長になります。
○**技術海曹**　大学・短大・高専卒の部は3等海曹で入隊し約3年後に幹部候補生の受験資格ができ、免許の部は免許の種類により3等海曹〜海曹長になります。

# 地方公務員試験の種類と試験区分

## 地方公務員試験の仕組み

地方公務員の場合、都道府県、政令指定都市、市町村がそれぞれに試験を実施しています。**都道府県、政令指定都市**の場合は、**人事委員会が試験**を実施し、最終合格者はさらに**人事課の採用面接**を受けて採用になります。ただし、この採用面接は形式的なものなので、ほぼ最終合格イコール採用と思ってよいようです。人事委員会というシステムがない**市町村**の試験では、**最終合格すなわち採用**となります。

試験の種類としては、事務職、技術系職種の試験のほかに、警察官・消防官など公安系の職種の試験、栄養士、保育士、看護師、保健師、司書、学芸員、社会福祉士など一定の資格を持っていないと受験できない資格免許職の試験、さらに学校事務、警察事務、交通巡視員や技能・労務職（清掃作業員、学校の校務員、公用車・公営バス運転手など）の試験などもあり、バラエティに富んでいます。

地方上級の事務系の試験区分は、行政が多いようですが、最近では法律や経済や国際など、その地方のニーズに合わせて多様化していますし、その所在地だけではなく東京などにも試験会場を設けているところもあります。また、経験者採用にも積極的な自治体が多いようです。

地方自治体の多くは、教養試験・専門試験など多肢選択式試験の**問題の作成・採点の全部または一部を「日本人事試験研究センター」に委《い》託《たく》**しています（なお、

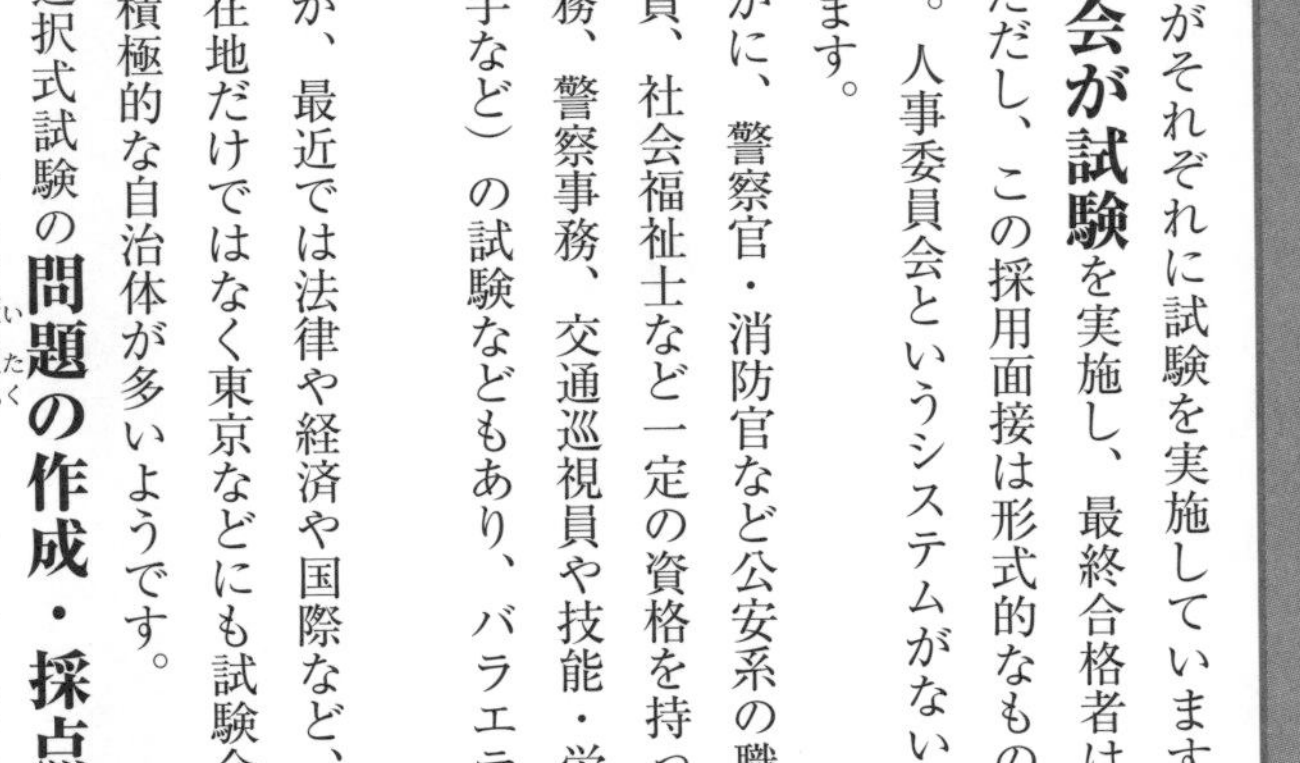

東京都や東京の特別区は独自に問題を作成しているようです）。こういうわけで、道府県や政令指定都市の上級試験の第1次試験は**同じ日程**で行われ、その**試験問題もほとんど同じ**ということになるのです。受験者のみなさんは、本当は近くの自治体をいくつか併願したかったりすると思うのですが、これができないのにはこういった事情があったわけです。逆にいうと、独自作成している東京都は独自の日程を組んでいますので、東京都との併願はしやすく、競争率も非常に高くなっています（ただし東京都と特別区は同じ日程です）。道府県の中級・初級職や市町村や消防官の試験日程もいくつかの日程に大くくりされますが、これも同センターが指定する**統一試験日**に実施しているからです。同日に行われる試験は、やはりほぼ同じ試験問題となっています。

なお、各都道府県の**警察官**については、独自に各都道府県警が協力して試験問題の作成を行っています。したがって、いくつかの都道府県が同一の試験日程となっていることが多く、試験地とは違うほかの都道府県の警察官試験を受験できる点も特徴的です。同じ都道府県でも**年に何度も試験が実施**されるところもあります。

このように試験日程がいくつかの統一試験日に限られてはいるものの、これは毎年行われる採用数の多い試験の話で、このほかに追加募集があったり、募集人員の少ない資格免許職、経験者採用や障害者特別枠の試験などを別日程で実施したりしており、ほぼ1年中どこかで採用試験が行われているような状況です。したがって、地方公務員の試験はこまめに情報収集しておくと思いがけないチャンスに巡《めぐ》り会うことができます。受験雑誌やインターネット、学校の就職部などのツールを駆使して情報収集に努《つと》めましょう。

**●財団法人 日本人事試験研究センター**

同センターの事業報告書によると、令和4年度は46道府県・20政令指定都市に試験問題を提供し、市町村および政府関係機関等2684団体が試験問題の提供および採点結果処理の援助を受けたそうです（http://www.nisjc.or.jp参照）。

同センターでは、教養・専門試験だけではなく、適性検査問題も提供していますし、面接試験の指導なども行っていて、さながら公務員試験のデパートのようなところです。また、人事院などとも密接に情報交換をして、問題が重ならないように調整もしています。平成30年度から教養試験の内容が変わったのは、同センターの提供するパッケージが大幅に変更されたからです。

## 地方公務員の試験は地元優先か？

なお、地方自治体の試験の際に受験者のみなさんが一番気にかけているのは、地元の出身者にだけ有利になるのではないか、地元出身者だけを優遇《ゆうぐう》しているのではないかということだと思います。事実、数年前に、地元出身の受験者の成績だけゲタを履《は》かせていたある市の採用試験が問題になったことがあります。このような事態が報道されるということは、優遇していた自治体があったということにほかなりませんが、現在では、**地元出身者ということだけで優遇するということはなくなって**きています。面接官は「公務員だったら、なんでも、どこでもイイや！」というまったり大好き受験者を採用しないように、受け答えでこういう姿勢が少しでも感じられたら即刻アウトにします。というわけで「ここは地元優先だから」と落とされた受験者が言っている場合には、実は負け惜しみの場合が多いようです。

したがって、地元でもないのにどうしてその自治体を受けたいと思ったのかについては、十分に面接官を納得させるだけの理由づけがないと合格できませんし、逆に「地元出身だから」ということだけを前面に押し出しても十分に面接官を納得させることはできないので、「よそ者」で熱意を示した人に遅れを取ってしまうということだってありえるのです。

地元でない地域を受験するのであれば、せめてその自治体で**今何が問題・話題になっているか**ということを把握する努力が必要です。その自治体の**広報紙やウェブサイト**を丹念《たんねん》に見るとか、地域の新聞を読むといった情報収集が必要でしょうし、地域密着型の自治体行政では土地カンが必要ですので、実際にその地域に行ってみるとか地図をよく見ておくなどといったことは必ずしておきましょう。

**●市町村では住所要件があるところも**

市町村の職員採用試験では、「市内居住者に限る」とか「1時間以内で通勤可能な者」という住所に関する要件をつけているところもあるようです。

## 地方上級

一般に、公務員受験界で「地方上級」と呼んでいるのは、都道府県、政令指定都市、東京都にある特別区で実施される大学卒業程度の採用試験のことです。

東京都と特別区の第1次試験は4月下旬ですが、道府県・政令指定都市の試験は6月中旬に一斉に行われます。したがって、東京都と特別区、道府県・政令指定都市どうしは併願できません。地方上級を受験する人は、国家総合職・一般職などほかの公務員試験と併願されている方が多いようです。試験会場を地元だけではなく、東京で実施している試験もあります。

年齢制限は自治体によって若干違っていますので、よく確認しておかれるとよいと思います。また**教養・専門試験の出題タイプ**も数種類あるようですので、受験しようと考えている試験がどのタイプかも受験雑誌などで確認しておきましょう。

第2次試験において個別面接だけではなく、**集団面接、集団討論（グループディスカッション）**などを導入しているところが多いので、受験しようとしている自治体の試験の方法に合わせた面接対策をしておくことも必要です。

試験区分はいくつかに分かれており、最も採用人数が多いのが行政です。このほかに事務系として学校事務、警察事務を別に採用する自治体もあります。技術系の試験区分や、薬剤師、保健師、栄養士、獣医師などの資格免許職の試験区分を実施しているところもありますが、採用予定数が非常に少ないので、競争率も高くなっています。なお、技術系や資格免許職については採用予定数が一定しないことから、年によっては試験実施の予定がなかったり、採用予定数に増減があったりします。

### ●地方上級試験の出題タイプ

地方上級試験はその出題内容によっていくつかのタイプに分けられます。ご自分の希望する自治体がどのタイプか、事前に確認しておく必要があるでしょう。

**○全国型・全国型変形タイプ**
最も多くの自治体がこのタイプで、地方上級試験のベースとなっている出題型です。変形タイプはこれに独自の出題や科目を加えたものです。

**○関東型・関東型変形タイプ**
教養・専門試験ともに選択解答制を導入しています。関東地方の県に多いタイプです。

**○中部・北陸型**
教養試験が必須解答、専門試験が選択解答制になっています。中部・北陸地方の県に多いタイプです。

**○法律・経済専門タイプ**
法律や経済のウエートをそれぞれ高めたものです。

**○独自の出題タイプ**
東京都、特別区のほかにもいくつかの自治体が特徴を持った試験を実施しています。

## 地方中級・地方初級

**地方中級試験**は短大・専門学校卒業程度の試験ですが、大学卒でも受験できるような年齢制限になっている場合もあるので、実際の**合格者は圧倒的に大学卒が多く**なってしまうようです。学校事務ですとか、栄養士などの一部の資格免許職といった限られた試験区分で実施されることが多いようですし、自治体によっては、中級試験を実施しないところ、必要がある年にしか実施しないところもありますので、自分が受験しようと考えている地域で希望の区分の試験がその年に実施されるのか、よく情報収集しておく必要があります。

**地方初級試験**は高校卒業程度となっていますが、実際は専門学校・短大生でも受験でき、高校生よりも**専門学校・短大生の合格者のほうが多く**なってきているのが現状です。一般事務のほか、警察事務、学校事務、一部の技術職について実施しています。

国家公務員の一般職［高卒］の場合と同様、初級職は、庶務・総務系の事務を行ったり、窓口業務を行ったりという、いってみれば必要不可欠な縁の下の力持ち的存在になります。技術系の場合には、実際にその技術を生かして現場に立つこともあります。

本庁だけでなく、出先機関に勤めることとなる場合も多くなっています。また、異動は非常に限られ、退職までずっと一つの部署で勤務する方もいます。また、転勤を伴う異動をすることもありますが、かなり限られています。

なお、中級・初級の試験については、採用予定数が非常に少ないので、競争率も高くなっています。また、一般事務以外の試験区分は**採用予定数が一定しない**ことから、年によって試験実施の予定がなかったり、採用予定数に増減があったりします。

**●地方中級・地方初級試験の出題タイプ**

事務系の地方中級試験には、第1次試験が地方上級と同日に行われる6月タイプと、地方初級と同日に行われる9月タイプがあって、それぞれ地方上級、地方初級と一部の問題が同一になっています（これとは別の独自日程のところもあります）。

なお、資格免許職の地方中級試験は、各自治体によって試験科目・方法がかなり違っていますので、注意が必要です。

地方初級試験は、第1次試験が例年9月下旬の同日に一斉に行われていて、ほぼ同じ問題が出題されています（東京都と特別区はここでも別です）。

## 市町村職員

試験日程はいくつかの統一試験日に分かれています。ほかの大卒程度の公務員試験が一段落した**秋に行われることが多い**ので、ほかの試験で最終合格をしていてもなおその市に入りたいという思い入れの強い人や、それまで思うような結果を出せなかった人が殺到しますので、採用予定人数の割には**競争率が高い**試験となっています。

上級（大学卒業程度）・初級（高校卒業程度）と試験区分を分けているところもあれば、一切試験区分を分けていないところもあります。というわけで、区分を分けていないところでは、高校生から大学（卒）生までが横一線に並びますのでシビアな競争になりますが、試験問題自体は高校生でも対応できる国家一般職［高卒］・地方初級程度の内容となっています。また、試験で課されることの多い作文においては、その地域・自治体に密着した話題が出題されることも多いようですので、その地域の話題には日頃から敏感になっていたほうがよいようです。

一般事務が中心ですが、年によっては、技術系の職種や資格免許職の試験を実施しているところもあります。年齢制限もほかの公務員試験に比べ比較的緩くなっています。また、ほかの公務員試験に比較して職歴のある人を受け入れる例が多いようです。

毎年継続して募集しているわけではなく、年によっては募集停止となることもあります。どうしてもこの市町村とねらいを定めて勉強していても期待外《はず》れに終わってしまうということもありますので、**専願にするのは危険**です。その一方、当初は募集していなくても、秋～冬、場合によっては年度末に急に試験を実施する自治体もありますので、採用を希望される場合には、いわゆる受験シーズン以外でも常に情報収集をしておきましょう。

### ●市役所試験の日程

○A日程

地方上級試験と同一日（6月中旬）に第1次試験が実施されるタイプで、県庁所在市など比較的大きな市が該当します。

○B日程

7月中旬頃に第1次試験が実施されるタイプです。

○C日程

9月下旬に第1次試験が実施され、全国的に最も多くの市役所がこの日程に属しています。

### ●上級受験者にも適性試験が

適性試験（198ページを参照）というのは、一般職［高卒］・初級職試験に特有なものと思われがちですが、市町村職員の採用試験では、上級職にも適性試験を課すことがあります。

## 警察官

**都道府県ごと**に採用試験を実施しています。**大学卒業程度**と**高校卒業程度**の2区分に分けているところが多く、それぞれ警察官A、警察官Bなどと呼んでいます（短大卒業程度の試験を入れてⅠ類、Ⅱ類、Ⅲ類などとしているところもあります）。また、その職務の性質上、男性と女性を分けて試験を実施しています。年齢要件は都道府県によって異なっていますが、ほかの地方上級・初級の試験などと比べれば、比較的緩《ゆる》くなっています。年に数回試験を実施しているところもあるので、同じ都道府県を何回でも受験できるところがメリットです。また、武道や技術・語学などで特別に試験を実施する場合もあるようです（だから武道やオリンピックの選手に警察官が多いんですね！）。

なお、男性警察官の試験には「**共同試験**」という特殊な制度があります。各道府県警が警視庁など大都市圏の警察と協力して採用試験を実施し、受験者は**志望都道府県をその中から選択して併願できる**制度です。例年、8割程度の道府県で実施されています。

試験種目は都道府県によって若干異なりますが、Aの場合には地方上級、Bの場合には地方初級の試験より少々易《やさ》しめと考えておけばいいでしょう。ただし、警察官としての**適性検査や身体検査、体力検査**があります。**身体要件**もありますが、各都道府県によってまた男女によって若干異なっています。

なお、公務員全体の定員が削減される流れの中で、警察官についてだけは、テロ対策の強化で定員が増えていること、安保闘争・学園紛争などで急激に採用が増えた時代の職員が定年期にさしかかっていることから、ここ数年採用予定数が多くなっています。

### ●警察官の階級

警察官の階級は、トップが警察庁長官、次が警視総監（警視庁の長）、警視監（警察庁次長、警視庁副総監、管区警察局長、道・府・大規模県警察本部長など）、警視長、警視正、警視、警部、警部補、巡査部長、巡査となります。なお、警視庁とは、東京都の警察本部のことです。

警視庁警察官採用試験で採用された職員は、Ⅰ類もⅡ類もⅢ類も巡査からスタートします。Ⅰ・Ⅱ・Ⅲ類の区別は、そこから順々に階級が上がるときに必要とされる年数が違います。

国家一般職［大卒］試験に合格して警察庁に採用された職員は巡査部長から、国家総合職に合格して警察庁に採用された職員は警部補からのスタートです。

採用から警部に昇任するまでの期間を比べてみると、警視庁Ⅰ類採用者で最短6年、一般職［大卒］採用者で4年、総合職で6か月となります。

なお、警視は警察庁の係長、都道府県警本部の課長、各警察署の署長相当の役職です。警視正は警察庁の課長補佐、都道府

## 消防官・消防士

消防の組織は非常に特徴的です。消防業務は、消防組織法により市町村単位で行うことが原則となっていて、消防局や消防本部が設置されています。ただし、いくつかの市町村が一緒になって広域事務組合を作って消防本部を置いている場合もあります。また東京都では、都の単位で東京消防庁が設置されていますが、都内の一部の地域は東京消防庁の管轄には入らずに消防本部を設置しています。ということで、消防の組織は、都道府県や市町村の枠とは必ずしも一致していません。

消防官の試験は、東京都の場合は東京消防庁（一部地域を除く）、政令指定都市では人事委員会、その他の市町村では**消防局、消防本部の単位で実施**されています。警察官などほかの公安系職種と重ならない試験日程の場合もありますので、警察官試験と消防官試験を併願する人、いくつかの消防官試験を併願する人がかなりいるようです。

大学卒業程度、高校卒業程度の試験区分があります（小さな市町村の場合は、試験区分を分けていない場合もあります）が、いずれも警察官試験と同様の勉強をしていれば対応可能です。また、消防官についても、消防官としての適性を見る**適性検査や身体検査、体力検査**があります。**身体要件**もありますが、各自治体によってまた男女によって若干異なっています。

メインの業務は火事の際の消火・救助・指令業務と救急業務ですが、そのほかに火災予防とその指導監督や海外の災害時の緊急支援などの業務も重要な要素です。

なお、特別救助隊（レスキュー隊）、水難救助隊、山岳救助隊など特殊な救助技術を要する部門に配属されるには、採用後に特別の試験や体力検査を受けて選抜されることになります。



県警本部の部長相当の役職です。

警察庁に勤務している人は、全員が国家公務員ですよね。さらに、都道府県警察に勤務する警視正以上の階級の人（警視総監も含みます）も国家公務員で、この場合特に地方警務官と呼びます。なお、都道府県警察に勤務する警視以下の階級の人（つまり、みなさんが一番見慣れている警察官）は地方公務員です。

なお、大臣等の身辺警護をするSP（Security Police）は警視庁警察官の中から、原則として身長173センチメートル以上、柔道もしくは剣道三段以上、けん銃射撃の名手、日常英会話をこなせる者など厳しい条件で選抜されており、平素から厳しい訓練を積み重ねています。

**●消防官の試験の名称**

本文では、「消防官」で統一して書きましたが、試験の名称としては「消防士」「消防吏員」「消防職」「消防A」など、いろいろな呼ばれ方があります。

なお、第1次試験がほかの職種の試験と同一日・同内容で実施されることも多いようです。

## 経験者採用試験

近年、民間での業務歴や資格保有者を対象とした経験者採用が増えています。これは、行政に対するニーズが多方面にわたってきている一方、専門分野については役所の内部では養成しきれなくなってきているため、経験のある即戦力となる人材を確保しようという動きが高まっているからです。また、いわゆる「お役所仕事」に風穴《かざあな》を開け、民間の厳しさを知っている人材を導入して職場に活力を与えたいという理由もあるようです。

ですから、このような試験では、筆記試験優秀者というよりも経験と知識の豊かさを問うことに重点が置かれます。教養試験は通常の試験よりも易しいことが多く、その分、時事問題や担当することとなる職務に関する知識を問う問題に比重が置かれます。また、これまでの職務経歴やなぜ転職したいと思ったのかを問うような作文を書かされることも多く、面接においても同じような質問をされることが多いようです。

面接試験において注意すべきは、**要求されている仕事にいかに自分がマッチしているか**と、**その職務経験で自分が何を勝ち得てきたかをアピール**することです。また、面接官や人事は、前職がイヤで辞めたくなったとか、人間関係が悪くなって辞めたというような人を採用したくはないと思っていますので、退職理由をはっきりさせるとともに協調性があることをアピールすることも大切です。

どこの自治体で、いつ、どのような職種の募集があるかわかりませんので、転職を希望される方は、各自治体の**広報紙・ウェブサイトをこまめにチェック**しておきましょう。

なお、在職しながら受験される方は、採用時までに円満退職できるようにしておいてくださいね。

**●民間企業との違い**

たとえば名刺《めいし》。民間企業だと社員の名刺は会社が一括して作ってくれるのが普通ですよね。でも、公務員の場合、名刺は自腹が原則。ですから、個人の好みで形式もバラバラ。節約のためパソコンで自作する人も多いです。環境省ではリサイクル推進のため、ポスターやカレンダーの裏側を使うようにしているようです。地方自治体ではロゴマークや名産品を刷り込んだ名刺を作る場合には補助を出すところも出てきたようです。

また、最近の省エネの徹底で、昼休みは消灯、夕方も6時以降は冷暖房を切ってしまうという官公庁が多くなってきています（自衛策でマイ扇風機とマイ電気ヒーターを持っている職員もかなりいます）。なお夏の夜遅くに訪問すると、全員Tシャツに短パンでビックリということもあります。

## その他の地方公務員試験

そのほかにも、地方自治体が行っている行政の範囲は非常に広いですから、資格免許職や技能・労務職員などの採用試験もあります。ただし、これらの職員の採用は、非常に採用人数が少なかったり、不定期に行われるものが多いので注意が必要です。採用を希望される場合には、これらの情報についても、広報紙・ウェブサイトをこまめにチェックしておきましょう。

### 資格免許職

地方上級のところでも若干お話ししましたが、上級・中級試験の枠内で資格免許職を募集することもありますし、必要となったときに不定期に募集することもあります。このような職種としては、医療（医師・看護師・助産師・臨床検査技師・診療放射線技師・理学療法士・作業療法士・臨床工学技士・薬剤師）、保健（保健師・管理栄養士・栄養士）、衛生（獣医師・衛生監視）、福祉（福祉指導員、介護指導員）、教育・文化（教員、幼稚園教諭、保育士、学芸員、司書）などがあります。いずれも資格をすでに取得か取得見込であることが条件ですので、せっかく最終合格しても資格が取得できなかったときには採用されないので十分注意しておきましょう。

### 技能・労務職

技能系・現業系・労務系の職種としては、**電話交換手、自動車運転手、守衛、校務員、清掃作業員**などがあります。年齢制限がかなり緩いこと、新卒者は極めて少なく、さまざまな職歴のある受験者が多いことが特徴的です。

**バスや地下鉄**を運営している自治体では、毎年運転手等の採用試験を実施しています。また、学校校務員や清掃作業員の試験をほぼ毎年固定的に実施している自治体もあります。

**●幅の広い技能・労務職**

本文にも一部書きましたが、技能・労務職員の仕事にはいろいろなものがあります。

- ●学校の校務員
- ●学校や保育園の給食調理員
- ●学童擁護員（通学路での交通安全の仕事）
- ●警備員、守衛、巡視員
- ●家庭奉仕員（ホームヘルパー）
- ●公営バス・地下鉄・市電・都電などの運転手や公用車の運転手
- ●電話交換手
- ●水道メーターの検針員
- ●水道作業員
- ●大工・土木作業員
- ●ボイラーなどの機器の操作・管理員
- ●清掃作業員
- ●し尿作業員
- ●葬儀場の作業員
- ●動植物園の作業員

などなど書ききれないほどです。

なお、これらの職種は、正規職員ではなく非常勤職員が担当していたり、民間への業務委託が進んできているなど、事情が各官公庁によってかなり違っていますので、ご注意ください。

# これは公務員？の各種採用試験

ここでは、こんなのって公務員？っていうものについて、どんな仕事をしているか、採用はどうなっているかを見ていきましょう。

代表例として、ここでは独立行政法人職員、国立大学法人等職員、国際公務員について触れますが、それ以外にもみなさんが「？」と思うものがいろいろあるんじゃないかと思います。

たとえば、日本郵政株式会社グループ各社、日本電信電話株式会社（ＮＴＴ）グループ各社、日本放送協会（ＮＨＫ）、日本たばこ産業株式会社（ＪＴ）、日本政策投資銀行、日本中央競馬会（ＪＲＡ）、高速道路株式会社各社、ＪＲ各社、東京地下鉄株式会社、成田国際空港株式会社……などの特殊法人や、日本銀行、日本赤十字社などの認可法人です。

こういうところの採用は、昔は公務員試験の合格者からの採用もあったところもあるようですが、現在では、それぞれが独自に採用試験を実施しています。今では、公務員試験というよりも、**普通の民間企業の就職活動となんら変わりない方法**、つまり、説明会に出たりエントリーシートを書いたりして、面接やＳＰＩ試験を受けたりという方法に様変わりしているところが多いようです。

というわけで、こういうところでは就職活動もかなり早め。前年の秋ぐらいから接触を始め、ゴールデンウィーク頃には内定が出ているという感じです。公務員試験の受験者の中には、先にこういうところの就職活動を終え内定を獲得してから試験に臨む猛者《もさ》もいます。

**●特殊法人と認可法人**

特殊法人とは、法律により直接に設立される法人または特別の法律により特別の設立行為をもって設立すべきものとされる法人のことです。

一方、認可法人とは、特別の法律に基づき民間の発意により限定数設立される法人のことです。

んんん？なんだか定義が難しいですね。数の数え方もいろいろですが、独立行政法人、特殊法人、認可法人、特別の法律により設立される民間法人、国立大学法人等を合わせるとおよそ300もこのようないわゆる〝政府系〟の法人があります。

なお、これらと似たようなものとして公益法人（公益社団法人および公益財団法人）があります。公益法人の採用も、普通の民間企業と同じように行っていますが、職員数が非常に限られているので、毎年募集しているようなところは少ないようです。

## 独立行政法人職員

独立行政法人には、事務だけでなく、研究者や技術系職員、資格免許職や技能職員の採用もあるところがあり、さまざまな募集方法で採用が行われていますので、希望の法人があれば個別に当たってみることをお勧めします（https://www.e-gov.go.jp/government-directory）。

独立行政法人は、業務の特性によって3つに分類されます。独立行政法人の大半は**中期目標管理法人**で、国民の需要に応じ良質なサービスの提供を通じて公共の利益を増進させることを目的とし、中期的な目標・計画に基づいて事業を行うものです。国立病院機構、国民生活センター、日本貿易振興機構（ＪＥＴＲＯ）などのように独自採用が多いですが、国家公務員試験からの採用、他の独立行政法人や公益財団法人と合同で採用試験を行っているところもあります。

**行政執行法人**は、国立公文書館、統計センター、造幣局、国立印刷局など、国の行政事務と密接に関連した事務・事業を、国の相当な関与のもとで、単年度ごとの目標・計画に基づき執行するもので、役員・職員には公務員の身分が付与されます。このような事情から主に国家総合職・一般職からの採用ですが、独自採用を行っているところもあります。

**国立研究開発法人**は、情報通信研究機構、理化学研究所、産業技術総合研究所、国立環境研究所など、科学技術に関する試験・研究・開発にかかわる業務を中期的な目標・計画に基づいて行う研究機関です。研究者は、研究業績等を提出して書類選考・面接を受けるという大学教員とほぼ同様な採用方法で、他の職員は、独自採用、他の機関との合同採用、国家一般職の1次合格者に試験の一部を免除するところなど、さまざまな方法がとられています。

**●郵政民営化**

郵政民営化により、日本郵政株式会社、郵便局株式会社、郵便事業株式会社、株式会社ゆうちょ銀行、株式会社かんぽ生命保険という5つの会社ができました。民営化された現在は、職員の採用も、各会社ごとに、通常の一般会社と同じ採用方法で行われています。

**●独立行政法人とは**

独立行政法人とは、独立行政法人通則法（第2条第1項）では、「国民生活及び社会経済の安定等の公共上の見地から確実に実施されることが必要な事務及び事業であって、国が自ら主体となって直接に実施する必要のないもののうち、民間の主体にゆだねた場合には必ずしも実施されないおそれがあるもの又は一の主体に独占して行わせることが必要であるものを効率的かつ効果的に行わせるため、中期目標管理法人、国立研究開発法人又は行政執行法人として、この法律及び個別法の定めるところにより設立される法人」とされています。

# 国立大学法人等職員

国立大学は、平成16年4月から法人化し、文部科学省が設置する国の行政機関から国立大学法人へと変わりました。国立大学法人というのは、国が財政的に責任を持つ独立行政法人の枠組みをもとに、自主・自律という大学の特性を加えた新しい法人制度です。

国立大学法人の職員は、**非公務員型**とされ、国家公務員ではなくなりましたが、健康保険や年金などの点では国家公務員と同様の制度が適用されています。また、給与、服務、退職金といった労働条件については、各国立大学法人が独自に定めていますが、現在の国家公務員の水準を踏まえた制度設計となっています。

職員の採用方法も、従来は人事院が実施する国家Ⅱ種・Ⅲ種試験で採用していましたが、現在は、北海道、東北、関東甲信越、東海・北陸、近畿、中国・四国、九州の7つの地区（ブロック）に分けて実施される「**国立大学法人等職員採用試験**」によって採用されます。なお、「等」の部分は、大学共同利用機関、国立高等専門学校などの職員採用もこの採用試験から行われていることをさしています。第1次試験は各ブロック単位で行う筆記試験、第2次試験は各大学等により行われる面接試験となります。

この試験で採用された職員は、各法人の人事・会計・施設管理などの総務系の仕事のほか、教務、司書、実験指導・補助などといった学校特有の仕事をすることになります。採用された大学等の中のみの異動だけではなく、ブロック内のほかの大学等との人事交流もあります。

なお、大学の先生（教授・准教授・講師・助教・助手など）になりたい場合には、別途各大学等が独自に募集しています。論文審査、口頭《こうとう》試問《しもん》を経て、教授会で了承されれば採用になります。

**●公務員型と非公務員型の違い**

政治的な理由や制度の詳しい部分はこの際置いておいて、われわれ職員の側から見た違いを簡単にお話ししておきましょう。非公務員型の独立行政法人の場合、

- ●法律ではなくそれぞれの法人が定める就業規則で労働関係や勤務条件が定められている
- ●給与額や定員は法令で定められているわけではなく、それぞれの法人の業務実績によって独自に決定される
- ●労働三法が適用される
- ●公務員ではないけれども「みなし公務員」として刑罰を受けることがある
- ●医療保険・年金保険は公務員時代の共済組合制度を引き継いでいるところが多い
- ●雇用保険法の適用があるので、退職後、失業給付を受けることができる場合がある

**●地方自治体でも増える独立行政法人**

従来は独立行政法人というと国の機関のお話だという感じで

## 国際公務員

国際公務員とは、国連（国際連合）などの国際機関に勤務する職員のことです。それぞれの機関に採用されますので、日本の国家公務員ではありません（ただし、国の各府省の職員が出向でこれらの国際機関に一定期間派遣されることもあります）。

職種としては、各機関の事務職、開発途上国に技術指導を行う技術協力専門家、運転手などがあります。

事務職や技術協力専門家になるためには、①**英語もしくはフランス語**で職務が遂行できる能力があること（英語の場合は国連英検Ａ級、ＴＯＥＦＬ２４０点またはＴＯＥＩＣ８６０点程度とかなりハイレベル）、②**修士号以上の学位**があること（国際機関の多くは経済分野に関する業務を行っていることから、経済学、経営学などが念頭に置かれていて、文学、語学、芸術、体育等の学位・修士号ではダメ）、③学位取得分野での**勤務経験**があることの３点が求められています。

これらの国際公務員の募集については、その選考方法が複数あり、なおかつ複雑であること、また不定期の募集であることから、外務省の国際機関人事センターに問い合わせるか、同センターのウェブサイトを随時参照されるのがよいと思います（https://www.mofa-irc.go.jp）。

なお、国際公務員というと、ほとんどの方がニューヨークにある国連本部での勤務を思い描いているようですが、実際の勤務地は世界各地に分散しています。特に、現在国際機関が力を入れているのは、開発途上国の支援・援助ですから、必然的に勤務地もそのような地域が多くなっています。

したが、最近では、地方自治体でも独立行政法人を作るところが多くなってきています。

このような地方独立行政法人でも、本文と同じような採用となっていますので、公務員型の場合には各自治体で、非公務員型の場合はそれぞれの法人が独自に採用を行っています。

**●その他の国際機関の採用情報**

総務省のウェブサイトには国際機関である国際電気通信連合（ＩＴＵ）の採用情報が載っていますし、ほかの府省のウェブサイトでも関連する国際機関の採用情報が掲載されることがあります。

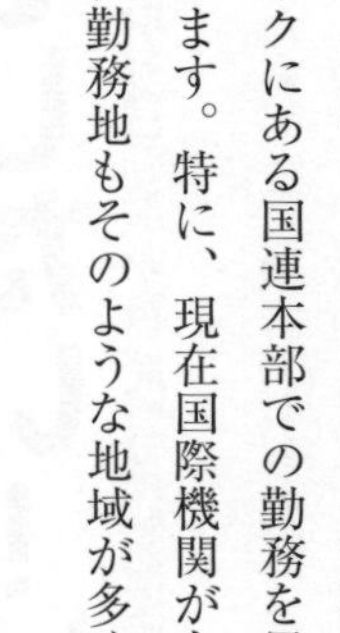

# 「こんな仕事をしたい！」Q&A

ここではこれまでで書ききれなかった「こんな仕事をしたい！」に触れておきましょう！

**Q　語学力を生かした仕事がしたい！**

**A**　特に語学を必要とするといえば、なんといっても外務省です。いわゆる外交官のタマゴは、国家総合職の事務系区分から採用されます。まれに理工区分から採用されることもありますが、これは情報通信（暗号など）の専門家になるためのものです。語学専門職である外務省専門職員採用試験がありますので、国家一般職［大卒］からの採用はありません。なお、国家一般職［高卒］から採用された職員が、外国にある大使館・領事館で勤務することもあります。

また、防衛省専門職員、航空管制官や税関、入管職員（入国審査官、入国警備官）も仕事柄日常的に外国語を使います。国立国会図書館に英語試験があるのは、外国文献の調査研究という業務があるからです。地方自治体としては、広島市のように「国際」という試験区分を設けて採用試験を行ったところもあります。各都道府県の警察では、犯罪の国際化に対応するため、語学専門の警察官の採用も実施しています。

**Q　警察で科学捜査をしたい！**

**A**　警察庁では、国家総合職・一般職［大卒］の技術系の職種からの採用があります。また、各都道府県警においても技術系の職員を採用しています。

**Q　税関の職員になってみたい！**

**A**　税関は、財務省関税局の下部組織です。国家総合職では、財務本省とは別に税関のみの採用

**●外務省の組織は独特**

在外公館というのは、外国に置かれた日本国の施設で、大使館と領事館・総領事館などがあります。領事館・総領事館では、自国民の保護、査証《さしょう》（ビザ）の発行、証明書の発行、他国の情報収集、友好親善、国際会議・交渉の準備などが行われています。大使館は相手国の首都に置かれ、外交活動の拠点となるほか、領事館と同様の領事事務等を行います。

外交官の種類には国際慣習法上一定の原則があるので、日本もこれにのっとって外交官の名称を定めています。大使、公使というのは、主として外国政府と交渉し、または国際機関に参加する職員もしくは国際会議に参加する職員のことで、各府省の局長級以上の役職です。参事官、書記官（一等～三等書記官・外交官補）とは、主として外交事務に従事する職員で、大使館に勤務しています。必ずしも一致しません

を行っています。国家一般職［大卒・高卒］からの採用もあります。

**Q　検疫《けんえき》・防疫《ぼうえき》の仕事をしてみたい！**

**A**　伝染病などの予防のため人・貨物・家畜などの検査を行う検疫・防疫は、厚生労働省と農林水産省の管轄です。人と食品の検疫は厚生労働省の地方支分部局の検疫所が、植物防疫と動物検疫は農林水産省の地方支分部局の植物防疫所と動物検疫所が行っており、全国各地の港・空港に事務所が設置されています。国家一般職［大卒］、食品衛生監視員試験から採用されます。

**Q　麻薬取締官になってみたい！**

**A**　麻薬の取締りは、厚生労働省の管轄です。厚生労働省の地方支分部局である地方厚生局に勤務することになります。麻薬取締官は、国家一般職［大卒］から採用されています。

**Q　ハローワークで働きたい！**

**A**　ハローワーク（公共職業安定所）は、厚生労働省の地方支分部局で都道府県ごとに設置されている労働局の下部組織です。国家一般職［大卒・高卒］から採用されています。

**Q　特許を扱う事務をしてみたい！**

**A**　経済産業省の外局である特許庁が、特許・実用新案・意匠《いしょう》・商標《しょうひょう》などの産業財産権を所掌《しょしょう》しています。これらの審査を行う職員は、国家総合職の技術系から採用されています。

**Q　国土地理院で地図を作りたい！**

**A**　国家総合職・一般職［大卒］の技術系の職種からの採用があります。なお、国土地理院は、国土交通省に属する組織です。

**Q　気象庁で気象予報をしたい！**

**A**　国家総合職・一般職［大卒］の技術系の職種からの採用があります。また、気象大学校に入

---

が、本省係長で二等書記官、本省課長補佐で一等書記官ぐらいです。

主として領事事務に従事する職員は総領事・領事・副領事・領事官補に分かれ、大使館・領事館に勤務しています。なお、大使館・領事館の一般事務を行う理事官（一等～三等理事官・副理事官）もいます。

なお、大使っていうと1国に1人だと思いますよね。でも、たとえばフランスのパリには駐仏大使、OECD大使、ユネスコ大使の3人の大使がいます。

**●弁理士**

特許庁の職員（審判官・審査官）として7年以上職務に従事すれば取得できます（弁理士法第7条参照）。

**●気象予報士**

テレビ各局で天気予報をしている気になるお姉さんたちが持っている気象予報士の資格を得るためには国家試験を受けなければなりませんが、気象庁または自衛隊で予報・観測業務に7年以上（条件によっては3年

校して、卒業後、気象庁に入るという方法もあります（102ページを参照）。

## Q　国立公園のレンジャーになりたい！

**A**　環境省の出先機関である地方環境事務所の管轄下で国立公園等の現場管理を担当するのがレンジャーと呼ばれる自然保護官です。国家総合職［院卒・大卒］森林・自然環境区分、国家一般職［大卒］林学・農学・土木区分からの採用になります。

## Q　宮内庁の職員になりたい！

**A**　国家総合職・一般職から採用されますが、採用予定数が非常に少なかったり、採用予定がない年もあります。試験で採用される職員は、一般的な事務を行います。皇室関係の伝統的な行事をつかさどる職員（たとえば、雅楽の演奏者〔楽師〕や長良川の鵜飼い漁師〔鵜匠〕などもこれに入ります！なお、鷹狩りをする鷹匠はまれに採用があるようです）は、別途、選考で採用されることになっています。

## Q　内閣官房・内閣法制局で働きたい！

**A**　内閣府と内閣官房・内閣法制局は別の組織です。内閣官房は内閣の庶務、内閣の重要政策の企画立案・総合調整、情報の収集調査などを行う機関で、内閣法制局は各府省の作成した法律案を審査する機関ですが、いずれも非常に少人数の組織です。内閣官房、内閣法制局では、独自に総合職職員（キャリア）を採用することはなく、各府省で採用され、各原課で実務を経験された人が出向することになっています。ただし、どちらの組織も総務的な事務を行う職員は、国家一般職［大卒・高卒］から独自に採用される人もいます。

## Q　裁判所で働きたい！

**A**　96ページの裁判所職員の項をご参照ください。なお、裁判官になって働きたいときには、司

---

以上）従事した者は試験の一部または全部が免除になります（気象業務法第24条の3）。

**●司法書士**
裁判所事務官、裁判所書記官、法務事務官、検察事務官として10年以上職務に従事し、特別試験に合格すれば取得できます（司法書士法第4条参照）。

**●特任検事**
検察事務官のうち成績が優秀な者は副検事に任命されることもあり、さらに副検事として3年以上勤務し検察官特別考試に合格した者は検事になることができます（これを特任検事といいます）。ただし、特任検事になれるのは非常にまれで、かつ、ある程度の年齢になってからというのが現状のようです。

法試験に合格しなければなりません。司法修習後、希望者のうちから裁判所が採用します。ただ、裁判所の職員は、定年退職後に簡易裁判所の判事になれる可能性があります。

## Q 検察庁に勤めたい！

**A** 検事（検察官）は、司法試験合格者から採用されます。一方、検察庁で勤務し、検察官を補助し捜査の円滑な進行を補佐したり検察行政全般を行う検察事務官は、国家一般職［大卒・高卒］から採用されます。

## Q 国会で勤務してみたい！

**A** 98ページの国会職員の項をご参照ください。なお、国会議員になりたい場合は、ご承知のように衆議院議員選挙か参議院議員選挙に立候補して当選しなければなりません。国会議員の秘書のうち、国から給料が支給される公設秘書は3名で、うち1名は政策担当秘書です。第1・第2秘書となるには特に資格はありません。政策担当秘書となるには、資格試験である国会議員政策担当秘書試験を受ける方法と、審査認定による場合があり、審査認定とは、国家総合職試験、司法試験、公認会計士試験等に合格しているとか博士号を取得している人などが認定を受ける方法です。ということで、この資格試験も国家総合職程度の能力が要求されています。試験合格日に65歳未満の者であれば受験できるという非常にユニークな試験です。ただし、注意しなければならないのは、この試験はあくまでも資格試験なので、合格イコール即採用ではなく、採用・解職については各国会議員（ボス）が決定することになることです。公設秘書は、国家公務員となりますが、定年はありませんし、秘書を採用した国会議員が（退任したとか落選したとかで）その身分を失うと、秘書の方も自動的にその身分がなくなってしまうという非常に独特なものです。

---

**●私設秘書**

3名の公設秘書以外にも秘書を雇用している国会議員はたくさんいますが、このような秘書は私設秘書といって、国会議員個人に採用されたもので給料も議員が支払います。

**●秘書はつらいよ！**

政策担当秘書制度発足当初の十数年前は実採用者も多かったのですが、現在は資格保有者が飽和状態となっています。ただし、選挙によって議員が入れ替わる際には、若干新規採用もあるようです。

自分の雇用主である議員（ボス）が不幸にも落選してしまった場合には、その時点で、政策担当秘書の身分もなくなってしまいます。ただし、あくまでも資格はそのまま生き続けますので、その後また別の議員に採用してもらうことは可能です。

また、いったん自民党の議員の秘書になったらずっと自民党議員の秘書とならなければならないというものではなく、なかにはいろいろな政党の議員の秘書を渡り歩く人もいるようです。

Q コインやお札や切手を作りたい！

A 硬貨は造幣局《ぞうへい》で、紙幣や切手は国立印刷局で製造しています。いずれももとは財務省の局でしたが、現在は公務員型の独立行政法人（行政執行法人）になっています。独自試験のほか国家総合職・一般職［大卒］から採用されていますが、年によって採用予定数がない年もあります。一般職［大卒］の場合、国立印刷局は関東甲信越、造幣局は近畿からの採用になります。

Q 国公立の病院で事務をしてみたい！

A 国立病院は、従来は厚生労働省直轄でしたが、現在は非公務員型の独立行政法人である国立病院機構になりました。事務職員の採用は独自に行っています（https://nho.hosp.go.jp）。その他の公立病院でも事務職員の募集を行っていることがあります。

Q 医師・薬剤師・看護師・技師として公務員になりたい！

A 医療関係のこのような専門職種については、地方自治体の場合は、定期的に採用試験を実施している場合が多いようですが、国立病院の場合は、各病院で欠員が生じた際に個別に採用を行っています（https://nho.hosp.go.jp）。防衛医科大学校、自衛隊看護学校の学生となって、自衛隊で勤務するという方法もあります。なお、厚生労働省が医師・薬剤師等の国家資格を有する者を国家総合職から採用することがありますが、これは直接医療に従事する職員として採用するのではなく、医療行政の企画立案をする職員を採用するためのものです。

Q 大学、研究所、博物館などの研究者になりたい！

A それぞれの機関で個別に募集を行っていますが、これをいちいち見るのは大変です。国立研究開発法人科学技術振興機構のキャリア支援ポータルサイト（https://jrecin.jst.go.jp/seek/SeekTop）をご覧になるのが有効でしょう。文科系の求人も理科系の求人も掲載されています。

●在日米軍基地・施設職員

在日米軍の基地・施設に勤務する日本人従業員は、雇用主は日本国だけれども国家公務員ではないという非常に難しい立場です（さらに使用者は在日米軍なわけで、使用者と雇用主が別なので余計ヤヤコシイ）。

事務職だけでなく、技術職、技能職、警備・消防、その他ゴルフ場・クラブなどの施設の従業員など、仕事もさまざまです。

具体的な募集は不定期ですので、在日米陸軍のウェブサイト（https://www.usfj.mil）や独立行政法人駐留軍等労働者労務管理機構の求人情報（https://www.lmo.go.jp/recruitment/）をご参照ください。

なお、必要とされる英語力に関しては、各基地、応募される職種によっても違いますが、座間基地の場合は事務職であればTOEIC730点以上もしくは同程度の英語力と明記されています。やはり英語を話して仕事ができるレベル、英語で普通に会話をして困らないレベル以上があるとよいと思います。

また、公立学校や私立学校などの求人まで網羅《もうら》されていて便利です。

## Q 博物館・美術館に勤めたい！

**A** 国立の博物館等は文部科学省に属していましたが、今はそれぞれ独立して非公務員型の独立行政法人になっています。国立歴史民俗博物館や国立天文台などのように大学共同利用機関法人に属している機関と併せて、地域ごとに実施されている国立大学法人等職員採用試験（https://www.janu.jp/univ/employment/）から採用されます。また、国立劇場（独立行政法人日本芸術文化振興会）などは、文部科学省文教団体職員採用試験から採用されます。公立の博物館・美術館の場合は、定期的な採用はほとんどありませんので、地方自治体の広報紙やウェブサイトを丹念に見るしか方法はありません。博物館・美術館の学芸員は、そもそも全体の人数が少ないうえに、一度学芸員として採用されると定年までほとんど辞めませんので、新規採用が非常に少ない職種となっています。

## Q 図書館の職員になりたい！

**A** 国の唯一の図書館は国立国会図書館です。各府省にある図書館も国立国会図書館の分館になっています。採用に関しては、98ページの国会職員の項のうちの国立国会図書館の部分をご参照ください。国立大学の図書館の職員になるためには、国立大学法人等職員採用試験の図書の試験を受けることになります。ここでも司書の資格は必要ありませんが、第2次試験で図書館学概《がい》論《ろん》、図書館資料論、資料組織論、資料利用論、図書館管理論および情報管理理論に関する専門的知識についての筆記試験を受験しなければなりません。その他の公立の図書館、公私立の学校の図書館でも職員を募集していますが、司書の資格を持っていることが条件になっている場合が多いので、注意しましょう。なお、行政事務で採用された人が、通常の異動の一環として図書館に配

---

**●司書資格が必要のない国立国会図書館！**

国立国会図書館の職員採用試験では、司書の資格を持っているか否かは問われていませんし、必ずしも図書館学の専門知識がなくても受験できる点が特徴です。これは、図書館業務だけではなく、国会の立法機能全般の補佐を行わなければならないという国立国会図書館職員特有の性格からくるものでしょう。

**●教員採用試験**

公立の小中高校の教員も公務員ですが、教員採用試験は非常に特殊な独自のワールドですので、詳しい説明は別の機会に譲ることにします。

**●非常勤職員・アルバイトで働いてみたい！**

非常勤職員・アルバイトの募集は不定期ですので、ウェブサイトの職員募集のページ、広報紙、ハローワークなどを丹念に見ていれば募集が掲載されていることがあります。募集職種も、一般事務的なものから専門職的なもの、夜勤のある業務ま

属され、司書と同じような業務に従事することもあります。

## Q　学校の事務員になりたい！

A　市町村立小中学校の事務職員になるためには、都道府県単位で実施される「市町村立小中学校事務職員」「教育事務」「学校事務」の区分採用枠での試験を受験することになります。このような区分がない自治体においては、行政事務の区分で採用された職員が、異動の一環として学校事務に配属になるシステムです。採用試験は各都道府県が実施しますが、採用されると市町村の小中学校・養護学校に配属され、身分は各市町村に属することになります。このような職員を県費負担職員といっていますが、県の職員ではありません。ただし、待遇は県の行政職に準じています。学校事務の試験区分で採用された場合は、小中学校間を異動することになりますが、場合によっては教育委員会や高校へ異動することもあります。なお、都道府県立高校の場合は、都道府県の採用試験の「行政事務」「教育事務」「学校事務」の区分を受験することになります。県のほかの部署や施設、県立大学などに異動になる場合もあります。

## Q　船や飛行機・ヘリコプターの操縦や整備がしたい！

A　自衛官になる方法（105ページを参照）や海上保安大学校、海上保安学校に入校し海上保安官になる方法（102~103ページを参照）が一般的です。海上保安学校には航空課程もあります。航空自衛隊だけではなく、陸上・海上自衛隊も航空部隊を持っています。その他の省庁や地方自治体、消防、都道府県警などでも船舶や飛行機・ヘリコプターを所有している場合もありますが、非常に数が少ないので、常時職員を採用するようなことはありません。

## Q　技能・労務職員（電話交換手、自動車運転手、守衛、学校の校務員など）になってみたい！

でいろいろありますし、募集人数・勤務条件（勤務時間・給料・勤務期間など）もそれぞれの仕事に応じてまちまちです。

採用選考は、書類選考（市販の履歴書に職務経歴書を添付した程度）と面接（個人面談）というのが一般的です。

非常勤職員・アルバイトでも、正規職員と肩を並べてほぼ同様の業務を行うこととなりますので、勤務期間中の職務については、法律・条例上の守秘義務が課せられます。その一方で、正規職員とは違うので、以下の点には注意しなければなりません。

まず、給料は日給制が原則です（比較的長期の勤務では月給制のこともあります）。長期勤務を前提としていないので昇給することはありません。諸手当という概念も原則としてないのでボーナス（期末・勤勉手当）や交通費（通勤手当）は特に明示されていない限り支給されません。また、残業をしなくていい代わりに残業手当もありません。退職しても退職金は出ませんが、雇用保険に加入していれば失業給付が受けられます。な

**A**　これら技能系・現業系・労務系の職員も公務員です。ただし、一般の事務職員とは違った給与体系になります（国家公務員の場合、行政職俸給表㈡が適用されます）。なお、職種によっては、定年がちがうこともあります。統一した採用試験というものはありません。官公庁・機関ごとに、欠員があり次第、逐次《ちくじ》、選考採用試験が行われています。選考採用というのは、通常の採用試験のように筆記試験などは課さず、履歴書などの書類審査、作文、面接、技能試験などにより選考するものです。いつ募集があるのか、募集人員は何人ぐらいか、どのような試験内容なのかは、そのたびに確認しなければなりません。官公庁・機関のウェブサイトの採用案内のページや各ハローワークや自治体の広報紙などに募集が出ますので、希望される方はたびたび確認しておかれるとよいと思います。

## Q　公民館の職員になりたい！

**A**　各市町村立の公民館で働いている職員の大半は、市町村の正規職員ではなく、嘱託《しょくたく》職員です。嘱託職員というのは非常勤職員のことで、あらかじめ任期が定められています（場合によっては更新されることもあります）。また共済組合に加入することはなく、民間に雇用された場合と同様、健康保険・厚生年金保険に加入することになります。市町村民であることとか、当該公民館のある地区の住民であることといった採用条件が付くこともあります。

## Q　超超マイナー採用の情報はどうやって仕入れるの？

**A**　それぞれの官公庁・機関が独自に研究職や資格免許職、専門職的な職員の募集をかける場合があります。このような情報は、それぞれの官公庁・機関独自に公示するので、最も簡単に情報を入手できる方法としては、官公庁・機関のウェブサイトの採用案内のページや広報紙などを見ることです。1年中いつ募集が出るかわかりませんので、丹念に探すしか方法はありません。

---

お、公務員の共済組合ではなく健康保険・厚生年金保険に加入することになります。つまり、一般の民間の会社・事業所に就職した場合と同じ扱いになるのです。

期間業務職員として比較的長期間、正規職員と同じような勤務条件で働く非常勤職員も認められていますが、3年を超えて継続勤務することはできません。

なお、非常勤職員・アルバイトをしていたからといって採用試験を受けずに正規職員にはなれません。採用試験に合格して正規に採用された場合でも、その非常勤職員・アルバイトの期間の業績などを正規職員としての経歴に繰り入れて特別に扱うようなこともありません。

最近では非常勤職員・アルバイトとは異なり、一定の期間だけ（身分も給与体系も）正規職員として採用するという「任期付職員」の採用も増えています。これは弁護士、SEなどの専門職を必要な業務に必要な期間だけ採用したり、あるいは育児休業を取得した職員の代替としてその間のみ採用するといった場合に用いられるものです。

# 受験資格について

## 基本的に年齢以外の条件はない

公務員試験の受験資格は、年齢制限はありますが、一部の試験を除いてそれ以外の**学歴、前職の有無、性別、障害の有無などによる制限はありません**。これがなんといっても公務員試験が支持されているところでしょうね。ただし、国家公務員法第38条に欠格条項が定められていますので、これに該当する方は受験できません（同条には日本国籍の有無は書かれていませんが、それは日本国籍を有することを前提としているからです）。

「総合職や一般職の試験には、『大卒程度』って書いてあるから、大学を卒業していないと受験できないのかなぁ？」

「高校、中退しちゃったけど、みんなと一緒に一般職［高卒］の試験を受けられるんですか？」

という不安の声が寄せられますが、心配はご無用！　総合職や一般職の大卒試験の受験者には大学院卒の人もいれば、高卒、専門学校卒の人もいます。職歴があってもかまいません。

実際のところ採用についてはどうなのか、というところが心配でしょうが、私の知りうる限り、**大学中退で総合職に採用された方、専門学校卒で一般職［大卒］に採用された方は結構いる**ようです。また、「高校卒業程度」の一般職［高卒］試験だって、短大や専門学校卒業の人もいれば、高校中退の人だって立派に働いています。

というわけで、あまり学歴を気にする必要はありません。もちろん、職歴のある人もたくさん

**●欠格条項**

①禁錮以上の刑に処せられ、その執行を終わるまで又はその執行を受けることがなくなるまでの者

②懲戒免職の処分を受け、当該処分の日から二年を経過しない者

③人事院の人事官又は事務総長の職にあつて、第百九条から第百十二条までに規定する罪を犯し、刑に処せられた者

④日本国憲法施行の日以後において、日本国憲法又はその下に成立した政府を暴力で破壊することを主張する政党その他の団体を結成し、又はこれに加入した者

**●国籍条項**

公務員の国籍条項については、裁判にもなったりして、マスコミ等をにぎわせていますので、ご存じの方も多いと思います。一部の自治体の試験では、

います。同じ職種で採用されれば、卒業した学校のランクだとか偏差値などといったもので差別されることもありません。「あんな低偏差値学校のヤツと一緒に働くなんて耐えられん！」などという鼻持ちならない考えの人には、はっきりいって公務員は不向きだと思います。逆に、同じ大学・学部の同級生でも、試験の結果と巡り合わせによっては、総合職で採用される人と一般職で採用される人に分かれることだってあるのです。

女性の方にとっても、採用差別がない、育児休業制度などが整っているという点で公務員は魅力的でしょう。最近は女性の受験者数も多くなっており、それに比して採用者数も増えてきています。官公庁によっては、女性職員の比率が５割を超えたところもあるようです。なお、公安系の職種の場合には、その職務の性質上、男女別枠の採用になっています。

仕事上は一切そんなことは関係なく、要は、その人の人柄《ひとがら》、能力の問題です。なお、大学院修了の方、職歴のある方については、その分初任給も調整されます。

**身体に障害がある方の場合**には、時間延長、拡大文字、ワープロ受験などの**特別な措置**を講じてくれますので、事前に申告しておくとよいでしょう。また、地方自治体の場合は、障害者特別枠ですとか、障害者特別試験という形で別途試験を実施していることもありますので、事前によく調べておかれることをお勧めします。

一切の条件なしとはいっても、たとえば医師や看護師のような資格免許職の場合には資格・免許を所持していることが前提条件ですし、また、公安系の職種の場合には、その職務の性質上、一定の身体要件（身体基準）が課せられていることはやむをえないことでしょう。特に公安職の身体要件については、受験者のほうでこれくらいなんとかなると思っても、基準に満たない場合は厳格にはねられてしまいますので、注意が肝心です。

この制限を撤廃しているところもありますが、大部分の試験では日本国籍を有することを前提としています。受験申込みのときまでに帰化してすでに日本国籍を有していれば、以前にほかの国の国籍を有していたことはなんら支障がありません。

**●ポストローねらい**

今まで公務員試験を受験していた学生層から法科大学院などへ進学する者が増えているため、国・自治体とも大学院修了者を採用するべく、試験制度を変更させる動きが強まっています。

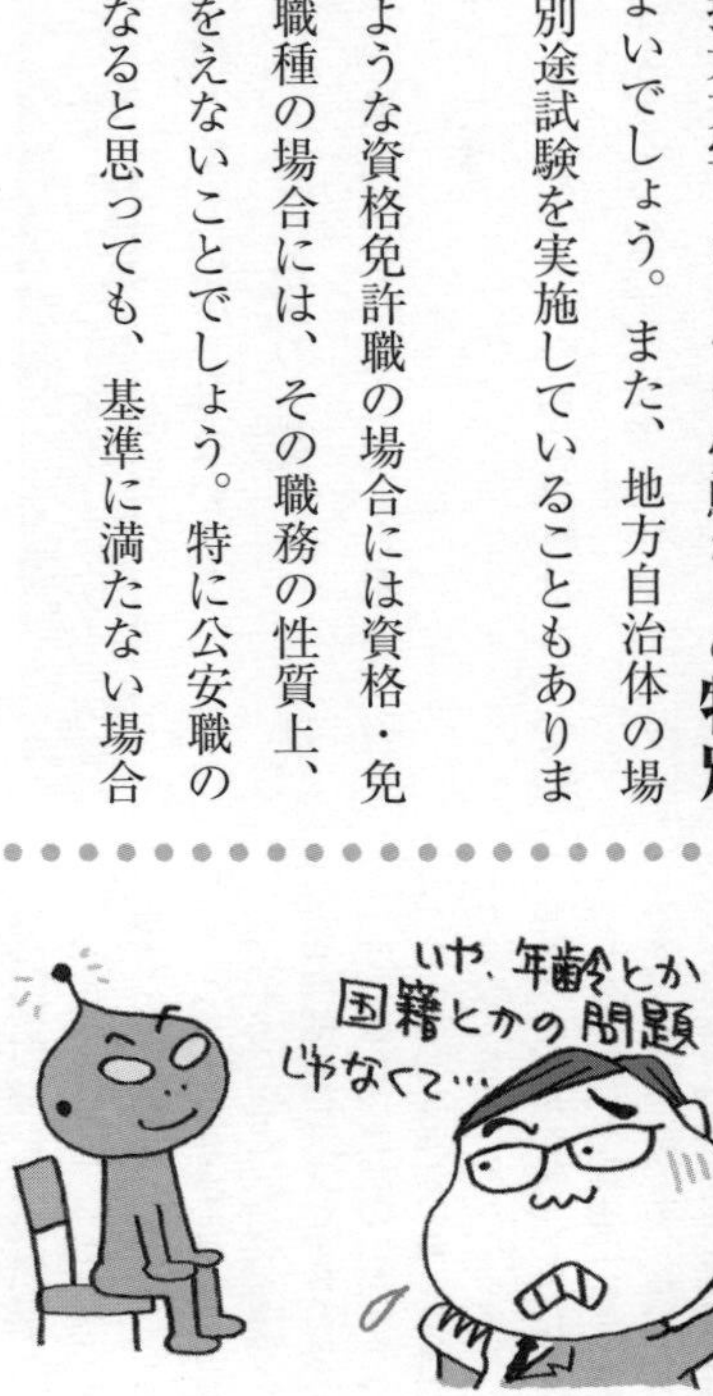

## 高齢受験者は採用されない…というのはウソ！

受験者の間では「25歳は高齢者」「年齢の高い人は最終合格しても採用されない」というウワサが流れています。こんなデマに惑《まど》わされてはいけません！　公務員試験の一番のメリットは、受験資格の年齢の範囲内であれば差別がないということです。筆記試験の成績がよく面接試験でのアピールが成功すれば「高齢受験」の壁は乗り越えられるのです。

ただし、面接試験の際、必ず「学校卒業後、何をされていましたか？」「司法試験はもう受験されないのですか？」「どうして転職しようと思ったのですか？」「大学院まで進学されたのなら、どうしてさらに研究者の道を歩もうと考えなかったのですか？」という質問が飛んでくることは覚悟しておいてください。面接官は、単にプータローやニートだったりして怠《なま》け癖《ぐせ》が付いているのではないか？問題があって前職を辞めさせられたのではないか？ということを特に気にします。そういう「問題児だったので売れ残ってしまった」のではないということを面接官に納得させるだけの理由は十分に考えておく必要があります。

今後の方向性としては、年齢制限が平等原則に反するとの一部の主張や、法科大学院・公共政策大学院などの修了者の増加といった情勢を踏まえ、年齢制限が緩和もしくは撤廃される試験も出てくると思われます。その一方で、地方自治体でも成果があったことから、今後は国家公務員でも経験者採用試験（中途採用試験）がだんだん増えていくことでしょう。というわけで、今まで「高齢者」といわれて肩身《かたみ》の狭《せま》かった世代も堂々と試験を受験できるようになりました。とはいえ、**公務員受験浪人を繰り返していたり、単にフリーターをしていたというだけでは「経験者」とはみなされません**ので、要注意です。

### ●院卒試験と大卒試験

国家総合職は院卒と大卒で試験が分けられましたが、これは、文系・理系とも院卒者が増えていることと、院に進学すると専門的な研究をしなければならず、公務員試験のいわゆるテクニック的な勉強に割ける時間が少なくなることから、それに見合った試験を実施しなければならないという理由によるものです。試験は別でも、採用されてからは、（初任給の差はありますが）院卒も大卒も同じ総合職の同期として扱われます。

### ●年齢制限緩和の動き

千葉県市川市が事実上年齢制限を撤廃したのは大きくマスコミでも取り上げられましたが、その後も各自治体で年齢制限緩和の動きが広がってきています。この動きは国家公務員の試験にも波及してきており、政府の規制改革会議も公務員採用試験の年齢制限の引き上げを提言しました。

各採用試験で今後も緩和の動きが続くでしょうから、どの試験も毎年目が離せませんね！

## 受験の年齢制限

※年齢は、受験する年の4月1日現在のもの
※年齢の上限は「未満」、下限は「以上」を表す
※18歳で高校を卒業したものとして計算している
※公務員試験の年齢制限をわかりやすく図式化したものなので、受験資格は受験案内等で確認すること

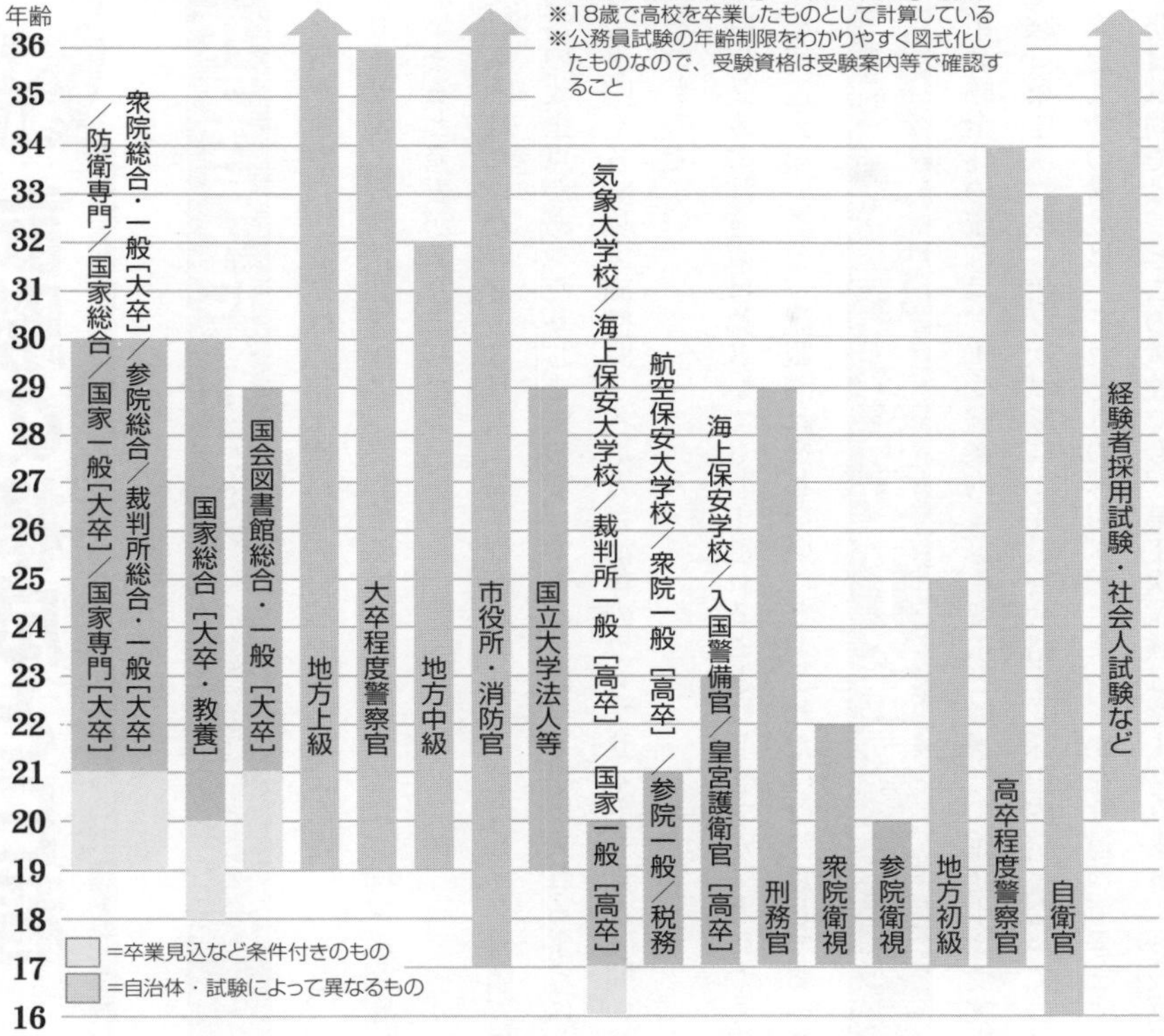


## 公安系職種の身体基準の例

| | 身長 | 体重 | 視力 | 色覚・五指腕関節・その他 |
|---|---|---|---|---|
| 男性 | おおむね160cm以上 | おおむね47kg以上 | 両眼とも裸眼視力が0.6以上または矯正視力が1.0以上 | 身体その他が職務遂行に支障のない状態であること |
| 女性 | おおむね155cm以上 | おおむね45kg以上 | | |

※多くの自治体・試験に当てはまる一般的なものであり、これ以外の基準を設けている場合もある

### ●気になる合格後

年上の人が採用された場合に処遇の面で差が出るのかというところですが、初任給については学歴や経験を加味して換算し、号俸を上積みすることになります。たとえば大学院修士課程修了の場合は、2年間の定期昇給分ということで8号俸高くなります。同様に、社会人経験がある場合もその経験年数を換算して初任給が格付けされます。ただし、同じように現役生より2歳年上だとしても、公務員試験浪人やフリーターを2年間していただけでは上積みはされません。それから、昇任や昇格については、最初は同期同列が原則です。院卒も、学部卒も、浪人経験者も、ある意味みな同じ令和○年組として扱われます。

### ●身体基準に変化？

最近、警察官の採用試験では、受験者減少に加え、ストーカーや性犯罪の被害者支援充実など業務が多様化してきたことから、体格にとらわれず優秀な人材を確保するため、身体基準を撤廃する動きがあります。

# 試験の構成と日程

## バラエティに富む日程

135ページに主な試験の第1次試験の日程を掲載しました。しかし、試験日程が毎年同じとは限りません。最新情報をチェックしてくださいね。すでに、国家総合職は令和6年度の試験日程が早まると発表がありましたよ。

受験案内はだいたい2～3月頃（高卒程度試験など一部は5～7月頃）にできあがります。試験内容の改正点があったりしますので、できるだけ早く手に入れるようにしましょう。年が明けたら人事院や各試験実施機関、各地方自治体のウェブサイトを見たり問い合わせをするなどしておきたいものです。

受験申込みの注意点は第3章でも若干触れることにしますが、とにかく申込み受付期間、出願方法を間違えないこと、記載漏れをしないこと、これだけは注意しておいてください。

## マークシートが中心の第1次試験

採用試験全体の流れは、①受験案内（募集要項と願書《がんしょ》）の確認→②受験申込み（願書提出）→③受験（第1次試験、第2次試験）→④最終合格→⑤採用内定となっていますが、③受験から⑤採用内定までの構成は、それぞれの採用試験によってかなり違ってきます。

公務員試験では、どこの試験でも、第1次試験はマークシート（多肢選択式《たしせんたくしき》・択一式《たくいつしき》）による

●**試験日程の決められ方**

試験日程はどうやって決められるのでしょう？

人事院が実施する試験の場合には人事院が決めていますが、経験者採用試験や専門職試験については採用する府省にも協議のうえ決定されます。

最近は、民間企業との人材の取り合いが熾烈になっているので、だんだん試験日程が早くなる傾向にあります。

それ以外の独自に実施している国家公務員の試験は、試験実施機関ごとに日程を決めています。特に人事院等と協議して調整しているわけではありません。というわけで、毎年秋になるともう次の年の試験日程の確保で各試験実施機関の間で腹の探り合いと試験会場の争奪戦が繰り広げられるのです。

地方自治体の場合は、独自に試験問題を作成している東京都のようなところのほかは、先ほどお話ししたように日本人事試

**教養試験（基礎能力試験）・専門試験**から始まります。国家一般職［大卒］や各地方自治体の上級試験などでは、これに加えて**専門の記述式試験や論文式試験**があります。国家一般職［高卒］や地方の初級試験の場合には教養試験だけで専門試験はなく、その代わりに適性試験と作文が入ります。

教養試験というのは、同じ試験であれば、どの試験区分でもみんな共通の出題になります。ですから、一般知識分野の出題科目は文系・理系から満遍《まんべん》なく、広く浅く出題されます。大学入試のセンター試験を1つの試験にまとめたようなものです。これに、一般知能分野の出題が加わるわけです。これは、知能テストみたいな問題です。一方、専門試験は、出願した試験区分の専門的な知識を問う問題が出題されます。

各試験科目の詳しい説明は第3章でお話しすることにしますが、第1次試験は絞り込みをかけるためのものですから、とにかくここでふるい落とされないように頑張りましょう。

## 採用内定への難関！面接試験

第2次試験は、人物試験、すなわち面接試験です。なお、国家総合職の場合、第1次試験はマークシートだけで、ここで記述式の専門試験・政策論文試験等が入ってくる点が違っています。

面接試験というと、従来は、単に公務への適格性とか、人柄・性向を見るための試験という位置づけでしたが、最近ではだんだん面接重視の傾向が強まってきていて、配点比率も高まっています。それとともに評価項目もよりはっきりしてきて「今後は、**対人的能力、表現力等を検証する試験**という位置付けに転換する方向に向かうことが適当」（「Ⅰ種採用試験に関する研究会報告書」平成16年12月）と人事院の研究会もいっています。

験研究センターの統一試験日に実施しています。

**●あえてのバッティング**

自治体によっては、あえて競争相手となる自治体と試験日程を重ねて、受験者に選択を迫る場合もあります。

面接試験の代表例は個別面接ですが、試験の方法も工夫されてきていて、民間の就職試験と同様に集団面接や集団討論（グループディスカッション）、プレゼンテーションなども導入されるようになってきました。なお、集団討論などを第2次試験として、第3次試験に個別面接を行うというところもあるようです。

**国家総合職・一般職試験の場合**は、第2次試験の人物試験にパスすれば最終合格になるわけですが、実はこれで採用になるわけではありません。単に採用候補者名簿に名前が記載されただけです。総合職の場合は最終合格発表後に、一般職の場合は最終合格発表前に、志望する官庁をいくつも駆け回って採用面接を受けさせてくれる官庁を決めなければなりません（これを**官庁訪問**といっていますが、この訪問の過程からしてすでに面接の一種なのです）。実はココが最も熾烈《しれつ》な競争になります。そして、最終的に志望官庁の採用面接にパスすれば、晴れて採用内定がもらえることになるわけです。

最終合格後については各試験で扱いが異なります。国家総合職・一般職の場合には、前述のとおり最終合格しても官庁訪問や採用面接でアウトになったら採用されずに終わってしまいます。**その他の国の機関の試験の場合**には、最終合格後にさらに採用面接をすることはないですが、採用候補者名簿制をとっているところでは若干の**採用漏《も》れが生じる**場合（最終合格したが内定はもらえないこと）があるようです。**都道府県や政令指定都市の場合**には、試験実施から最終合格を出すまでは人事委員会で、その後の採用面接・採用内定を出すのは知事部局の人事課（職員課）ですが、**採用漏れということはほとんどない**ようです。市町村などはもっと簡単で、最終合格イコール採用内定となっています。

**●怖い！　内定取り消し**

内定が出た後も油断はできません。内定が出たということはもう公務員となったも同然ですので、浮かれて飲酒運転をして捕まってしまうなど法に触れることをしてしまうと、内定はすぐに取り消されてしまいます。

また、これは内定取り消しの例ではないのですが、内定後にネットの掲示板で非公開としている試験の内容を公表したり面接官を誹謗中傷《ひぼうちゅうしょう》するような内容を書き込んだりした受験者がいましたので、本人を呼び出して事実を確認した後、辞退してもらったことがあります。

くれぐれもご注意ください。

## 一般的な公務員試験の試験構成

受験案内配布（公告日）→ 受験申込み（受付期間）→ **第1次試験**（教養試験／専門試験／論文・作文試験／適性試験／など）→ 1次合格発表 → **第2次試験**（面接試験／性格検査／身体測定／記述式試験／など）→ 最終合格発表 → 採用内定

## 主な公務員試験等の第1次試験日（令和6年度）

| | |
|---|---|
| 3月9日 | 参議院事務局総合職 |
| 3月10日 | 衆議院法制局総合職 |
| 3月17日 | **国家総合職** |
| 3月20日 | 参議院法制局総合職 |
| 3月23日 | 衆議院事務局総合職 |
| 3月24日 | 国会図書館総合職／国会図書館一般職[大卒] |
| 4月13日 | 警視庁警察官（第1回）Ⅰ類 |
| 4月21日 | **東京都Ⅰ類B／特別区Ⅰ類**／警視庁警察行政職員Ⅰ類／東京消防庁職員Ⅰ類 |
| 5月11日 | 裁判所総合職／裁判所一般職[大卒] |
| 5月12日 | **警察官（大卒程度５月型）**／警察官（高卒程度５月型）／東京都Ⅰ類A／北海道A区分行政系（第1回）／東京消防庁消防官Ⅰ類（1回目）／海上保安学校（特別） |
| 5月25日 | 衆議院事務局一般職[大卒] |
| 5月26日 | 皇宮護衛官[大卒]／法務省専門職員／財務専門官／国税専門官／食品衛生監視員／労働基準監督官／航空管制官／海上保安官／防衛省専門職員 |
| 6月1・2日 | 外務省専門職員 |
| 6月2日 | **国家一般職[大卒]** |
| 6月16日 | **地方上級**（府県・政令指定都市）／**市役所上級**（A日程） |
| 7月7日 | 国立大学法人等職員 |
| 7月14日 | **市役所上級**（B日程）／**警察官**（大卒程度7月型） |
| 8月17日 | 参議院事務局一般職[高卒]／参議院事務局衛視 |
| 8月24日 | 衆議院事務局一般職[高卒]／衆議院事務局衛視 |
| 9月1日 | **国家一般職[高卒]**／国家一般職[社会人]／税務職員 |
| 9月8日 | 裁判所一般職[高卒]／東京都Ⅲ類／特別区Ⅲ類／警視庁警察行政職員Ⅲ類／東京消防庁職員Ⅲ類 |
| 9月14日 | 警視庁警察官（第2回）Ⅲ類 |
| 9月15日 | 東京消防庁消防官Ⅰ類（第2回）／東京消防庁消防官Ⅲ類／刑務官※ |
| 9月22日 | **市役所上級**（C日程）／**市役所初級**／警察官（大卒程度９月型）／**警察官**（高卒程度９月型）／皇宮護衛官[高卒]／入国警備官※／航空保安大学校／海上保安学校 |
| 9月29日 | 地方中級（９月タイプ）／国家総合職（教養）／**地方初級**（道府県・政令指定都市） |
| 10月20日 | 警察官（高卒程度10月型） |
| 10月26・27日 | 海上保安大学校／気象大学校 |
| 1月12日 | 警視庁警察官（第3回）Ⅰ類／警視庁警察官（第3回）Ⅲ類 |

大卒程度の試験（上級試験）は３月下旬～７月にかけてが第１次試験のピークです。

ここ数年は**就職氷河期世代**を対象とした試験も各所で実施されています。

「**Ⅰ類**」「**上級**」は大卒程度
「**Ⅱ類**」「**中級**」は短大卒程度
「**Ⅲ類**」「**初級**」は高卒程度
の採用区分です。

警察官・消防官などの地方公務員試験では１年に複数回の採用試験を行うところもあります。

国税専門官や財務専門官などの試験区分は総称して「**国家専門職**」と呼ばれます。

都道府県・政令指定都市の大卒程度の採用試験は「**地方上級**」と呼ばれます。

国立大学法人等職員は「公務員」ではないが，公務員に準ずる職種として人気があります。

高卒程度の試験（初級試験）は８～10月にかけてが第１次試験のピークです。

市役所（市町村）の採用試験は主に3パターンの日程がありますが9月のC日程に属する市が最も多いです。

消防官（消防士）の試験は事務系の市役所試験と同じ日程のところも多いです。

**太字**は特に受験者の多い採用試験、**青字**は高校卒業程度の採用試験、※はほかに社会人採用区分がある試験を示しています（地方自治体の早期試験や秋試験、就職氷河期世代試験など募集や日程が毎年変則的な試験、募集が技術系・資格免許職のみの試験は除外しています）。また、都道府県等の名称を掲載したのは独自日程のところのみで、掲載がないところについては基本的に各統一試験日に実施されています。

# 志望先・併願先の決め方

## 早いうちから、どこでどんな仕事をしたいのか具体的に決めよう

とまあ、ここまで、公務員の種類と試験にはいろいろあって、処遇も勤め先によってかなり違うよ、ということを見てきました。この辺の事情を知らないで「就職するなら公務員！まずは試験に受からなくっちゃね！」と勉強だけ始めてしまう人が意外なほど多いようです。そして、第1次試験に無事パスしてから「そもそも、この官庁って、どんな仕事してるんだっけ⁉」「面接でどう志望動機を話せばいいんだろう？」「A省とB県、両方受かっちゃったら、マジ、どっちに行けばいいんだろう？」と悩んでしまうのです。

笑い事じゃないんです！本当なんですよ！　面接をしていると、仕事の内容をまったくわかっていない受験者とか、ほかの官公庁のために準備してきたとしか思えない志望動機を平気でしゃべっている受験者なんかがウジャウジャいるんです。こういう受験者に「そもそもキミはどうしてここで働きたいと思ったの⁉」と聞くと「ウッ！」と詰まってしまいます。

「面接試験・官庁訪問を受けながら就職先を決めていけばいいんだ」という安易《あんい》な考えではダメダメ。「どうしてもここに入ってこの仕事がしたいっ！」という**具体的で強い動機と熱意のある受験者には勝てっこありません**。ですから、なるべく早い時期に、どこで（志望先）、どんな仕事をしたいか（志望動機）決めておくことが大切なのです。

**●試験科目と併願**

現実的な問題としては、受験する試験ごとに科目が違ってしまうのでは身が持ちません。公務員試験は短期決戦ですから、あっちこっちに手を広げてしまうと、空中分解してしまいます。

そこで、受験したい試験をいくつかリストアップした段階で、それぞれの受験案内をよく見て、第一志望の試験となるべく試験科目が重なるところから併願先を選んでいくということも考える必要があると思います。

**●試験日程と併願**

どんなに併願したくても、試験日程が重なってしまっては受験できません。第1次試験の日程にはよく注意しましょう。たとえ1日のズレでも、試験地が遠く離れていたら受験は困難なこともあります。時間的・物理的・体力的に無理のない日程を組むことも肝心です。とにかく

# 仕事選びはキミの人生をどう生きるかの選択でもある！

そう、みなさんが今まで経験してきたアルバイト、これと就職の違いってなんでしょう？　働いてお金をもらえるってところは同じですものね。バイトより給料がいい？　ウン、そうですね。正社員のほうが身分が保障されている？　これもそうでしょう。でもそれだけ⁉

いろんな違いはあるでしょうが、私の実感からお話ししてみますと、こうなります。

バイトは基本的にほかの目的のためにするもの、ですよね。今度友達と旅行に行こうとか、彼女とのデートの軍資金にしようといった目的。どうしても生きて行かなきゃいけない、そんなシビアなものじゃなく、自分のゆとりのために使うものでした（いい時代だったなぁ……）。

でも、就職となると、時間の拘束も格段に長くなり、仕事それ自体が目的、その人の人生になっちゃうんです。だって、1日のうちの大半を仕事場で過ごすことになるんですよ。奥さんや子供と会話している時間や、趣味をやっている時間よりずっとずっと長いんです。まさに人生の切り売り！　働くって生きていくことそのものなんです。

最近は、就職っていっても、2～3年ですぐ辞めてしまう人も増えました。昔のように終身雇用っていう感覚は、受験者のみなさんにはもうないかもしれません。でも、たとえ2～3年でも、みなさんの二度と繰り返せない貴重な人生の一部分をそこの官公庁・会社にささげることになるわけですから、よーく品定めしなけりゃいけないんじゃないかと思います。というわけで、「どこを受験しようか」と悩む前に、まずは「自分はどんな人生を歩みたいか」「どういった仕事に自分の人生をささげたいか」ということをしっかりと考えてみることが必要です。

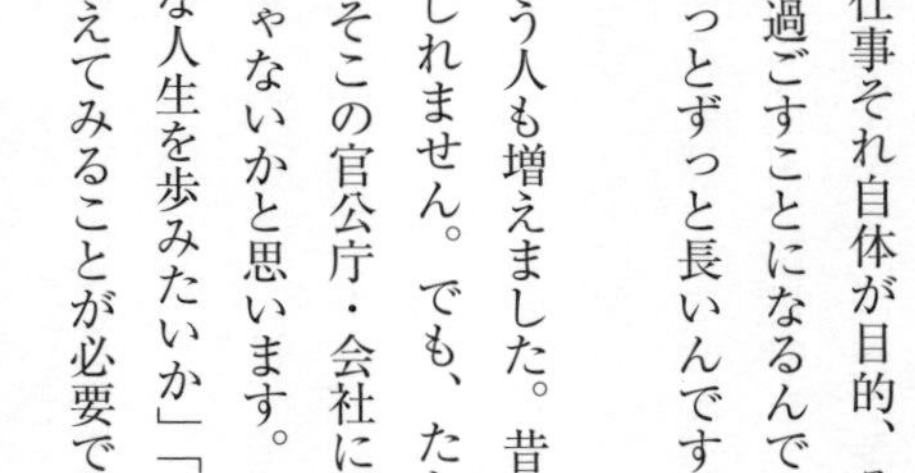


暑い時期ですから、体力的な余裕は十分見ておいたほうがいいと思います。

なお、第2次試験以降の日程が重なるかどうかは、この際無視しましょう。もし両方とも1次合格できて日程がかぶってしまった場合には、事前に決めておいたより優先順位の高いほうの第2次試験を受験すればいいわけですし、事情を説明したら、どちらかの試験が日程をずらしてくれるかもしれませんから。

## 自分の関心を掘り下げ、官公庁の業務と照らし合わせる

さあ、みなさん。やりたいことは見つかりましたか？「人のためになることをしたい」「よりよい国家をつくりたい」「住みよい社会をつくりたい」と思ったみなさんは、公務員向きかもしれません。では、次に、その「やりたいこと」をもっと具体的に掘り下げて、**具体的にどんな職種か？どこの官公庁か？**を考えてみましょう。

たとえば、みなさんの中で希望の多い「環境問題」としてみましょうか。これだけでは漠然としていますよね。個々の環境問題というよりも国家的なプロジェクトに携わりたい、環境政策の立案に携わりたいと思うなら、国家公務員の総合職にならなければなりません。個々の施策の実現に携わりたいとか、レンジャーになりたいというなら、同じ国家公務員でも一般職［大卒］でしょう。また、環境問題といっても、環境省だけでなく、経済産業省、農林水産省、国土交通省をはじめとして、ほとんどの府省に環境問題を扱っている部署があります。そのどこの分野が、ご自身の関心と結びついていますか？　また、現在の施策の問題点とか今後の新たな環境問題の展開に関心があるのであれば、国会（衆議院、参議院）の調査部門がいいかもしれません。地元の環境保全に関心があるならば都道府県庁がいいでしょうし、リサイクルの現状を改善したいとか、○○沼をきれいにしたい、オオタカの生息地を守りたいというのであれば市町村が向いています。

環境問題といっても、ご覧のように幅広いですよね。そのどこの分野の、何を、具体的にどうしたいのか、を突き詰めて考えてみてください。こう考えていろいろ資料を収集していけば、「あっ、こんな官庁でもこんな仕事があったのか！」とか「この仕事をしたいなら、県庁ではなく市役所だな」ということがわかってくるはずです。

**●関心の掘り下げと凝《こ》り固まりは違～う！**

ご自分の考え・思いを突き詰めて「オレは環境省の地球環境局以外考えられない！」というように凝り固まっちゃう受験者がいますが、このような行き過ぎも困りもの。晴れて志望する官公庁に採用されたとしても、第1章で説明したようにコロコロ異動があります。現実問題として、自分の希望にピッタリの部署で働ける確率なんて非常に

## 厳しく自分自身を見つめる

注意しなければならないのは、すべてにおいて**「自分は」何をしたいのか**、「自分は」どう思っているのかを基準にすべきということです。決して「利己的になれ」といっているのではありません。「人気官庁っていったら○○省でしょ！」「やっぱ、県庁に勤めているって言ったら格好イイよね」というふうに世間体や流行に流されてはいけないということをいいたいのです。こういう軽い気持ちで選ぶと、きっと後悔しますよ！

それからもう一つ。**「自分のやりたいこと」と「向き不向き」は違う**ということも十分考えてみてください。たとえば、総合職や上級の職員は組織の幹部になります。ですから、リーダーシップがあって、部下を、そして組織を率《ひき》いていく能力が求められているのです。確かに超有名学校を優秀な成績で卒業して、政策論が好きで、となったら総合職や上級が適任のように思えますが、でも、人の話を聞かない、人と仕事をするのは得意でないということであれば、やっぱり務《つと》まらないのです。こういうギャップに悩んでしまい、精神的に参っている現職職員が増えているというのが、実は、官公庁だけでなく、現代社会全体の悩みなのです。

ですから、自分の能力と性格だったらどういう職務が向くのかということについて、冷静でシビアな判断が必要だと思います。ということで、まず「自分自身とは何者なのか」を書き連《つら》ねた自分史を作ってみてはいかがでしょう？ こんなことがあった、その時どう思った、こういう点が成長した、まだ未熟な点はココだ……こういうことを書いていくうちに、自分の性格が自分自身でつかめてきます。それでも自分で判断がつかないのであれば、家族や友人など身近でよく知ってくれている人などに相談してみることが大事です。

低いんです。ですから、そういうときでも納得して勤務できる官公庁なのか、風土は？フンイキは？職場環境は？というところまで含めて、よ～く検討してください。

**●情報収集の方法**

どこの官公庁がどんな仕事をしているのかなど、その情報収集の方法については第3章でお話しします。

**●詳しくはコチラ**

志望先の決め方、自己分析のしかたについては拙著『現職人事が書いた「自己PR・志望動機・提出書類」の本』をご覧になってみてください。きっとヒントが見つかりますよ！

# 併願先には自分が納得のできる順位を付けておく

初心の人、二つの矢を持つ事なかれ（吉田兼好『徒然草《つれづれぐさ》』）などといいますが、公務員試験は水物《みずもの》ですから、結果がどうなるかはわかりません。「ここだけ！」と思い込んで1か所しか受験しない・官庁訪問しないというのは非常にリスキーです。ですから、現実的な問題として併願先を考えておくのは大事なことです。併願先を考える際に検討しておくべきなのは、

●自分のやりたい仕事をピックアップし、それに**順位を付けておく**

●付けた順位の理由をはっきりさせ、「ただなんとなく」ということはないようにする

●どうしても納得できない、割り切れないというものは候補から思いきって外《はず》す

●試験日程上に無理がないか、併願できるのかを確認しておく

逆に、考えてはいけないものとしては、

●やっぱり「あそこを受験している」といっておくと格好がいいから

●どうしても地元を受験してほしいって両親が言うから

●日程がたまたま空いているから

●カレシ（カノジョ）が受験するから

などです。納得したうえでの選択であれば、たとえ第二希望でも第三希望でもそこの仕事をエンジョイできます。でも、フンイキだとか、他人の意見で選択すると、入ってからもウツウツとしてしまいます。残念ながら、私の採用した職員の中にもこういう人がいるようです。これはその人にとっても、周囲の職員にとっても、ひいては国民・住民にとっても不幸な選択ですので、やめておいたほうがいいと、正直思いました。

**●公務員なら、地元なら、なんでもイイのかぁ！**

よく受験者に併願状況を聞いてみると、国家一般職の地元地域、地元の県庁、警察官、消防官、市役所……と事務あり公安あり、とにかく地元一色！という人がいます。

「どうしても地元で仕事をしたいっ！」という地元への愛着心だけは伝わってくるのですが、何がしたいのかさっぱりわかりません。面接官は「地元だったらなんでもいいの!?ってことは、別にウチの仕事に関心があるってわけじゃないんだよね？」とテンションが下がっちゃいます。

# 第3章

## どうやったら試験に合格できるの？
## 公務員試験の対策

公務員試験は科目も多いし、試験ごとに中身が違っていて大変！
でも、これを読んで、キチンと事前に情報を集め、十分な対策を練れば、コワイものではありませんよ！

# 公務員試験を受験することに決めたら

## 公務員試験の受験を決めるに当たっての心構え

公務員試験を受けようとされているみなさんは、どちらかというとおとなしくて、体育会系というよりは文化系というようなタイプのほうが多いと思います。そうすると、どうしても関心が勉強だけに偏《かたよ》ってしまいがち。まじめに勉強さえしていれば、いつかは採用してもらえると信じていませんか？

確かに、あの競争率も高くて出題範囲も広い第1次試験に通らないとなんにもならないわけですから、みなさんのその気持ちは十分わかります。しかし、面接官・人事の立場からすると、筆記試験に通るのは当たり前。その程度に達しない人をまずふるいにかけたうえで、残った人の中から、いい原石を探そうと考えているのです。ここでいう「原石」というのは、将来、仕事で能力を発揮できそうな人、今はツボミでも仕事で鍛《きた》えればグーンと能力を開花できそうな人ということです。

ということは、筆記試験の先の部分、そこが求められている、ということを認識しておいてください。すなわち、第2次試験以降の面接では、あなたが**この仕事に向く人間かどうか、という面からチェックされている**のです。

公務員試験にとって大事なことは「**勉強**」**だけではない**。ここだけはまず押さえておいてくださいね。

**●もちろん、勉強は大事ですよ**（笑）

とはいえ、勉強しなくてもイイっていっているわけではありません。勉強という土台があって、さらに、ということです。間違えないでくださいね！

## いつまでに決めるか

さて、みなさんが公務員試験を受けようと決めたのはいつ頃でしょうか？　私は、わが官庁を訪問されたみなさんとは必ずお会いしてお話を伺うのですが、試験の勉強を始めた時期として、総合職・一般職［大卒］受験者では、大学3年生の4月からという方と、同じく大学3年生の10月からという方が多かったようです。総合職受験者と一般職［大卒］受験者を比べると、総合職受験者のほうがより早い時期に勉強を始めているようです。

「そっか～、総合職でも9か月間ぐらいの勉強でなんとかなるのかぁ」と思われるかもしれませんが、実はここには大きな落とし穴があります。私がお話を聞いた受験者というのは、実は必ずしも大学4年生ではなく、大学5年生や6年生（つまり受験留年の方）だったり、既卒の方だったりするのです。しかも、年々その比率が高まってきています！

**現役合格生に多いのは、大学1年生の秋頃から**勉強を始めたという方です。大学生活にも慣れて、最初の夏休みを満喫した後、そろそろ始めようか、という感じだったようです。しかし、話をさらに聞いてみると、最初の1年ぐらいは、なかなか身が入らなかったということです。ということは、本腰を入れてからさらにおよそ1年半から2年の勉強が必要だということだと思います。

一方、**一般職［高卒］受験者**の場合ですが、現役の高校生の場合は、だいたい2年生の秋頃から考え始め、年が明けたぐらいから本腰を入れ始めた方が多いようです。また、2年制の専門学校や短大に進学された方も、本腰を入れて受験勉強をされたのはだいたい**1年間程度**のようです。

**●あきらめる必要はない！**

「えーっ！もう間に合わないのか……」という方もいらっしゃるでしょうが、あきらめる必要はないと思います。3割程度の方は、年が明けてからの勉強で、なんとか1次合格を勝ち取っているのです。このような方の話を聞いてみると、とにかく効率的に勉強すること、勉強時間は集中的に・長く取ること、そして何より「あきらめない」という強い気持ちを持つことが大事だということでした。

また、現在民間企業などに勤務しながら、帰宅後の限られた時間で公務員試験を受験されようとしている方についても同様に、あきらめないで頑張っていただきたいと思います。民間で働いた経験は、必ず公務員になってからも役に立ちますから！

高校を卒業して公務員試験受験専門の専門学校に進学された方に特にアドバイスしておきたいのは、せっかくのチャンスですから、1年生の段階でも試験を受験されてはいかがでしょう?ということです。確かに学校のカリキュラム上は、まだ1年生の段階では勉強の途中かもしれません。でも、この1年は本番は受験しなくてイイやと決め込んじゃうと精神的にダラケが出てしまい、2年生のときのワンチャンスで失敗してしまう人が多いんです。

ですから、合格したらもうけもの、だけど真剣に本番にチャレンジ!というのは大切なことなのです。一度本番を受けておけば、たとえその年は合格できなくても、会場で周りの受験者の真剣な顔を見たり、問題を見て「で、できないっ!」という悔《くや》しい思いをしたりすることで、精神的に一回り大きくなり、次の年に頑張れるようになるのです。

いざ勉強を始めよう!と思っても、なかなか腰が上がらないものですよね。とにかく、「来月からでイイや」「まだみんな始めてないみたいだし」と屁《へ》理屈を考えて、先延《の》ばししちゃいます。さらに、私の経験からしても「さあ、始めよう」と思っても、そんな決意はすぐにくじけてしまうものです。それで「あっ、これじゃあいけない!」と思い直す。特に勉強を始めた頃は、こんな波が何回か繰り返されます。それはあなただけではありません。みんな同じなのです。

だんだんとそれに打ち勝つ心がでてきて、本腰になっていく。ここでくじけてしまったり、「この程度の勉強でイイや」と自分自身を甘やかしてしまうと、負けです。ですから、やはり、早めに取りかかるに越したことはないと思います。そして、何度か波を乗り越える、そういう経験をしなければならないことを覚悟しておくべきだと思います。

公務員になろうと考えたのなら、その日、まさに**「思い立ったが吉日」**ということなのでしょう。その気持ちを忘れないうちに勉強に取りかかりましょう!

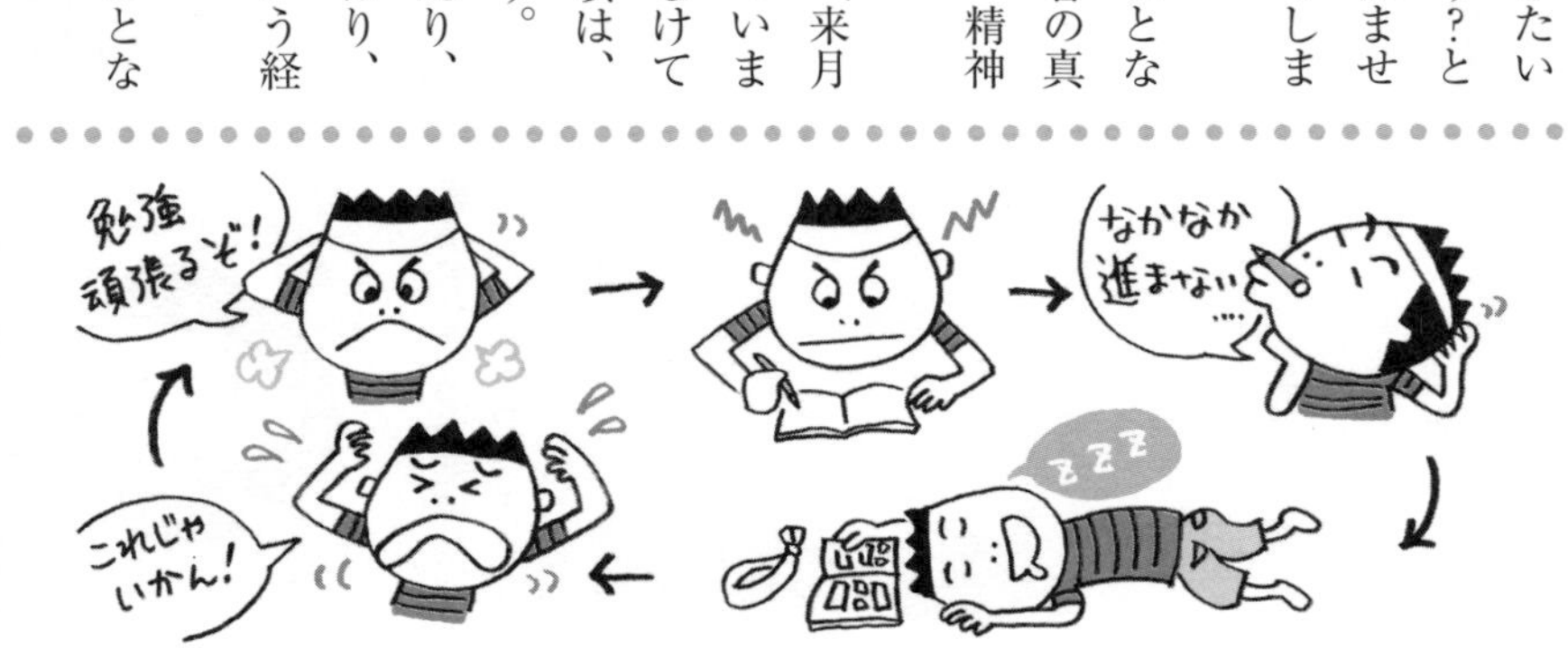

## 勉強にかかるコスト

「戦い」には軍資金も必要なわけで、公務員試験のためにも、基本書やテキスト・問題集代、予備校の授業料、模擬試験・答練《とうれん》代などもろもろの費用がかかります。大学生の受験者に聞いたところでは、およそ年間数十万円程度はかかっているようです。学生にとっては、かなり高額で思い切った投資額だと思います。しかし、**自分の将来に対する投資**だと考えれば、高くはないともいえましょう。

1年目に残念ながら合格できなかった場合、次の年に再受験するか、それとも民間企業の就職活動に方向転換するか、というのも大きな問題です。最近は民間企業では秋採用がありますので、公務員試験の結果が判明してからでも民間企業の就職活動をすることができるようになりました。とはいっても、春ほどは募集企業・職種が多くありませんので、希望の職業に就けるかどうかは不透明な部分があります。

しかし、次の年の民間企業の春採用に賭《か》けても、公務員受験浪人ほどつぶしの効かないものもありません。場合によっては、「まったりしたいから公務員を希望していたんじゃないの？」というキツイ質問を受けかねません（本当はそうではないと思うのですが……）。ですから、続けるにしても、見切りを付けるにしても相当な覚悟が必要だと思います。

そこで、受験する公務員試験を、当初志望のもの1本に絞るのではなく、複数併願するという方法が考えられるわけです。併願は悪いことでも、恥ずかしいことでもありません。思い込みだけで一つの試験に人生を賭け、結局合格できなかったという悪夢は避けましょう。

### ●いろいろなコスト

実は、費用・お金という意味でのコストだけではなく、人生面でのコストのほうがもっと大事です。試験勉強をしているということは、確実にその間（時間）自分の人生をそれに費やしているわけですから。

まず、1日当たりの勉強時間ですが、休みの日など丸々1日使える日だとだいたい6時間以上といったところでしょうか。さらに試験直前、だいたい3か月前になると、勉強時間は10時間前後にまで増えるようです。これは、授業のある現役生や勤務しながら受験する方にはかなりきつい時間でしょう。現役生の場合には、大学の授業には出ないという選択もあるのでしょうが、本末転倒ですよね。

# 就職活動は自分の一生を賭けた情報戦

## 敵を知り己を知らば

何がなんだかわからないうちに就職しなければならない時期になって、わけがわからないままいくつかの企業の説明会に出て、「なんだかなー？」と思って就職部に行ってみたら公務員試験の願書が置いてあって、「ま、受けてみるか？」と出願して、先輩に試験の中身を聞いてガーン！となって、でももう民間は手遅れでしょうがないから勉強するかとなって、答案用紙が回収されるギリギリまで必死にマークして論文書いて、こりゃあダメだ！と友人と飲んだくれて、二日酔いのまま合格発表を見に行ったらなんだかわからないけど受かってて、そのまま友人と官庁に駆け込んで、あっちでフラれ、こっちでフラれと「まるでキミの恋愛と同じジャン！」とクラスメイトにまでおちょくられ、ああだこうだと、すったもんだしているうちに拾ってくれる神様のような官庁が現《あらわ》れて、内定もらって、採用されて、あっちで上司とぶつかり、こっちで同僚と議論をし、なんだかんだで早十ン年、今は自分の失敗をもかえりみず受験者相手にエラソーなことを言っている……。

こんな私のようにならないためにも、失敗者の私としてみなさんにまずいっておきたいのは、就職活動はまさに自分の一生を賭《か》けた情報戦だ！ということです。とにかく、実際に就活に入る前にできるだけ必要な情報を集めた者が勝ち！　近代戦とまったく一緒です。「備《そな》えあれば憂《うれ》いなし」なのですが、準備をしているようでいても、しきれないうちに、みんなこの就活の大波に

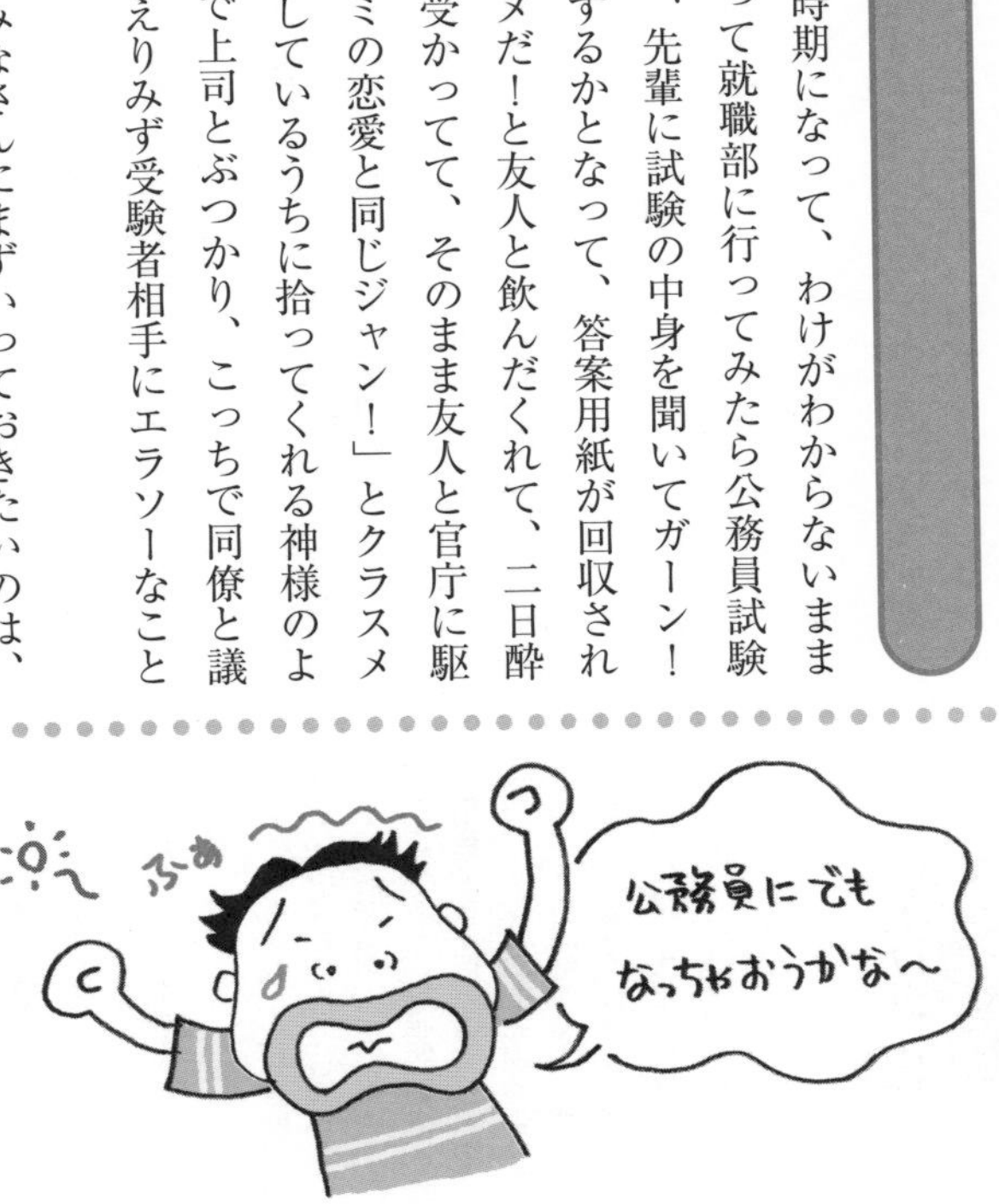


●**近代戦の特徴**
現代の戦争・戦闘は、実際にドンパチやる前に勝敗が決しているものだといいます。戦闘を

飲まれてしまいます。

事前の情報収集とそれを踏まえた準備・対策の必要性は、実は昔からいわれていたことでもあります。「知彼知己者、百戦不殆」。孫子《そんし》の言葉ですが**「敵を知り己《おのれ》を知らば、百戦して危《あや》うからず」**という訳で有名になっていますよね。

公務員試験でも、この言葉は本当に重要だと思います。このうち「己を知る」という部分については、前章の「志望先・併願先の決め方」のところでお話ししたとおりです。そこで、次にこの章では「敵を知る」の部分をお話ししてみたいと思います。

公務員試験における「敵」とは、すなわち公務員試験そのものと、それぞれの官公庁の実像の2点です。今まで、公務員試験にはこんなのもあんなのもあるゾということはお話ししてきましたが、あえて、公務員試験の中身（どんな問題が出題されるか、何が見られているのか）、勉強のしかたということについては触れてきませんでした。そこで、この章ではそういったことについて触れていくことになりますが、採用試験を実施している側ということで、どうしてもお話しできない部分もあります。

また、公務員の仕事はこんなので処遇はこうだというお話も、ウラ事情を含めてずいぶんページを割いてお話ししてきたわけですが、それ以上の「実はね……」「ここだけの話……」「○○省では……」という個別具体的なところについては、守秘義務《しゅひぎむ》の壁に阻《はば》まれてお話しできない部分もあります。

でも、みなさんは、やっぱりその辺が知りたいですよね。そこで、お話しできない代わりに、それを知る手がかり・ヒント、つまりどのようにしてこのような本音の情報を収集すればよいのかということを、罪滅《ほろ》ぼしとして、まずお話ししていきたいと思います。

仕掛けるほうは、事前に綿密に情報を収集し、敵の強いところと弱点を分析し、敵からの反撃にどう対応すべきかを検討し、あらゆるシミュレーションをして勝算ができてから戦闘を始めるのです。勝敗のカギを握るのは、実は最初の段階の情報収集と分析がきちんとできているかというところなのです。

**●守秘義務**
公務員は、服務上の義務の一つとして、職務上知ることができた秘密を漏らすことを在職中はもちろん、退職後も禁じられています（国家公務員法第100条）。

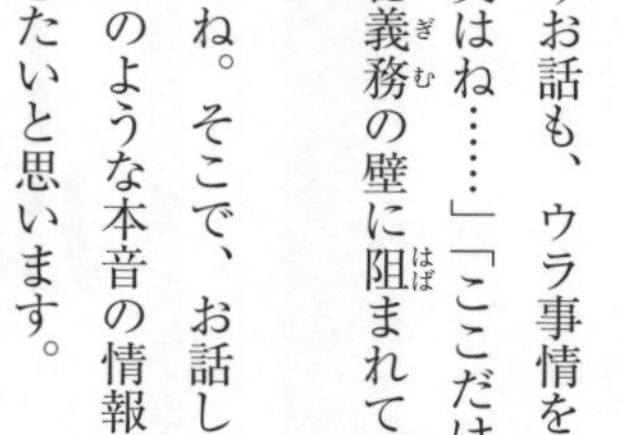

# 情報収集のツール

## 必要な情報とは

まず、みなさんにとっての必要な情報とはなんでしょうか？　次にいくつかの例を示しておきますので、これから説明する情報収集のツールなどを使って調べ、各試験・志望する官公庁ごとにチェックリストを作って整理しておくとよいと思います。

### ① 試験に関すること

日程（特に、ほかの試験の日程と重ならないか）、受験地（地元でも受験できるのか）、試験科目・時間（その試験だけの特殊な科目があるのか）、受験資格（特に年齢制限・身体要件に注意）、受験申込みの受付期間、採用予定人数、そのほか試験の変更点（例年どおりか、変更点はないのか）、効果的な学習方法（過去問は入手可能か、その試験用の問題集があるか、予備校などの講義はあるか、同じ試験を受ける仲間のサークルはあるか）、説明会の日程はどうなっているかなど。

### ② 仕事に関すること

どのような機構・組織となっているのか、各部署ではどのような仕事をしているのか、最近のトピックは何か、重点施策《しさく》は何か、最近の記者発表項目は何か、昇任・給与などの勤務条件（残業を含む）や福利厚生（宿舎、保養施設、サークルなど）は本当のところどうなっているか、転勤や出向の有無、職場の人間関係・風土はどうなのか、実際に働いている人はどう思っているか、学閥《がくばつ》とか地域閥はないか、女性でも働きやすいかなど。

**●情報は正確さと鮮度が命**

「ここの官庁は残業ないって、OGの職員のTさんに聞いたんですけどぉ」「ん～。確かにTさんはそういう部署の配属だからな～。でも、それってほんの一部だけですよ」

情報は、1つの情報源だけを信じてはダメ。あっちこっちから情報を集め、実像をえぐり出すことが必要なのです。必ず複数の情報源で確認しましょう。

「対策本には、ここの面接は集団面接だって書いてあったんですけどぉ」「ああ、去年まではね。今年からは集団討論よ」

情報はすぐに腐ってしまうもの。常に最新の情報を仕入れ、確認しておかないと、こういう失敗を招いてしまいます。

情報は単に集めればいいというものではありません。正確さと鮮度が命なのです。ちまたには間違った情報や古い情報がたくさんありますから、十分注意してくださいね！

## 公式な情報はまず受験案内で

試験の内容の公式情報は、その試験の実施機関が出している「受験案内」です。ここに書いてあることが最も正しいものですから、「学校の先生が、今日までだったらだいじょうぶって言ってたんですけどぉ」と言って受験案内に書いてある受付期限を過ぎて受験申込書（願書）を持ってきても、アウトです。なお、受験案内には受験申込書（願書）も一緒に入っていますし、同時期に採用向けパンフレットを作成しているところも多いようです。

前年度の受験案内とどこが変わっているかをよく見比べ、**今年度の試験がどう変わったかを確認しておくことが大切**です。あまりよく見ずに、たぶん去年と一緒だろうと思って勉強してきて、試験の前日に読み直してみて「あっ！」と絶句しているようではおしまいです。

## インターネットなどの使い方

手軽な情報収集の手段として、インターネットがあります。人事院など各試験実施機関のウェブサイト（ホームページ）や各大学の学生向けの就職のサイトには、試験日程や変更点、説明会の実施など最新の情報が掲載されているので、チェックするといいでしょう。

**人事院**のウェブサイトには、人事院が実施している各種試験の概略・日程が載っているだけではなく、試験科目などに変更があった場合などの新情報や官庁訪問のやり方、人事院が主催する説明会などが載っています。特に12月ぐらいからは次の年の新情報がいつアップされるかわからないので、毎日注目していてもいいと思います。また、人事院の各地方事務局へのリンクが

**●なるべく早く手に入れよう**

受験案内はなるべく早く手に入れたいところですが、どの試験機関でも、配布はだいたい毎年2月ぐらいからになります。直接、各試験実施機関の窓口に行って入手されることをお勧めしますが、遠方の場合などには、返信用封筒を郵送して送り返してもらうという方法もあります。

なお、この請求の段階でも常識のない人はチェックされます（宛名が鉛筆書きとか、切手のはる位置が変だとか、返信用封筒に切手がはっていないなど）。

また、これから社会人になろうという試験なのに、ご両親が受験案内を取りにいらっしゃる場合もあるのですが、どんなもんでしょう？　よっぽど自分で取りに来られない事情があるんですかねぇ？

また、ほとんどのところでウェブサイト上に受験案内やパンフレットの中身を掲載していますので、そちらを見るのが一番早いかもしれません。

張ってあるので、こちらも見ておくとよいと思います。国家一般職［大卒・高卒］の官庁訪問のしかたなどはそちらを見たほうが各地域ごとのローカルルールまで掲載されているので便利です。なお、試験は人事院が実施していても独自の採用をしているものについては、その府省のサイトも参照しておかなければいけません（たとえば国税専門官の場合には国税庁の職員採用のページ）。

次に、**各府省**のウェブサイトの職員採用ページも注目です。仕事の紹介や先輩職員の声、説明会の案内などの情報が満載されています。それだけではなく、インターンシップや非常勤職員の募集情報、さらには採用人数が限られているのであまり知られていないような専門職種の採用案内が掲載されていることもあります。また、各府省のウェブサイトを丹念に見ておけば、最近の施策や重点項目がわかり、面接対策としても有効です。特に記者発表のページを見れば、その官庁の最近のトピックがわかります。なお、府省によっては、地方支分部局が独自にウェブサイトを開設していることもありますので、国家一般職［大卒・高卒］を受験する方はそちらもチェックしておきましょう。なお、人事院や各官庁では、受験者向けのメールマガジンを出していますので、ぜひ登録しておきましょう。また、各官庁のツイッター、フェイスブックもチェックしてみましょう。

同じことは、**都道府県や市町村**のウェブサイトについてもいえます。特にこれら地方自治体の場合、追加募集、専門職種や経験者採用の募集が突然アップされることがありますので、受験を希望する方はこまめに見ておきましょう。

また、各種**予備校・受験雑誌**のウェブサイトも有効です。さまざまなイベントや参加自由のガイダンス・講演会・説明会などの情報だけでなく合格体験記なども掲載されていますの

●採用機関・役に立つサイトのURL

○国家総合職・一般職［大卒］・一般職［高卒］
https://www.jinji.go.jp/saiyo/saiyo.html
○過去問の請求（人事院の情報開示制度）
https://www.jinji.go.jp/jyohokoukai/annai.html
（請求しても開示まで３週間ぐらいかかります）
○財務専門官
https://lfb.mof.go.jp/recruit/saiyou.html
○国税専門官・税務職員
https://www.nta.go.jp/about/recruitment/index.htm
○食品衛生監視員
https://www.mhlw.go.jp/general/saiyo/syokukan.html
○労働基準監督官
https://www.mhlw.go.jp/general/saiyo/kantokukan.html
○法務省専門職員［人間科学］・刑務官・入国警備官
https://www.moj.go.jp/recruitment_test.html
○航空管制官・航空保安大学校
https://www.cab.mlit.go.jp/asc/index.html
○外務省専門職員
https://www.mofa.go.jp/mofaj/annai/saiyo/index.html
○皇宮護衛官
https://www.npa.go.jp/kougu/
○海上保安学校・海上保安大学校
http://www.kaiho.mlit.go.jp/recruitment/
○気象大学校
https://www.mc-jma.go.jp/mcjma/index.htm

で、ご自分が通われている学校以外のサイトもときどき見て参考にしてください。

そのほかにも、個人で参考になるウェブサイトやブログを開設されている方もいらっしゃるので、「Google」などの検索エンジンを使ってチェックしてみてもいいでしょう。「公務員試験」「公務員」で検索すると、結構な数がヒットしますよ。

さらに、掲示板（BBS）やチャットもありますが、いろいろな情報が入り乱れるので、見ていると非常に有益でおもしろいものです。場合によっては試験が終わった途端《とたん》に答え合わせが始まったり、試験会場の雰囲気についての話が出ていたりします。かくいう私も、公務員試験の掲示板の中に自分がイニシャルトークで登場していてビックリしたことがあります。このように非常に有益な部分がある反面、掲示板・チャットの場合はだいたいにおいて本当の名前を明かさないでやっていますので、このような匿名《とくめい》の情報には真実性が薄いということにも注意が必要です。ときには、明らかに間違っている情報や、デマが書き込まれています。惑《まど》わされないように注意してください。また、何を書き込むのも自由ですが各採用担当者も見ていますよ。内容によっては「ああ、あの受験者が書き込んだんだな」と個人が特定できてしまうこともあります。

## 友人や公務員受験サークルなどからの情報収集

次に、身近にいる友人や家族から得られる情報も大切です。家族や親戚、友人にすでに公務員として働いている方がいたら、その方に実情を聞いてみるとよいでしょう。この本ですでにお話ししたことを参考に「この辺、実際にはどうなの？」と聞いてみるのです。また、その公務員試験特有の勉強法のコツなども聞けるかもしれません。

さらに、同じ学校とか、同じゼミ、あるいはたまたま図書館で勉強していて知り合った公務員

○官公庁全体のリンク
https://www.e-gov.go.jp/government-directory
（中央省庁だけでなく独立行政法人、自治体等まで網羅しており、とても便利です）
○都道府県等の各種自治体
https://www.jitsumu.co.jp/news/exam/
（実務教育出版のサイトですが、中央省庁、各自治体等のリンクが充実しています）
○警察庁
https://www.npa.go.jp
○独立行政法人・特殊法人
https://www.soumu.go.jp/main_sosiki/gyoukan/kanri/satei2.html
○国立大学協会
https://www.janu.jp/univ/employment/
○防衛省専門職員・自衛官
https://www.mod.go.jp/j/saiyou/index.html
○裁判所職員
https://www.courts.go.jp/saiyo/index.html
○参議院事務局職員
https://www.sangiin.go.jp/japanese/annai/saiyou/index.html
○参議院法制局職員
https://houseikyoku.sangiin.go.jp/adoption/index.htm
○衆議院事務局職員、衆議院法制局職員
https://www.shugiin.go.jp/internet/index.nsf/html/index.htm
○国立国会図書館職員
https://www.ndl.go.jp/jp/employ/index.html

受験仲間などと情報交換をするのもよいと思います。同じ試験をめざしている仲間どうしで集まったほうが、その試験に特化した情報を入手しやすくなりますし、ある意味競争相手にもなりますので切磋琢磨《せっさたくま》してお互いを高め合うことができます。

学校によっては、このような公務員受験生が集まって、公務員受験サークルを結成していることもあります。公務員を受験しようと考え始めた方は、このようなサークルに入会してみることをお勧めします。サークルでは、実際に公務員になられた先輩の方々の講演会や上級生が教えてくれる勉強会などのほかに、夏休みには合宿があったりして楽しいものです。

官公庁や独自に試験を実施している団体も、このような**サークル等に説明会の情報などを特に流している**ことがあるので、そういった面からも公務員受験サークルは貴重な情報収集の場です。もし、ご自身の通われている学校にこのようなサークルがない場合には、近くのほかの大学にあるようだったら、お願いして参加させてもらうことをお勧めします。

## 就職部の使い方

次に身近なのは、学校の就職部や就職指導担当の先生です（国立大学には就職部というものがないので、厚生課とか各学部厚生係〔掛〕などが担当しているようです）。

公務員受験生は、サークルに行ってしまったり予備校に通ってしまうので、民間企業に就職を希望する学生に比べて就職部を利用しない傾向があるようです。しかし、私たち**採用担当者としては、各学校等の学生に対する公式の窓口は唯一、就職部や就職指導担当の先生**なのです。したがって、公式な情報、たとえば試験日程や試験内容の変更、説明会の案内などは、まず就職部に流すことになるので、ときどきは就職部に行ってみて、

○公益法人
https://www.koeki-info.go.jp
○参考となる受験情報
https://comin.tank.jp/
（資格免許職や突然の募集も載っていることがあります）
○その他（掲示板）
●5ちゃんねる（公務員板と公務員試験板があります）
https://5ch.net
●みん就
https://www.nikki.ne.jp/

**●大学による違い**

国立大学の厚生課ははっきりいって不熱心です。しかし、国家総合職の合格者を多く輩出している大学の就職コーナーにはそれ以外の公務員試験のパンフレットなどもたくさん置いてあります（かなり乱雑ですが）。

一方、私立大学の就職部は、就職支援に非常に熱心です。細か

公務員関係の窓口や掲示板をのぞいてみてください。受験案内やパンフレットを入手することも可能です。

また、就職部主催の説明会には、公務員試験全体をひっくるめた総論的なものや、各試験ごとに担当者に来てもらって説明を受けるもの、実際に勤務している先輩職員の座談会・パネルディスカッションなどさまざまな企画がありますので、ぜひ参加してみてください。

各公務員試験の資料がファイルになっているところでは、過去のパンフレットや過去問、先輩卒業生の合格体験記などが試験ごとにまとまっていますので、これらを見比べるのも有効です。

学校によっては、公務員試験専門の担当職員を配置しているところもあります。官公庁に勤務している先輩職員の中には、自《みず》ら率先して後輩の就職指導を買って出てくれる人もいますので、就職部からこういう先輩を紹介してもらえる場合もあります。官公庁の業務内容や勉強方法はもちろんのこと、就職に限らず人生の悩みなどについても一先輩として親身に相談に乗ってくれますので、悩み事があるときには、相談されてみてはいかがでしょう?

## 予備校・通信講座の使い方

最近、受験者の方で最も多いのは、独学よりもダブルスクール組、すなわち大学に通いながら公務員試験関係の予備校・専門学校や通学制セミナーなどにも通っている方です。また、学校に通いながら、就職しながら通信講座という方も非常に増えています。志望度が高くなってくると、このような傾向はやむをえないのかな、とも思います。

私の頃は、大学の授業に出て、サークルに顔を出して、夜になったら予備校、というパターンが多かったのですが、最近では、サークルに顔を出さずに夕方から予備校、場合によっては授業

い情報まで掲示されています。

自分の出身大学だけではなく、近所のほかの学校の就職部・厚生課ものぞいてみてください。

### ●就職指導担当の先生はどこ?

われわれ人事は高校生に対しても広報活動をしようと作戦を練っています。そこで、現役高校生受験者に聞いた話をまとめたところ、就職指導の先生から公務員試験の種類とか仕事内容について詳しい話は聞いていないし、学校には最新の資料がほとんどないということでした。

まだまだ高校の先生には公務員試験の情報が周知されていないようです。頑張らなくては!

### ●個別対応が魅力

勉強を進めていると、どうしてもわからない部分が出てきますが、予備校や通信講座では、受講者個別の質問にも対応してくれる場合が多いので、その点は安心です。予備校や通信講座は授業料や受講料はかかりますが、独学で頑張るよりは、効率がいいことは確かだと思います。

にも出ずに予備校、というパターンも多いようですね。

よく、受験者のみなさんの間では、どの予備校・通信講座がいいのか、ということが話題になるようですが、授業料や合格率だけにとらわれてはいけません。合格率といっても、よく見ると最終合格ではなく、第1次試験の合格率で書いてあることが多いようです。それに、聞くところによると、優秀な学生には本人が志望していなくてもあえてたくさんの試験を受けさせて合格させ、見せかけの合格率を高めているようなところもあるそうです。授業やテキストの内容の充実度や、集まってくる受講生のレベル（自分が目的としている試験の受験者が集まってきているかどうか）を見て判断するとともに、**各試験の情報収集など授業以外の面での取組みに熱心な学校・通信講座**を選ぶとよいと思います。最近では、合格者座談会、採用担当者説明会の実施にも力を入れるようになってきたようです。

なお、予備校の掲示板にも、講座の宣伝だけではなく、各試験実施機関からの情報が掲示されることがありますし、窓口で受験案内を入手することもできるようですので、注意して見ておくといいのではないでしょうか。

また、通信制の講座は、きちんと提出していけば非常に勉強になるものなのですが、私自身の経験からしても1回出さなくなると、なんだかんだといってその後面倒臭くなってしまって挫折《ざせつ》してしまうので、毎月の達成目標をきちんと定めて、期日までには毎回提出するように心掛けることが大切です。これをやり続ける「根気《こんき》」がみなさんを合格へと導いていくのです。

**●情報の判断は自己責任**

予備校に広報活動に訪れた際に掲示板などを見て「コレ違ってますよ！」と訂正をお願いすることがよくあります。確かに予備校や本の情報は便利ではありますが、それが正確なものかどうかを判断するのはあなた個人の自己責任。「あの本にはこう書いてあった」「予備校の先生はこう言っていた」など、人のせいにしてはいけませんよ！

**●予備校・専門学校**

公務員受験のための専門学校と受験予備校。このどちらを選択しても、授業内容はほとんど同じというのが実際のようです。しかし、学校教育法上の「専修学校」であればその在籍期間が初任給の格付けの際に加算されますが、単なる受験予備校では加算されません（人事院規則9・8別表第3）。2年間学校に通っていたことに変わりはないのに給料が違ってしまうということになるのです。

## 本や受験雑誌の使い方

独学で勉強されている方の場合には、本や受験雑誌から情報を入手される方も多いと思います。また、予備校などに通われている方も、今お読みいただいているこの本などのように公務員試験関係の本や雑誌を読むことによって見聞を広めるのは、とても重要なことだと思います。

受験雑誌には受験者の立場に立った親身な記事が掲載されていますし、試験日程の変更だけではなく法改正など時事的な情報や問題も網羅されていますので、定期的に購読されるのがよいのではないでしょうか。

このような本や受験雑誌は、**なるべく新しいものを入手**しましょう。刊行年や版が古いと、試験内容や日程が変わっていることや途中で法改正が行われていたことに気が付かないで、後になって大慌てしてしまうことがあります。また、参考書や問題集などの単行本の場合には、データの更新や法改正があるたびに版を改めるようなことは実際上困難なので、どうしても情報が若干古くなってしまうことは覚悟しておきましょう。独学で勉強されている方も、本だけに頼ることはせず、受験雑誌の購読や通信講座などで最新の情報に触れられる環境を整えておくほうがよいと思います。独学で勉強を進める際には、時事データなどは最新の白書やデータ集・判例集などを利用して、本の内容を補完するようにしましょう。

独学は確かに市販の問題集などを使って安く済ませることができますが、あくまで「独《ひと》りで学ぶ」のが前提ですので、どこにも頼れないことが欠点です。わからない部分が出てきたときには、さらにわかりやすい参考書を探したりして自分自身で調べないといけないわけです。独学の場合は、こういった覚悟も必要になってきます。

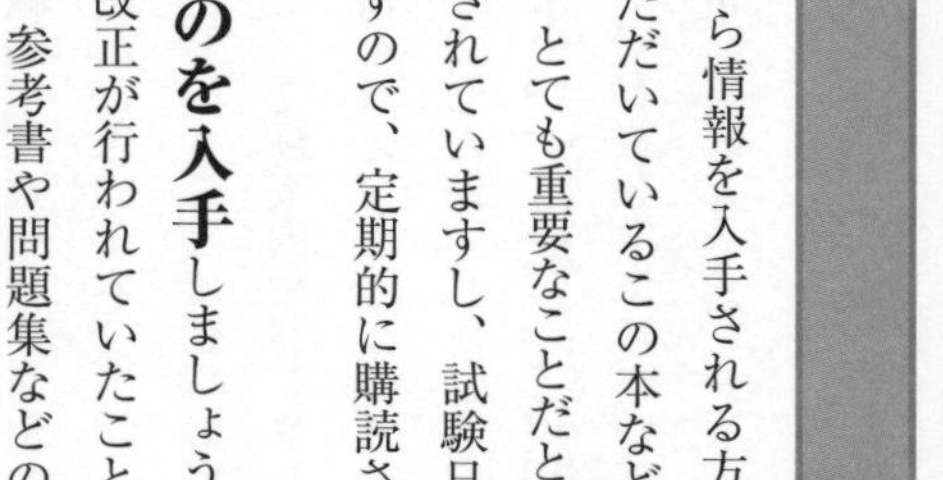

**●OB・OG訪問の注意点**

OB・OG訪問は、基本的に面接試験と同じ態度と姿勢で臨《のぞ》まなければいけません。たとえ、ゼミの先輩で顔見知りの方と会うとしても、きちんとスーツを着て行きましょう。言葉遣いも学生のときのままではダメ。「ぶっちゃけ、どうなんスか？」などとやってしまっ

## OB・OG訪問（先輩訪問）は有効か？

民間企業の場合、業界によっては実際に学生と面会した社員から学生の印象などを人事担当者が聞き出して判断材料にするなど、OB・OG訪問（先輩訪問）が実質上の面接試験に相当するような場合もあるようです。一方、公務員試験の場合にはどうかというと、公務員試験は公告した試験の成績のみによって判断しなければなりませんので、OB・OG訪問のときの評価が採用試験の判定結果に利用されることはありません。

したがって、官公庁の採用担当者にOB・OGに会わせてほしいとお願いしても公式には受け付けてもらえない可能性のほうが強いと思います。しかし、個人的に勤務時間外に面会することまで官として禁止することはできませんから、学校の就職部、友人やサークルのつてでOB・OGを探し出し、個人的に面会をお願いするのも一つの手段だと思います。

OB・OGの話を聞く最大のメリットは、やはり後輩だということで仕事の経験談や楽しかったこと、つらかったことなどいろいろ話してもらえるので、受験案内やパンフレットなどの公式の情報源からではなかなか知りえない真の情報やウラ事情を教えてもらえるという点です。

官公庁も公式にはOB・OG訪問は受け難《がた》いとお話ししましたが、私が、官庁訪問のときに同じ受験者仲間から聞いたところでは、**一部の省庁によっては官庁訪問のはるか前から**OB・OG訪問という形での訪問を受け付けていて、有望な学生については、次回は何日に来るようにと指定された人もいると聞きました。十ン年前はそうであったということで、現在どうなのか詳細はわかりません。

たら、アウトです。OB・OGから人事課に面談結果が報告されてしまう可能性があります。

それから、「どうしてこんな不人気官庁に入ったんですか？」、「ここってカワイイ子いますか？」という非常識な質問、「この職場のイヤなところは？」などと単刀直入に聞くのはマイナスです。この辺は、常識を持ってやってください。

そして、忙しい中を貴重な時間を割いて面会していただくのですから、感謝の気持ちを持って接しましょう。面会予定時刻に遅れて訪問する、ズルズルと質問をして面会時間を引き延ばすなどは論外です。

会ってくれて当然、お茶ぐらい出せよ！こんな中途半端な時間なんて！という自分勝手で失礼な考えを持ってはいけません。

### ●民間企業の説明会

公務員の説明会だけに絞らずに、民間企業の説明会にも行ってみましょう。公務員のいけないところは、民間企業の雰囲気を知らないところだと思います。そこで、せめて学生時代に民間

## 説明会が重要視されている！

公務員試験の場合は、受験案内で公示した試験の場のみで合否が決まるわけですし、黙《だま》っていても受験者が集まってきますので、これまではあまり説明会を重視してはきませんでした。しかし、最近、各官庁・機関・自治体が盛《さか》んに説明会を開催するようになりました。どうしてこのように説明会が頻繁《ひんぱん》に開かれるようになったかというと、

●公務員試験のための勉強には時間がかかるため、優秀な学生が民間企業を回る前に公務員にも関心を持ってもらいたい

●学生のほうが「ともかく公務員だったらなんでもいいや」ということで、仕事の中身の検討を怠《おこた》る傾向が強くなってきているので、役所のほうにも「うちの仕事の中身を知ったうえで来てもらいたい」という気持ちがある

ということです。これがオモテの理由。でも、実際の**ウラの理由**として、

●まだ受験するかどうかもわからないぐらいのチョー超早い段階からでも、**いい学生は確保しておきたい**

●採用試験が面接重視の方向に転換してきているが、一発の面接ではなかなか判定が難しいもの。できるだけ受験者と知り合う回数、直接話す回数を増やし、事前にコミュニケーションを取って、その人となりを知っておきたい

ということがあります。従来は春に行われることが多かった説明会ですが、学生の企業研究・就職準備が早まってきていることと連動してだんだん早くなり、今では**秋が主流**となっています。説明会には、人事院・各地方自治体などの各種試験実施機関が主催するもの、官公庁が独自に

企業の雰囲気だけでも味わっておいてほしいのです。もしかしたら生涯の仕事となるものに出会うかもしれません。こんな可能性を最初からなくしてしまうのはもったいないですものね。

**●どんな服装で行く？**

受験者からの問合せで多いのは「説明会はスーツで行くのですか？」という質問ですが、そもそもこんな質問をすること自体ナンセンスですよ。これから社会人になる者として恥ずかしくない服装とはどのようなものか、それはご自身で判断されるべきものでしょう（そこから社会人としての心構えが始まります）。なお、傾向だけお話ししておきますと、学校で開かれる説明会の場合は普通の服装、職場など外で行われる説明会の場合はスーツが多いようです。

**●職場の雰囲気をつかむコツ**

一つは、職員食堂に行ってみることです。人は食べているときって結構「素」が出るものですから、職員たちの会話や雰囲気を直接肌で感じることができ

行うもの、さらには、就職部主催のもの、公務員受験サークル主催のものなどいろいろな形態があります。また、学校で開催されるものだけではなく、実際の職場で実施するもの、場合によっては職場見学会を兼ねるものなど、そのメニューも多彩です。

このようにいろいろな種類の説明会がありますので、できるだけたくさん参加されることをお勧めします。説明会開催の時期は受験勉強真っ盛《さか》りの時期でもあるので、早めに情報を収集して、効率よく参加できるように日程や時間を調整しておきましょう。もし、あなたがまだ大学1年生や2年生、あるいは高校生であったとしても、説明会の参加に年齢制限はありませんから、いろいろと参加してみて見聞を広めてみてはいかがでしょうか。また、卒業生、社会人で公務員試験を受験しようと思っていらっしゃる方も、ぜひ参加してみてください。

私がみなさんにこのように特に説明会に参加されることをお勧めする理由には3点あります。まずその第一は、その官公庁が**実際にどんな仕事をしているかを知ることができる**ということです。そのためには、ただ単に漫然と説明を聞いているだけではなく、事前にその官公庁に関係する新聞記事を集めておくとか、ウェブサイトを見ておくといった「予習」が必要です。また、もしできることなら、会場にちょっと早めに来て、資料にざっと目を通し、ある程度の質問項目を考えておくとよいと思います。

説明会が終わったら、もらった資料を読み返しておきましょう。説明ではわからなかった部分がいろいろと理解できるかもしれません。また、面接試験や官庁訪問の際に必ず聞かれる**志望動機に対する答えをまとめることもできます**。面接試験の直前になってあれこれ悩むのは精神衛生上よろしくありませんので、まだ頭に印象が強く残っているうちに、資料にアンダーラインを引いておいたり、数行にまとめておいたりするとよいでしょう。また、どうして

ます。職員どうしのちょっとした会話の内容が前向きなものか、明るい雰囲気かどうかを感じてみましょう（それに、もし「毎日こんなもの食べるのかぁ……」とがっかりさせられるメニューだったとしたら、労働意欲そのものを喪失してしまいますものね）。もう一つの秘策は、建物の中、とりわけトイレの清掃が行き届き、清潔であるかということです。清掃自体は外注かもしれませんが、日頃きれいに使うような心掛けの職員が多いのか、業者への管理体制が行き届いているのかといったところから、職場の風土がわかります。

### ●とにかく質問しよう

説明会ではとにかく質問をすることです。だいたいどこの説明会でも、最後に質問タイムを設けてくれます。よく、恥ずかしがって、というか日本人は会議で自分から何か発言するのを控える場合がありますよね。何度促《うなが》されても質問が出ない場合もありますが、とてももったいないことだと思います。また、「全員の前で聞くのは恥ずかし

もわからないことで聞いておきたいことがあったら、日を置かずに人事課の担当者に電話やメールで聞いてみましょう。人事課のほうも、面接試験の直前になってからでは「これってなんですか?」なんて聞かれても、少しでも試験にかかわるような質問には答えられませんから。

説明会参加のメリットの第二点は、説明会が**職場の雰囲気を感じることのできる最大のチャンス**だということです。職場で開かれる説明会に参加すれば、執務室で働く職員の雰囲気(活気に満ちているかどうか)を感じることができますし、職場やその周辺の住環境(?……ほとんど住むようなものですからね)を知ることもできます。通勤・交通手段や近くの食堂・コンビニの位置を知っておくと、面接試験や官庁訪問の際にも便利ですし、仕事をするようになれば、結構これが毎日のことですので重要な要素の一つになります。場合によっては、わざわざ寄り道をして職場周辺の環境・雰囲気を感じてみてもいいかもしれません。

さらに、何より、説明会はその職場で働いている職員に直接会って、話を聞けて、質問をすることもできる最大の機会なのです! 説明者は、何もその職場の代表者というわけではありませんが、その職場ではこういう人が働いているという実例の一つではあるわけです。そこから、こういう人と一緒に働いてみたいなとか、これはちょっと……というのを判断することができるのです。そうです、説明会のときは受験するみなさんのほうが試験官なのです!

そして第三点は、自分をアピールすることができるという点です。説明者は現職の人事か人事経験者・面接官経験者が多いですから、彼らにいい印象を持ってもらえれば、実際の面接試験のときに「ああ、キミは!」と思い出してくれるかもしれません。

こういったもろもろのメリットがありますから、積極的に参加し、そして参加するだけではなく、質問をするなど積極的に説明会を利用し尽くししましょう!

---

くて」といって、終わった後で個別に質問に来られる方もいますが、みんながいるときに質問してくれればよかったのにと思うこともあります。

**●会えば会うほど好きになる?**

繰り返し同じ対象に接触すると、その対象に対する好意が増します。これを心理学用語で「単純接触効果」といいます。この効果は、意識レベルだけでなく無意識レベルでも生じます。つまり、何度か顔を合わせているだけでも、気づかないところでその人のことを好きになってしまうことがありうるのです。反対に、会う頻度が少なくなると、その人に対する好意も減少していく可能性があります。遠距離恋愛が難しいといわれることと関係が深いかもしれません。

いきなり恋愛心理学の講義を始めてしまいましたが、これは採用担当者と受験者の間でも同じ。顔を合わせる回数が多ければ、親近感も深まるというものです。ですから、説明会で個別の質問をして顔を覚えてもらうというのは大事なことなのです。

# 筆記試験の勉強を始めるに当たって

## 本命に焦点を合わせて勉強しよう

最初に、どういうスタンスで勉強を始めるべきかということからお話ししましょう。みなさんは、どの試験を受験して志望順位をどうするかということを、もうちゃんと決めましたか？

「国税専門官が第一志望だけど、やっぱり国家一般職［大卒］や地方上級も併願しないと不安だよな……。かぶってない科目もあるし、それぞれの問題集を全部やるとかなり大変！」

確かに、受験するすべての試験の対策を完璧《かんぺき》にしようとすると、短期決戦の公務員試験では収拾《しゅうしゅう》がつかなくなってしまいます。とにかく自分で「ここが本命」と決めたら、**その本命の試験の対策に絞って**勉強を始めましょう。もし余裕ができてきたら（そんな余裕はなかなかできないものですが）、それに加える形で、第二志望、第三志望のところの試験に必要な科目を少しずつ勉強していく、ということになると思います。

なお、市販されている問題集、参考書などは地方上級、国家一般職［大卒］などメジャーなもの、しかも事務系のものが多いので、採用数の少ない試験・職種の場合はどうすればいいの？という質問もよく受けます。たとえば、防衛省専門職員とか、労働基準監督官などは、なかなか専門の問題集や対策本がありませんよね。こういう場合は、同程度の試験・職種の本であれば大半の部分は試験科目・出題傾向も重なっていますので、これで対応可能です。そして、重なっていない独自の部分・科目だけは、過去問を手に入れるとか、ほかの試験のテキストなどでその科目

**●試験の程度と学歴**

「大学卒業程度」「高校卒業程度」というのは、試験の程度の一応の目安を書いているだけで、その学歴がなきゃいけないということではありません。ただ、レベルを知るにはちょうどよい区分けですから、これに沿って主な公務員試験を改めて整理しておきましょう。

**○大学卒業程度の試験**

●国家総合職［院卒・大卒］
●国家一般職［大卒］
●皇宮護衛官［大卒］
●法務省専門職員［人間科学］
●外務省専門職員
●財務専門官
●国税専門官
●食品衛生監視員
●労働基準監督官
●航空管制官
●海上保安官
●経験者［係長級・課長補佐級］
●裁判所職員総合職［院卒・大

を扱っている部分があればそこだけ勉強するなどして補強しましょう。

また、高校卒業程度の一般職［高卒］・初級職試験については、だいたいどこの試験も同じような科目構成となっていますし、問題のレベルもそれほど差がありませんので、問題集、参考書は初級試験用のものであればどれでも対応できます。併願するいろいろな試験用の問題集にあれこれ手を出して、どれも中途半端で投げ出してしまうよりは、**信頼性のある本を何度も繰り返し読み返す、やり直す**ほうが効果的です。

なお、費用を安く上げようとして、先輩のお下がりの基本書や問題集を譲《ゆず》り受けて勉強を始める人がいますが、これは危険です。基本書や問題集、テキスト、六法は**なるべく新しい物**を買わないと、法改正や制度改正などがあって内容が変わっていることがあります。書店で新刊書を買う場合にも、発行年月日をしっかり確認しておくとよいでしょう。とにかく、公務員試験や資格試験の勉強においては、古本は絶対、禁物《きんもつ》です。

公務員試験、特に大学卒業程度の試験のための勉強が、高校受験、大学受験用の勉強と最も大きく違う点は、知識の丸暗記だけでは対応できないというところです。たとえば、社会とか歴史の試験では、西暦○年に何があったという事実には変わりがないので、丸暗記で対応できました。公務員試験においてもこんな感じで民法第○条は？という問題が出題されるのであれば丸暗記で対応できるのですが、現実はそう甘くありません。条文や制度の目的や背景、判決や学説の結論だけでなくそれに至った理由づけといったところから出題されますので、単なる結論・結果・条文の丸暗記では通用しないのです。ということで、公務員試験ではそのような立法趣旨《しゅし》や背景までさかのぼって丁寧《ていねい》に勉強していく姿勢が必要です。

卒］
● 裁判所職員一般職［大卒］
● 防衛省専門職員
● 衆議院法制局職員
● 衆議院事務局職員
● 参議院事務局職員
● 参議院法制局職員
● 国立国会図書館職員
● 地方上級
● 市町村職員上級
● 警察官A
● 消防官A

○高校卒業程度の試験
● 国家一般職［高卒］
● 社会人［係員級］
● 皇宮護衛官［高卒］
● 刑務官
● 入国警備官
● 税務職員
● 各種大学校・学校学生
● 裁判所職員一般職［高卒］
● 衆議院事務局職員
● 参議院事務局職員
● 国立国会図書館職員
● 地方初級
● 警察官B
● 市町村職員初級
● 消防官B

## 日常生活から〝臨戦〟態勢

総論の締めとして、勉強生活全般についてですが、毎日規則正しい生活、規則正しい勉強グセを身につけましょう。いったん生活リズムを作ってしまえば、自分のペースというものができてきます。特に体調不良でもない限り、学校の勉強があっても、デートがあっても、とにかく受験勉強は何時間、というふうにしておかないと、怠《なま》けグセは取れません。

学校の授業、通信講座をやる時間といったほかに、過去問を解く時間、基本書を読む時間という時間をある程度決めておくのです。ただし、ダラダラと勉強していても効果は上がりません。人間の集中力は15分しか継続しないとの統計もあります。**50分やって10分休む、休んだら次の科目**という小中学校の時間割みたいにしたほうが、効果が上がるものです。

また、その毎日の習慣の中に、ぜひとも「新聞を読む」ということも入れておいてください。確かに最近の新聞は、文章としては「?」の部分もあり、速報性にも欠けますが、テレビのニュース等では取り上げられない小さな情報まで記載されていて、ときには詳しい解説も付されているので、丹念に読み込んでおくと、とってつけたように時事問題対策をしなくて済みます。

## 科学に裏づけられた効果的な勉強法を

ねじり鉢巻《はちま》きで、何時間も勉強部屋にこもりきり！というわゆる受験スタイルは、本人も周りもやっているような気にはなっても、実際上の効果は上がりません。

たとえば、エビングハウスの忘却《ぼうきゃく》曲線というものがあります。この理論によると、電話番号やでたらめな語を覚えても、20分後にはその50%、翌日には67%、3日後には75%、**1か月も**

明日のメインレースは3-5で決まりだな…
オイ！競馬新聞を読んでどうする！
確かに新聞を読めとは言ったけどさ

●**苦労は報《むく》われる**
時間のたっぷりある学生諸君！安心してはいけません。時

**たてば8割近くも忘れてしまう**ようです。これって試験勉強にも当てはまりますよね！

短い時間で覚えたことを忘れないようにするためには、復習しかないと思います。特に、声を出して反復するというのが効果的です。同じ反復でも、声を出したときのほうが10%ほど記憶率が上がるという研究もあります。この研究によると、最もよい復習の方法は、学んだ後、少し休んでから、**声を出して5回反復を2度**行うことだそうです。問題を解いて解きっぱなしという受験者が多いようですが、解答のポイントをまとめるかアンダーラインを引くなどして、その部分を5回、音読してみてはいかがでしょう。

「なんだかマンネリだな！何をやっても覚えられない！」こんなときってありますよね。こういう〝壁〟を作らないためにも、1日1回は何か自分の好きなことをする時間を作りましょう。ただし、のめり込んではいけません。それは気分転換ではなく「逃避《とうひ》」です。

どうしても「今日はヤル気が起きない！」というときには、思い切って寝てしまいましょう。これも心理学上の統計ですが、同じような作業を立て続けにいくつかやった後より、その作業をやって**寝てしまったときのほうが、最初の作業を覚えている確率は高い**そうです。今日、どうしても覚えられなかったところ1点だけを最後に復習して寝てしまったほうが、記憶に残るのです。

最後に、「ダメだっ！」と思って必死で勉強した後の試験は、だいたいにおいてよい結果となるものです。逆に「こんなに勉強したんだから、もうだいじょうぶだろう」と思っているときは、気が抜けてしまって、そこそこの結果しか出せないものです。公務員試験は短期決戦！ある程度自分を追い込むことが必要だということは覚悟しておいてください。



間があまり取れない在職中のみなさん！朗報です。マウスを使った実験によると、学習はいい環境で行ったほうが効果が上がり、いい環境と悪い環境が繰り返し現れる場合が最も悪い結果でした。ところがその1週間後の実験では、意外な結果が出たのです。いい環境のマウスは、覚えるのも早い代わりに忘れてしまうのも早かったのですが、いい環境と悪い環境を繰り返したマウスは、覚えるのは遅かったものの逆にあまり忘れていませんでした。これは言い換えれば、苦労の中で身につけたものはなかなか忘れないのだということの例証です。逆境にあっても、頑張れば必ず報われます！

# 教養試験（基礎能力試験）とは

## どんな採用試験にも課される最初の関門

マークシート（多肢選択式《たしせんたくしき》、択一式《たくいつしき》）で行われる教養試験（基礎能力試験）は、その内容や試験時間に若干の差はあっても、どんなところでも必ず行われている第一関門の試験です。

その中身は、判断推理、数的推理、文章理解、資料解釈で構成される一般知能（知能分野）と、社会科学、人文科学、自然科学の3分野などで構成される一般知識（知識分野）の2つに大きく分けられます。国家一般職［大卒］の場合、知能分野24題、知識分野6題の計30題を1時間50分、1問当たり約3分半という試験になります。

## 教養試験で問われているもの

教養試験のうち一般知識の部分については、みなさんが中学・高校の授業でやってきたことの繰り返しですし、選択解答制をとっている試験も多いので自然とみんなが自分の得意分野を中心に解答することから、ある程度の高得点で似たり寄ったりということになります。

その一方で、一般知能の分野の問題については、ややこしい文章だったり、計算が必要だったり、解けそうで解けない問題だったり……というわけで、この**一般知能の成否が勝敗のカギを握る**ことになります。

実はコレ、出題者の意図《いと》に沿ったものです。つまり、一般知識の部分については出題者が「社

---

**●基礎能力試験**

国家公務員試験において、教養試験は「基礎能力試験」という名称に変わっています。より知能分野を重視し、知識の詰め込みよりもその場で考える力が求められるようになりました。

**●多肢選択式、択一式**

多肢選択式とか択一式（五肢択一式）と呼ばれているのは、複数（普通は5つ）の選択肢の中から正答を選ぶ方法のことです。大学入試などで使われているマークシート試験と同じです。

**●必須解答と選択解答**

必須解答というのは、たとえば10題出題されていたら10題ともすべて採点対象とする方法です。選択解答というのは、たとえば20題出題されているうちで解答された10題分を採点対象とする方法です。

会人になってもこれだけは知っておいてほしい！」と思っている範囲から出していますので、「ここでみんな7割くらいは正解しておいてね」「あまりできなかった人は、もう一度出直し！」ということなのです。だから差がつかないのは当然です。ここで点数の低い人は深刻に受け止めてください。もう一度、学生時代の教科書や参考書を開いて、コツコツ勉強し直すことが最高最善の方法です。ただし、過去問を見て傾向を知り、この辺が出そうだ（出なさそうだ）というヤマをはるということはあってもいいでしょう。

一方、一般知能では、「難解な文章や資料が読めるかな？」「論理関係がわかっているのかな？」ということと、ヒラメキ・センスを見たいと思っているのです。なぜって、これが（「このような問題が」ではなく「このような問題を解くときに使われるのと同じような能力や思考回路が」という意味です）**社会人になってから必要とされる大切な能力**だからです。ですから、一筋縄《ひとすじなわ》で解けるような問題にはしません。あえて、詰め込み勉強で点数が上がるような問題は出題を避けているのです。

とはいうものの、人間が作る試験ですから、傾向とか、解法のテクニックというものはやっぱりあります。というわけで、そこの部分を勉強してください。本番では、問題集やテキストとまったく同じ問題は出ません。でも、**似たような解き方、パターン**というものはある程度の学習で得られると思います。

## 記述式や短答式の教養試験が課されることも

なお、一部の自治体などの採用試験では、漢字の読み書き、時事用語の説明などの記述式や短答式の教養試験が課されることもありますので、注意してください。

**●国家総合職でTOEFL等の成績で加点！**

国家総合職試験では、より英語力を強化させるため、平成27年度の試験からTOEFL等の英語試験を活用することになりました。TOEFL、TOEICなどの英語試験の勉強は、大学入学直後から取り組んでおいたほうがよいでしょう。

**●自治体で「新方式」の導入進む**

自治体では、教養試験を廃止して、民間と同じSPI試験を導入したり、適性試験と面接だけで合否を決めるところも出てきています。東京都でも一部の試験で、専門試験と論文試験を廃止し、プレゼンテーションとグループワークを導入しました。今後もこのような新方式の導入が広がっていくと思いますので、注意しましょう。

**●各試験の出題例**

以下のページに掲載した問題は、公開されているもの、もしくは受験者からの情報によって実務教育出版が独自に復元したものを引用させてもらいました。

# 社会科学

**政治の出題例**

**近年の雇用に係る法律の改正に関する記述として最も妥当なのはどれか。**

**【国家一般職［大卒］】**

**1**　長時間労働を抑制するため，平成20年に労働基準法が改正され，１か月60時間を超える時間外労働の法定割増賃金率が25％に引き上げられた。また，これに伴い，一定以上の年収がある労働者を労働時間規制から外すいわゆるホワイトカラー・エグゼンプション制度が導入された。

**2**　男女ともに仕事と家庭の両立ができる雇用環境を整備するため，平成21年にいわゆる育児・介護休業法が改正され，事業主は，育児休業を有給化することや通算1年の介護休業制度を整備することが義務付けられた。

**3**　リーマン・ショック以降の雇用情勢の悪化により，いわゆる派遣切りなど，派遣労働者の雇用環境が社会問題化したことから，派遣労働者の保護と雇用の安定を図るため，平成24年にいわゆる労働者派遣法が改正され，登録型派遣や製造業への労働者派遣が禁止された。

**4**　有期労働契約の反復更新の下で生じる雇止めに対する不安を解消し，労働者が安心して働き続けることができるようにするため，平成24年に労働契約法が改正され，有期労働契約が5年を超えて反復更新された場合，労働者の申込みにより，無期労働契約に転換させる仕組みが導入された。

**5**　高年齢者が少なくとも年金受給開始年齢まで働き続けられる環境を整備するため，平成24年にいわゆる高年齢者雇用安定法が改正され，年金支給開始年齢の引上げに併せて定年を65歳に引き上げることが事業主に義務付けられた。

**正答　4**

## 政治／経済／社会という構成。新聞を読んで時事問題に詳しくなろう！

社会科学では、**政治、経済、社会**の各分野の基礎的な知識と時事問題が問われます。大まかな出題範囲を示すと

政治　憲法と民法の基本的な分野、選挙制度、国際情勢などから出題されます。

経済　計算するような問題は少なく、最近話題となっている経済問題などについて問われます。

社会　社会学、社会政策的な問題と最近の社会問題・時事ネタ（少子高齢化など）が出題されます。

だいたいが高校の教科書を読み返せば対応できる問題です。専門試験でより詳しい中身が問われる分野なので、教養試験（基礎能力試験）では大まかな制度を知っているかということが見られています。また、最近の時事的な問題、もしくはそれからヒントを得た問題が出題されますので、毎日、ニュースを見て、かつ**新聞の1面と政治、経済、国際の各欄**を読んでおくことを心掛ければ、着実に力がついてきます（ついでに、自分の志望官公庁の記事を切り抜いてスクラップし、短いコメントを書く練習をしておくと、面接対策の貴重な資料ができあがります）。時間に余裕があれば、『国民生活白書』などを読んでおくと効果的だと思います。

# 人文科学

**世界史の出題例**

**近世のイギリスの政治に関する記述として最も妥当なのはどれか。**

**【国家一般職［高卒・社会人］】**

**1**　チャールズ１世は，王権の回復を図るため，農民や商人に多かったピューリタンと手を組んだが，これに対し，議会は「権利の章典」を出して共和政の確立を求めた。

**2**　クロムウェルは，重商主義政策を推進し，航海法を定めてオランダの中継貿易に打撃を与えた。このことが原因となり，両国間に英蘭戦争が起こった。

**3**　ジェームズ２世は，絶対王政の復活を目指し，議会を無視して増税を行った。議会は「代表なくして課税なし」をスローガンとする「権利の請願」を提出して，増税に反対した。

**4**　メアリ２世とウィリアム３世は，ウォルポールを首相に任命し，信教の自由を徹底させた。ウォルポールは国教会の政治への干渉を排し，内閣が国王に対して責任を負う責任内閣制の基盤を作った。

**5**　アン女王は，名誉革命の成功により，オランダから迎えられた。即位後は，貧しい農民や手工業者などの水平派の支持を得て，スコットランドの大ブリテン王国からの独立を認めた。

**正答　2**

## 文学・芸術／日本史／世界史／地理／思想。特に思想は要注意！

人文科学では、**文学・芸術、日本史、世界史、地理、思想**の各分野が問われます。

文学・芸術　文学・美術・音楽の代表的な作品の名前、作者を覚えましょう。時代背景と結びつけると覚えやすいでしょう。

日本史、世界史　学校での勉強がおろそかになってしまった近現代史からも出題されます。高校の教科書を読んでいると膨大《ぼうだい》ですので、**日本史と世界史の年表**をよく読むほうが効果的です。特に、時系列という縦のつながりだけでなく、**横の広がり**（同時代の日本、東洋、西洋の対比）に注意して勉強するとよいでしょう（地図や資料がたくさん載っている年表のほうが便利ですよ）。

地理　世界の気候などのほか、代表的な国の位置、首都、貿易・産業について問われます。最新の世界地図帳と貿易・産業統計に目を通しておきましょう。

思想　西洋、東洋の思想から出題されます。「最近の若者は、現代社会・政治の基礎を形作ってきた近現代の西洋の政治思想・哲学についての勉強が足らん！」と出題者は思っていますので、このあたりについてはよく勉強しておきましょう。

# 自然科学

**物理の出題例**

水平と30°の角をなす斜面上にある物体が斜面に沿って滑り落ちる場合，同じ高さを垂直に自由落下したときに比べて，加速度，時間，速さはどうなるか。　【地方初級】

| | 加速度 | 時間 | 速さ |
|---|---|---|---|
| 1 | $\frac{1}{2}$ | $\sqrt{2}$ | $\frac{1}{2}$ |
| 2 | $\frac{1}{2}$ | 2 | 1 |
| 3 | $\frac{1}{3}$ | $\sqrt{2}$ | $\frac{1}{2}$ |
| 4 | $\frac{1}{4}$ | 2 | $\sqrt{2}$ |
| 5 | $\frac{1}{4}$ | $2\sqrt{2}$ | $\frac{\sqrt{2}}{2}$ |

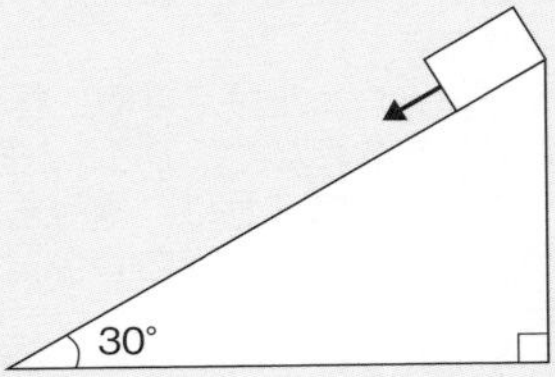


正答　2

## 理科系科目。数学／物理／化学／生物／地学という構成

自然科学は、**数学、物理、化学、生物、地学**で構成され、科学的・合理的な知識が問われるような問題となっています。それぞれの科目の出題数は各試験で1～2問で、試験によっては出題されない科目もあります。

大まかに出題範囲を示すと、

数学　式と計算、関数とグラフ
物理　力学、波動、電磁気学、現代物理学、熱
化学　基礎理論、無機化学、有機化学
生物　同化・異化、恒常性の維持、生殖《せいしょく》・遺伝
地学　気象、天文、地球の構造と歴史

となっています。おおよそ高校の教科書からの出題が多くなっているようです。

自然科学は出題数が少ないですし、数学や物理が苦手ということで「捨て科目」にしてしまっている受験者も多いようです。しかし、近年では地球環境問題など社会生活上で触れることの多い題材がテーマとして取り上げられることも増えていて、理科系の人しか解けないような難問はあまり見られません。ざっと**最近の科学の話題や教科書を見直す**だけでも、何点か拾えるかもしれませんよ。

# 判断推理

**出題例**

あるコンテストが行われ，A～Dの４人に１位～４位の賞が与えられることになり，その順位を決定した。ところが，後からもう１人Eにも賞を与えなければならないことが判明したので，１位の上に特賞を設けることにした。そして，A～D４人に関してはすでに決定した順序はそのままとし，そこにEを加えて新たに順位を付け直した。これについて以下のことがわかっているとき，確実にいえるものは次のうちどれか。　【地方上級】

・Aの順位はEを加える前後とも3位で変わらなかった。
・AとBの順位の差はEを加える前後とも1であった。
・BとCの順位の差はEを加える前後とも2であった。
・Eを加えたことでDは順位が変わった。

**1**　特賞はEである。
**2**　Bは4位である。
**3**　Cは1位である。
**4**　DはCよりも上位である。
**5**　Eは2位である。

**正答　4**

## 論理パズル。余白に図や表を書いて整理しよう

判断推理は、公務員試験特有の科目で、決められた条件から推理して、そこから導き出される結論を選択肢から選び出す問題です。国家公務員の高卒程度の試験では科目名が**課題処理**となり、より実務的で処理能力が試される出題になります。

命題《めいだい》と論理、対応関係の推理、数量条件からの推理、順序や配置などの問題が出されます。こういった論理問題もある意味、文章読解です。問題文の主語・述語、条件・結論に下線を引いたり、丸で囲んだりして自分のわかりやすいように加工しましょう。さらに、問題用紙の余白に条件ごとに○とか×を書いて**図や表にして整理**すると、ややこしさが半減して解きやすくなります。

図形問題では、立体図形やその展開図、平面図形などが出題されます。また図形が移動したときに図形中の1点がどのような軌跡《きせき》を描くか、というのもよく出題される問題です。これもアタマの中だけで考えていると煮詰まってしまうので、余白に図を書くと理解しやすいことがあります。

なお、判断推理のうちの図形分野のことをさして、特に**空間把握**または**空間概念**と呼ぶ場合もあります。

# 数的推理

出題例

次の図のように，長方形ABCDの辺ABを１:２に分割する点をＥとし，辺CDを１:１に分割する点をＦとする。線分AFとDEの交点をＰ，線分BFとCEの交点をＱとしたとき，中央にできる四辺形PEQFの面積はいくらになるか。長方形ABCDの面積は5,040cm²とする。
【警視庁警察官Ⅰ類】

**1**　1,121cm²
**2**　1,224cm²
**3**　1,236cm²
**4**　1,248cm²
**5**　1,254cm²

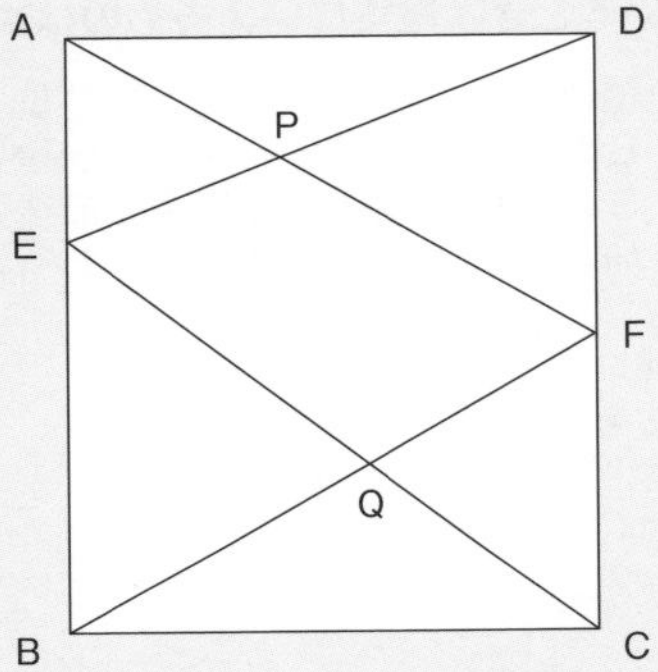


正答　**2**

## 確率、方程式、図形など。問題用紙の余白を有効活用

数的推理は、高校までの基礎的な算数・数学からの出題ですが、解き方にヒラメキを必要とするような問題、すなわち確率（順列・組合せ）、文章から方程式を導き出して解く問題、速度に関する問題、図形に関する問題などが出されます。

確率については、もう一度高校時代の教科書を読み直し、練習問題を解くのが一番です。

計算問題については、アタマの中で暗算するのではなく、ちゃんと**余白に式を残しておく**こと。こうすれば、最後の見直しのときに計算ミスを発見できます。

図形の問題では、いかに有効な**補助線**を引くかというヒラメキが結果を左右します。いくつも線を引っ張ってグチャグチャになると余計に混乱してきますから、そのたびにきれいに消して考え直したほうが早道です。

なお、数的推理と判断推理は境界線がはっきりしないため、分野が重複していたり、２つを融合したような問題も見られます。また、国家公務員の高卒程度の試験では科目名が**数的処理**となり、より実務的で処理能力が試される出題になります。

# 資料解釈

**出題例**

表は，ある家庭の費目ごとの食費について，先月の食費の支出総額に占める割合と今月の支出額の先月比増加率を示したものである。この表から確実にいえるのはどれか。なお△はマイナスを表す。

【入国警備官】

| 費　目 | 先月の食費の支出総額に占める割合〔%〕 | 今月の支出額の先月比増加率〔%〕 |
|---|---|---|
| 主　食 | 16.3 | △6.7 |
| 副食品 | 51.1 | 9.8 |
| し好食品 | 21.7 | 4.5 |
| 外　食 | 10.9 | 30.3 |

**1**　今月の食費の支出総額は，先月に比べおよそ20%増加した。
**2**　今月の主食の支出額は，先月のそれよりも多かった。
**3**　先月比増加額が一番多かったのは，副食品である。
**4**　外食の食費の支出総額に占める割合は，今月よりも先月のほうが高かった。
**5**　し好食品の今月の食費の支出総額に占める割合は，10%以下だった。

正答　**3**

## グラフや表などの統計資料を客観的に見る

資料解釈とは、グラフや表を使った判断推理・数的推理といってもよいもので、グラフや表を見て、正しくいえるものを選択肢の中から選ぶというものです。最近は、複合的な視点が求められていますので、1つの資料だけでなく複数の資料を見させてその相関関係などを判断させるような問題も出ています。

選択肢の中には、紛《まぎ》らわしい表現があったり、社会常識的には正しいことだけれども資料からは読み取ることのできない内容があったりします。常識や先入観が逆に足を引っ張ってしまうので、〝他事考慮《たじこうりょ》〟をせず、あくまで問題の中の文章とグラフ・表のみから判断することを忘れないようにしてください。

資料を眺《なが》めているうちについつい面倒になって、つかみで「こんなもの」と答えを出してしまいがちですが、増減率とか構成比などの資料の場合には$x$とか$y$を使ってちょっと計算式に置き換えてみると答えが出てくる場合もあります。

地理や経済の勉強をするときに、**各国の貿易・産業の統計を見る**訓練をしておきましょう。また、時事問題などで利用されることの多い**白書を読む**のも勉強になります。

# 文章理解

現代文の出題例

**次の文の趣旨として最も妥当なのはどれか。**

**【国家総合職】**

美は主体とからまることがほとんど絶対にない。ナルシシズムは自己を客体とした二重操作による美の把握であって，それも自己が客体となることには変りがない。ところで行動とはあくまで主体的なものである。行動とは，自分のうちの力が一定の軌跡を描いて目的へ突進する姿であるから，それはあたかも疾走する鹿がいかに美しくても，鹿自体には何ら美が感じられないのと同じである。およそ美しいものには自分の美しさを感じる暇がないというのがほんとうのところであろう。自分の美しさが決して感じられない状況においてだけ，美がその本来の純粋な形をとるとも言える。だからプラトンは「美はすばやい，早いものほど美しい」と言うのである。そしてまたゲーテがファウストの中で「美しいものよ，しばしとどまれ」と言ったように，瞬間に現象するものにしか美がないということが言える。そしてその美を，その瞬間にして消え去る美を永久に残る客体として，それ自体一つのフィクションとして，この世にあり得ないものとして現実から隔離してつくり上げたものが造形美術なのである。

では行動の美というのはどんなものであろうか。行動の美ということ自体矛盾であるのはいま述べたとおりである。そして本来男は自分が客体であることをなかなか容認しないものであるから，男が美しくなるときとは彼自身がその美に全く気がついていないときでなければならない。その行動のさなかで美が一瞬にして消える姿は，あたかも電流が自分のからだを突き抜けて去ったように，彼自身には気づかれないのが普通である。しかし美の不思議は，もしそれを見ていた第三者がいたとすれば，その第三者の目にはありありと忘れ難い映像を残すということである。

**1**　行動の美というものは本質的に矛盾を含んだものであるので，行動の美があるとすればそれは現実から隔離して作り上げられた造形美術の中にしかない。

**2**　行動の美は，主体がそれと気づかぬうちに第三者の意識の中に突然生じるものであるので，主体そのものが持つ美とは本来関係ないものである。

**3**　行動の美は，行動の主体が自らを美しいと感じていないことを条件に生じるものであるので，主体が自らの美を意識することで美は消え去ってしまう。

**4**　行動の美は，一瞬のうちに生じ次の瞬間には消え去ってしまうものであるので，これを美としてとらえることは一般に極めて難しい。

**5**　行動の美は，主体が目的に向かって突き進むつかの間に生じるものであるが，見る者のみに忘れ難い印象を刻み込む。

**正答　5**

※文章の出典は、三島由紀夫『行動学入門』

※旧国家Ｉ種時の出題

英文の出題例

次の文の要旨として妥当なものはどれか。

【市役所上級】

It is often said that the Japanese are not a religious people. I wonder if this is not a mistake arising from the fact that relations between gods and men continue to be uncomplicated. Many things that are in their way religious, therefore, do not strike us Westerners as such. They are not absolute and inexorable enough. The observances of Shinto are not earnest enough to be acknowledged as religious. The essential element of the religious, the recognition of gods, is present all the same, and so perhaps the Japanese are more religious than the common view has them to be.

**1**　日本の神道の行事は生活と密接な関係を持っており，西洋人に比べて日本人は宗教を重んずる国民といえる。
**2**　日本における神々と人間の関係は西洋人からは理解されにくいが，日本人は通常いわれているよりも宗教的である。
**3**　日本の神道は，西洋の宗教と違い完全さを厳しく追求しないので，宗教とはいえない。
**4**　日本人は，根本には神を人間の生活にとって不可欠なものと思う気持ちを持っており，西洋人と違う形ではあるが十分宗教的である。
**5**　日本人は神道の行事に宗教的意味を置いていないので，西洋人から見ると，そこに宗教的真剣さがあるとは思えない。

正答　**2**

## 現代文、英文。内容把握がメイン

文章理解は、現代文や英文を読ませ、その内容がつかめているかどうかを試す問題が出題されます。

現代文は、ある程度の長文を読ませてその趣旨《しゅし》や内容を把握しているかどうかを問う問題です。よく、小説などを読んでいれば読解力が付くといわれますが、あまり効果的とはいえません。小説は、情緒《じょうちょ》、感情に訴える文ですが、公務員試験に出る文や今後仕事で使う文は、論理的な文章です。学術書や評論、法律の条文を読みこなせるかどうかなのです。というわけで、特別なトレーニングをする必要はなく、**基本書をきっちり読む訓練**をすれば、それが文章理解対策にもなります。指示代名詞や接続詞に注意し、丁寧に読むクセを付ければ、趣旨や文の前後関係がわかるようになります。

英文も、一つ一つの単語の意味にはこだわらず、全体で何をいっているのかをつかむようにします。公務員試験の勉強中でも、ときには気分転換に英字新聞を読むことをお勧めします。

# 教養試験の勉強法

## 1問3分で過去問を解く

教養試験に限らずマークシート（多肢選択式、択一式）試験の場合、**1問3分が原則**です。3分たってもわからなかったら、いったんその問題から離れましょう。1問でも10分以上かけてしまうと、本番ではドツボにはまってしまいます。というわけで、家で過去問を解くときも1問3分でトレーニングしておき、模擬試験や本番でも3分で答えが出なかったら気持ちを切り替えて次の問題に移るべきです。未練を残してはいけません。時間が余ったら戻ればいいんです。

勉強するときの基本は、**過去問を解く**ことです。まったく同じ問題が出るわけはありませんが、公務員試験では、似たような問題、同じパターンの問題が繰り返し出されています。それに、試験委員が練りに練った問題ですから、最もクオリティが高い問題なんですよ。ですから、一般知識の部分は過去5年分、一般知能の部分は過去10年分はやっておきたいところです。

それから、模擬試験では、過去の出題傾向を踏まえて出題されそうな範囲を予想していますので、出題された論点については基本書を読み直すなど丁寧にフォローしておきましょう。また、その前後の事項についても勉強しておくとよいでしょう。

なお、教養試験に限らず、マークシート試験全般にいえることですが、選択肢の文字数が一番少ないものと一番多いものが怪《あや》しい可能性が強いですので、どうにも答えがはっきりしないときには、この2つに焦点を絞って再検討してみるのも一つの方法です。

### ●対策と慣れが肝心

前ページまで実際の教養試験の問題の例を見てみましたが、結構難しいでしょ？　高卒程度試験の問題だからカンタン！というものではないことがおわかりになったと思います。ですから、シッカリ対策を練って、問題に慣れておかないとダメなんです。

### ●試験問題の公開

情報公開の流れで、過去問を公開している試験が増えてきました。受験案内に前年の試験問題例が添付されていたり、ウェブサイトの職員採用ページの中で過去問を公開していたりします。（150ページ脚注参照）

それ以上昔の問題を知りたい場合には、学校の就職部で過去の受験案内を見てみるとよいでしょう。それでもない場合は、直接人事に問い合わせてみるという方法もあります。実費を支

## メリハリをつけ、総合点を上げる努力を

教養試験は前にもお話ししたとおり「ふるい落としのための試験」と割り切りましょう。この科目で何点、こっちは何点などといった各科目ごとの合格最低点などというものは設けていません。ですから、満遍《まんべん》なく解答する必要なんてありません。それに、こんなに出題範囲の広い試験、どうせ、全部カバーできる受験者なんていないんです。できない問題、**不得意な分野はバッサリと捨て、とにかく総合点を上げる努力**をしましょう。

一般知識については、高校のときに使っていた教科書や参考書を見直すのがいいと思います。広く浅くが基本ですが、出題数の多い科目を押さえることを優先させましょう。万一、難解な問題が出ても、**自分が解けないと思ったときには、ほかの人もできていない**ものですから、だいじょうぶです。大事なのは正答率の高い問題を落とさないことです。時事問題については最新の時事用語集などを読んでおいてください。これで、面接試験にも対応できるようになります。物理などの自然科学分野は、知っていれば簡単に解ける問題なのかもしれませんが、勉強したことのない方にとってはチンプンカンプンですよね。高校時代、こういった科目を得意科目にしていた方は、2~3問これだけで取れますから有利だと思います。わからないときには「できないものはできない」と割り切らないと時間配分を間違えます。

一般知能は、解き方・テクニックを知っていれば対応できる部分が大きいと思います。特にテクニック・解法を詳しく説明している問題集で傾向に慣れましょう。鉛筆1本あれば電車の中でもできます。解き方がわかってくれれば、あとは応用ですから難しいことはありません。必ず3分間は自分で考えてから解説を見るようにしましょう。

---

払えばコピーをもらえる場合もあります。

なお、まだ試験問題を公開していない試験もありますよね。こういうところは、試験問題の作成・採点をほかの機関に外部委託しているので（107ページ参照）、その契約上、問題を非公開としているという事情があるようです。公開されていない試験の出題傾向を知るためには、現時点では、受験雑誌や予備校などの出題分析を参考にするしかありません。

**●出題内容の見直し**

令和6年度から、国家総合職試験（春試験）、国家一般職試験［大卒］、国家専門職試験［大卒］において、基礎能力試験の出題数が30題になり、知識分野は時事問題中心になります。また、人事院が実施する高卒程度試験を含む全ての基礎能力試験において、情報分野の問題が出題されます。

# 専門試験とは

## 多肢選択式と記述式がある

専門試験には、多肢選択式と記述式の２つの試験方法があって、多肢選択式しかない試験と両方ある試験があります。両方ある場合には、記述式の専門試験は第２次試験で行われることが多いようです。受験を希望されている試験の内容をよく確認しておきましょう。

人事院が公表した配点比率によると、国家総合職［大卒］の場合は１次基礎能力が15分の２、１次専門が15分の３、２次専門が15分の５、２次政策論文が15分の２、２次人物が15分の３であり、国家一般職［大卒］の場合は１次基礎能力が９分の２、１次専門が９分の４、１次一般論文（ないしは専門）が９分の１、２次人物が９分の２となっていて、いずれも多肢選択式の基礎能力試験（教養試験）よりも多肢選択式と記述式の**専門試験の配点比率のほうがずっと高い**ことがわかります。第１次試験の突破というと、ついつい教養試験対策にのみ目が行きがちですが、同時に専門試験の対策も怠らないようにしなければならないのです。

また、国家公務員試験では、思考力や応用能力などをより的確に検証するため、記述式の専門試験や政策論文（一般論文）試験の配点比率をだんだんと引き上げてきています。今後、ほかの試験にも記述式の専門試験を重視する動きが波及すると思われますので、専門試験の対策にはより一層力を入れるべきでしょう。なお、論点は把握できてもそれを説明する能力、文章力に欠ける答案も多くなってきていますので、こういう部分も採点対象となります。

**●多「枝」選択式？ 選択「枝」？**

多「肢」選択式、選択「肢」の間違いじゃないの？といわれることがよくありますが、「肢」というと人間の手足を連想してしまうからか、公務員試験では「枝」の字を使って「多枝選択式」「選択枝」とすることがあるようです。

**●試験制度改革**

令和６年度から、国家総合職［院卒］の行政区分、国家総合職［大卒］の政治・国際・人文区分、法律区分、経済区分の専門試験（記述式）において、解答題数が削減されました。

**●記述式**

マークシートではなく解答用紙に答えを文字や文章で記入する方法を全般的に記述式といっています。

数百字程度の短文を書かせる場合もあれば、論文や作文を書

## 科目ごとの出題数は少ないが、勉強範囲は広い！

専門試験は、国家一般職［大卒］の行政区分の場合、政治学、行政学、憲法、行政法、民法（総則および物権）、民法（債権、親族および相続）、ミクロ経済学、マクロ経済学、財政学・経済事情、経営学、国際関係、社会学、心理学、教育学、英語（基礎）、英語（一般）の16科目80題中8科目40題解答の多肢選択試験のみとなっています。

地方上級の行政区分の専門試験は、第1次試験で行われたり第2次試験で行われたりします。また、多肢選択式試験だけの場合とそれに加えて記述式試験も行う場合もあります。さらに、各自治体によって出題科目もさまざまです。ですから、希望される自治体の試験方法と出題科目をよく確認しておいてくださいね。一例として神奈川県のI種（行政）の場合、専門試験は第1次試験で行われ、憲法、政治学、行政学、行政法、民法、刑法、労働法から26題、経済学（経済原論、経済政策、経済事情、経済史）、財政学、経営学から23題、社会政策、心理学、統計学、社会学、国際関係（国際政治学、国際経済学、国際法）、教育学から18題、数学・物理、情報・通信工学から13題の計80題中40題回答の多肢選択式となっています。

むむむ。科目多すぎ！しかもそれぞれの科目だってかなり範囲が広いし、焦点が絞りづらい！どこをどう勉強すれば効率的なのかわからない！というところが受験者泣かせですよね。

これらの中で憲法、民法、行政法、経済学は押さえておいたほうがよい科目です。それ以外は、得意な科目とか**併願する試験で重なっている科目を選択**するなどして、勉強する科目を減らせます。また、各試験によって出題の特徴・傾向があるので、受験雑誌や予備校などから情報を仕入れて対策を練ると、効果的な勉強ができると思います。

かせる場合もあります。経済だとか理系の科目の場合には、数式やグラフを書かなければならないこともあります。初級職や警察官、技能・労務職の試験などでは、漢字の書き取りや読みがなを書かせる場合もあります。

# 憲　法

出題例

**衆議院議員の定数不均衡に関する次の記述のうち，判例に照らし，妥当なものはどれか。** **【地方上級】**

**1**　衆議院議員選挙において，１人２票を認めるに等しい2倍の格差がつく場合には，投票価値の平等に反し違憲である。
**2**　定数不均衡により違憲となった場合には，過小の選挙区の選挙は違憲無効となるが，定数分配が全体として違憲無効となるわけではない。
**3**　定数が不均衡な状態であっても，国家がそれを是正する合理的な期間内であれば，違憲にならないことがある。
**4**　定数不均衡により違憲となった場合には，当該選挙は違法であり，無効となる。
**5**　定数不均衡の問題は統治行為に該当するので，裁判所が判断すべきではない。

正答　**3**

## 統治と人権。条文だけでなく背景や政治思想を知る

憲法は大きく統治と人権に分けられます。試験によって統治の比率が高いなどの傾向がありますので、事前に情報収集をしておくとある程度絞った勉強が可能です。

統治では、司法・立法・行政の基本的な仕組みを覚えるとともに、「3分の2」とか「30日」などの要件については似たようなものがたくさんあるので、しっかり覚えましょう。

人権に関しては、どういう権利があって、どんな判例があって、今その権利の何がトピックになっているかを押さえましょう。

「憲法好きの法律オンチ」ということがあります。ほかの法律のように条文を丸暗記しただけでは、憲法は対応できません。憲法の場合には、その条文ができるに至った経緯、その**背景**、**政治思想**といったことが理解できていないとダメなのです。また、極端に条文が少ないので、現代社会に合わせて新しい人権をどう考えていくかという、法律論というより政治論・制度論的な側面もあります。というわけで、民法などのほかの法律とちょっと中身も違いますし、勉強法も違うんです。

# 民法

出題例

**占有回収の訴えに関する次の記述のうち，最も適当なものはどれか。**

**【裁判所】**

**1**　Xは，A所有の時計を賃借して占有していたが，Bにだまされて Bに交付した。この場合，Aは，Bに対し，占有回収の訴えにより時計の返還を求めることができる。

**2**　Aは，Xを債務者として，X所有の指輪を目的とする質権を設定し，この指輪を占有していたが，BがAからこの指輪を窃取した。この場合は，Aは，Bに対し，質権に基づく返還請求訴訟または占有回収の訴えのいずれによっても指輪の返還を求めることができる。

**3**　Aは，Xが所有し，占有する時計をXから窃取した。その後，Aがこの時計を所持していたところ，BがAからこの時計を窃取した。この場合，Aは，Bに対し，占有回収の訴えにより時計の返還を求めることはできない。

**4**　Aは，X所有の建物をXから賃借し，そのうちの一室をBに転貸した。その後，Bは，この一室の返還を拒絶し，自己のためにのみ占有する旨の意思を表示した。この場合，Aは，Bに対し，占有回収の訴えによりその一室の明渡しを求めることができる。

**5**　Aの占有する指輪を所有者であるBが窃取したことを理由に，AがBに対して占有回収の訴えを提起した場合，Bは，防御方法として，指輪の所有権を主張することは許されないが，所有権に基づく反訴を提起することは許される。

**正答　5**

## 総則、物権、債権、親族・相続。出ない部分はバッサリ捨てる

民法は、ウンザリするほど条文があります。基本書を読むにしても、全部を通して読もうとすると何冊も！　総則《そうそく》から始めて、途中でイヤになってやめて、やっぱりやらなきゃ！とまた総則から始めて……と、試験に出ない総則の冒頭ばかりやたら詳しくなっちゃう（笑）。

というわけで、全部を読むのはやめたほうが得策。公務員試験にあまり**出ない部分はバッサリ切り捨て**ましょう（親族・相続なんかは読んでいるとおもしろいんですけどね）。現代経済社会の中でよく使われる部分、売《ばい》買《ばい》、債権《さいけん》、賃貸、所有権、抵当権、こんな言葉をよく聞きますよね。こういう部分についてよく出題されます。

ですから、何も最初の総則から勉強を始める必要もありません。債権や物権《ぶっけん》から勉強を始めたほうが、むしろスーッと入っていけます。あとは、ひたすらおっくうがらずに条文を引いて、判例を覚えてという**コツコツ型・ホフク前進型の勉強**しかありません。判例六法を買って、過去問で出題された条文・判例をマーカーでチェックしておくと、読むべき条文・判例と読まなくていいものの区別がはっきりしてきます。

# 行政法

出題例

**行政上の義務履行確保に関する次の記述のうち，妥当なのはどれか。**
**【国家一般職［大卒］】**

**1**　行政代執行法に基づく代執行の対象となる義務は法律により直接成立する義務に限定され，行政庁によって命ぜられた行為は対象とならない。
**2**　直接強制は，義務者が義務を履行しない場合に，直接，義務者の身体又は財産に実力を行使して，義務の履行があった状態を実現するものであるが，直接強制について一般法は制定されておらず，個別法の定めによっている。
**3**　一定額の過料を課すことを通じて間接的に義務の履行を促す執行罰は，行政罰の一類型であり，相手方の義務の不履行の状態が続いているからといって，反復して課すことはできない。
**4**　金銭債権について，法律が行政上の強制徴収の手段を設けている場合であっても，この手段によることなく，一般の金銭債権と同様に，民事上の強制執行を行うことができるとするのが判例である。
**5**　納税義務の違反者に対して課される加算税と刑事罰の併科は，憲法第39条に定める二重処罰の禁止に抵触し，許されないとするのが判例である。

**正答　2**

## 総論、作用法、救済法、組織法。勤めてからも結構使うことになる

六法で「行政法」という名前の法律を探した人、手を挙げて〜！（笑）。

憲法、民法と違って、「行政法」という名の法律はありません。個別具体的な法律の集合体です。試験勉強の数ある科目の中で、晴れて公務員となってからも最も使うこととなるのがこの行政法ですから、今のうちから丁寧に勉強しておくに越したことはありません（これは、司法、立法で働く公務員でも同じです）。

この中で頻出なのは、行政作用法の中の**行政行為と行政手続**の部分、それから**行政救済法**です。行政組織法ですとか、個別の法律の中身については、公務員試験ではほとんど出題されません。行政行為と行政手続については、基本書をじっくり読み判例を押さえるという勉強になるでしょう。行政救済法というのは、民事訴訟法・刑事訴訟法みたいなものです。判例に加えて行政事件訴訟法、行政不服審査法、国家賠償《ばいしょう》法の条文をしっかり押さえた勉強が必要になります。

なお、これらの範疇《はんちゅう》外の地方自治法についてもよく出題されますので、頻出のところだけは見ておきましょう。

# その他の法律系科目

**労働法の出題例**

**労働基準法に定められた労働時間に関する次の記述のうち，妥当なのはどれか。**
**【労働基準監督官】**

**1**　1週間の法定労働時間は，原則として40時間であるが，常時使用する労働者が10人未満の製造業等の小零細規模事業場については，法律上の猶予措置で44時間となっている。

**2**　フレックスタイム制を採用している場合においても，使用者は一定の要件に該当する労使協定を締結し，労働者が労働しなければならない時間帯を定め，その間は労働者が自らの裁量で出退勤を自由に決定できないようにすることができる。

**3**　1年単位の変形労働時間制を採用する場合には，変形期間を平均して所定労働時間を1週40時間以下とすれば，1日および1週間の所定労働時間は自由に定めることができる。

**4**　事業場外労働についてみなし労働時間制を適用すれば，労働者が事業場外で業務に従事した場合には，労働時間が算定可能な場合でも，所定労働時間労働したものとみなして労働時間を算定することができる。

**5**　業務の性質上その遂行の方法を大幅に労働者の裁量にゆだねる必要があり，使用者が具体的な指示をすることが困難な場合は，労使協定を締結すれば，どのような業務でもみなし労働時間制が適用できる。

**正答　2**

## 商法／刑法／労働法／国際法など。受験案内の確認を

そのほか、どのような法律から出題されるかは各試験により異なりますので、ご自身が受験される試験の受験案内をよく確認しておきましょう。このような法律の出題は、問題数の多い多肢選択式試験の中で1問から数問程度です。ですから、あまり根《こん》を詰めて勉強しすぎても投資の割に得るものが少ないこととなります。通しで勉強する必要はなく、**過去問を中心に、頻出分野だけ集中的に**勉強するようにしましょう。

商法には、会社法と商総則・商行為、手形・小切手法があります。メインは会社法ですが、ここのところ毎年のように改正がありますので、テキストは常に最も新しいものを読みましょう。過去問についても法改正があると正答が変わってしまうことがあるので、注意が必要です。

刑法は、総論と各論に分かれます。学説の深みにはまってはいけません。公務員試験では通説と判例の範囲内で解ける問題しか出ません。また、財産犯など出題頻度の高い刑罰と出ない刑罰がありますのでメリハリをつけましょう。

労働法は、労働三法（労働基準法、労働組合法、労働関係調整法）を中心に、国際法は、国際私法ではなく国際公法を中心に勉強してください。

# 経済理論

**出題例**

マクロ経済モデルが以下のように与えられている。

$Y = C + I + G$
$C = 0.8\ (Y - T)$
$I = 20$
$G = 10$

（ただし，$Y$：国民所得，$C$：消費，$I$：投資，$G$：政府支出，$T$：税収）

今，政府が均衡財政を維持していたとして，完全雇用国民所得が120であるとすると，経済はどのような状態にあるか。

【市役所上級】

**1**　2のインフレギャップ
**2**　8のインフレギャップ
**3**　12のデフレギャップ
**4**　6のデフレギャップ
**5**　2のデフレギャップ

正答　**5**

## ミクロとマクロ。アレルギーになるほどではない

法律など、ほかの文系科目を専攻してきた人は、経済関係の科目を食わず嫌いする傾向がありますが、最近の公務員試験の傾向では、法律・行政系の人も経済の問題を、経済系の人も法律や行政の問題を解くことが要求されています。

経済理論（経済原論、経済学と呼ぶこともあります）は、マクロ経済学とミクロ経済学に分かれます。**マクロ経済学**は、**一国の経済全体を見る**もので、経済の三態（政府・企業・家計）を総体として分析するものです。GDP成長率などの経済成長率や、消費者物価指数などの各種の経済指標で、経済を数値的にとらえます。一方、**ミクロ経済学**は、経済の基本単位である**企業や家計など個別の主体を見る**ものです。

もーっと簡単にいうと、木の1本1本を見て、こんな感じの森なんだーと全体像を把握するのがミクロ経済で、空の上から「あー、こんな森ね」と見るのがマクロ経済です。私たちひとり一人が買い物に行きたくなる気持ちを分析するのがミクロ経済で、「こんな不景気じゃ、だれも買わんわな」と見るのがマクロ経済。わかりました？（笑）

**出題例**

図は*A*財と*B*財の市場を表している。両方の市場に，単位数量当たり2の従量税を課税する。そのときの税収はそれぞれ18と32で合計50となり，両市場に死荷重（超過負担）が発生する。

一方，*A*市場にだけ従量税を課税して50の税収を確保する場合，単位数量当たりの税の大きさは10になるが，そのときの死荷重は，*A*財と*B*財の両市場に課税したときの死荷重の何倍になるか。　【国税専門官】

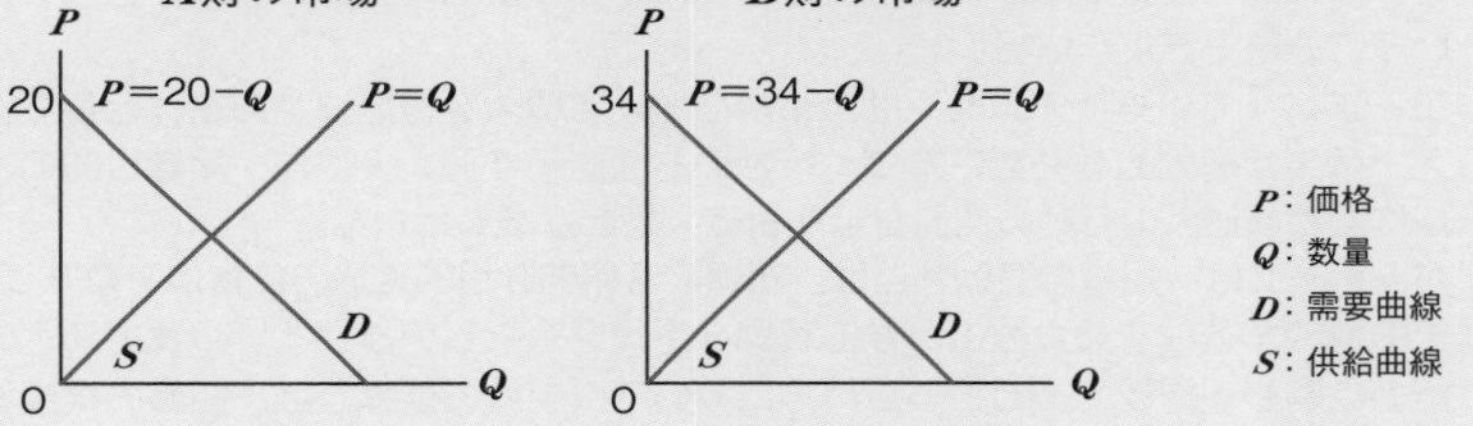


**1**　2倍
**2**　5倍
**3**　7.5倍
**4**　12.5倍
**5**　25倍

正答　4

基本書は、それぞれ1冊で足ります。しかもグラフや式があったりして、中身的には法律書の1冊を読むよりずーっと簡単です。経済区分で受験される場合の経済理論の試験では、それなりに難しい数式を解かなければならない問題も出題されますので、サブテキスト的なものが必要になりますが、法律・行政系の試験の場合には、基本的な問題が中心で、複雑な式やグラフは出ませんので、なるべくコンパクトな（でも、式やグラフの中身について丁寧な解説がなされている）**基本書を中心に、過去問で応用力を付ける**のがいいと思います。

マクロ経済学では、国民所得理論、*IS*−*LM*モデル、*AD*−*AS*分析、財政・金融政策の効果などが、ミクロ経済学では、需要と供給の価格弾力性、費用曲線、最適労働供給、独占などが頻出分野です。

また、経済理論は経済科目の基礎部分ですので、この勉強をしっかりやっておくと、ほかの経済系科目（財政学や経済政策など）にも入りやすくなります。

なお、学校の経済理論の授業の中にはマルクス経済学もありますが、公務員試験では出題されません。

# その他の経済系科目

**経営学の出題例**

**意思決定論に関するA～Dの記述のうち，妥当なものを選んだ組合せはどれか。** **【地方上級】**

A：サイモンは，目標達成手段としての行動代替案は，十分な種類が識別されず，結果も不十分な予測しか立たないので，意思決定の現実はあるべき理想状態からは乖離しているとし，意思決定には限界合理性があるとした。

B：ウィリアムソンは，組織における意思決定は，選択機会，参加者，問題及び解の４つの流れが雑然とした詰め物の中で，偶然性に強く影響されてなされるというごみ箱モデルを提唱した。

C：コーエン＝マーチ＝オルセンは，組織における個人を意思決定の主体として捉え，個人が個人的な動機に基づく行動の側面を示す個人人格と，組織目的の達成に関わる個人の行動の側面を示す組織人格とがあるとした。

D：バーナードは，組織の有効性とは，組織の客観的な目的達成の度合いを意味し，その目的を達成するためにいかに有効な手段を選択し得るかという意思決定の能力に関わる問題であるとし，他方において，組織の能率とは，組織の構成員が得る個人的な満足の度合いを意味するとした。

**1**　A･B　　**2**　A･C　　**3**　A･D
**4**　B･C　　**5**　B･D

**正答　3**

## 財政学／経済政策／経営学など。広く浅く押さえる

その他の経済系の科目としては、財政学、経済政策、経済史、経済事情、国際経済学、統計学、計量経済学、経営学、会計学などがあります。各試験により異なりますので、ご自身が受験される試験の受験案内をよく確認しておきましょう。このような科目の出題は、1問から数問程度です。ですから、通しで勉強する必要はありません。**過去問を中心に、頻出分野だけを集中的**に勉強するようにしましょう。

財政学は、国・地方自治体の歳入源である税と公債の問題が中心テーマとなります。経済政策では、経済理論と重なるような問題もあるようです。経済史は、各学説の推移、発達とその当時の世界経済の動向を結びつけると理解しやすくなります。経済事情に関しては、『経済財政白書』をひととおり読み、あとは時事問題対策でクリアできます。国際経済学は、貿易や外国為替《かわせ》が頻出です。統計学、計量経済学では、偏微分《へんびぶん》などかなり高度な数学を用いる出題もあります。経営学では、公務員にも必要とされるリーダーシップ論、人間関係論的な部分がメインとなります。会計学は、簿記《ぼき》上の処理など基礎理論的な部分からの出題が多いようです。

# 行政系科目

**国際関係の出題例**

**冷戦の展開に関する次の記述のうち，妥当なのはどれか。**

**【国家総合職】**

**1**　H.キッシンジャーは，東西陣営の対立が激化する中で，米国の軍事的な優位を確保し，反共主義的なイデオロギーを掲げてソ連封じ込め政策を展開した。1971年の劇的な米中和解は，そうしたソ連に対抗するイデオロギー外交の産物であった。

**2**　1962年のキューバ・ミサイル危機で核戦争寸前に迫る緊張がもたらされたが，その後，東西間には1963年の部分的核実験禁止条約や1968年の核兵器不拡散条約の締結など，一定程度のデタントが実現した。だが，1968年にソ連がチェコスロバキアの自由化改革を軍事力で封殺すると，西側諸国は強く反発し，再び東西陣営の対立が激化して新冷戦と呼ばれる事態に至った。

**3**　J.カーター米国大統領は，人権外交を推進するとともにデタントを求め，第二次戦略兵器制限交渉（SALTⅡ）妥結や中国との国交樹立を果たした。同時期にソ連も軍縮を開始し，アンゴラとエチオピアから撤退する動きを見せた。しかし，1979年のイラン革命とソ連のアフガニスタン侵攻で国際情勢は一挙に悪化し，デタントの気運は後退した。

**4**　1989年には，ポーランド，ハンガリー，チェコスロバキアで次々に共産党政権が選挙で倒れ，自由化・民主化を掲げる勢力が政権を握った。同年には東西ドイツの間でもベルリンの壁が崩壊し，翌年には東西ドイツが統一を実現した。東欧諸国のこれらの体制転換に軍事力行使をも辞さない構えで圧力をかけ続けたソ連も，保守派による軍事クーデターの失敗を経て1991年に解体した。

**5**　F.フクヤマは1989年に発表した論文で「歴史の終わり」を唱えた。それは，共産主義の崩壊を前にして，人類史におけるイデオロギー上の進化の過程が最終点に到達したと考え，西側の自由民主主義こそが政治の最終形態になったという主張であった。

**正答　5**

## 政治学／行政学／社会政策／社会学／国際関係など

政治学と行政学は、憲法の基礎理論の延長です。たとえば、イギリス、フランス、アメリカで三権分立の考え方がどう違うか、なぜそうなったか、その結果どういう制度となったかということなどは、3科目のどれから出題されてもおかしくありません。結論とか制度だけを丸暗記しようとするとなかなか覚えられませんが、この例のようにその歴史的背景、当時の社会情勢や思想などを一体となって勉強しておけば、たとえ用語などを暗記していなくても正答を導き出せます。政治学では、社会契約説、権力分立、選挙制度、デモクラシー、現代政治史・国際関係が、行政学では、地方自治とアメリカの行政学が頻出分野です。

社会政策は、産業革命後、酷使《こくし》された労働者をどう救うかということから発生した学問ですから、労働関係、社会保障が中心になります。

社会学は、基礎学説と現在の日本が直面している都市論、家族論など、社会変動や社会調査を中心に出題されます。

国際関係については、政治的側面、経済的側面の両面から出題されます。また、国連などの国際機関の活動についても押さえておきたいところです。

## 記述式の専門試験

出題例

**憲　法**

憲法第５１条は，「両議院の議員は，議院で行つた演説，討論又は表決について，院外で責任を問はれない」と規定しているが，国会議員の院内における発言によって個人の名誉が著しく害された場合に生じうる法的問題について論ぜよ。

【国家総合職】

**経済学**

固定為替相場制下と変動為替相場制下における財政政策と金融政策それぞれの効果の有無について，マンデル・フレミングモデルを用いて，次の２つのケースについて分析せよ。

【国税専門官】

(1)　資本移動が完全に自由な場合。
(2)　資本移動がまったく行われない場合。

**行政学**

地方交付税制度の目的・現状について説明するとともに，地方分権改革とのかかわりを述べよ。

【大阪市】

## 基本は多肢選択式の勉強の延長だが、注意が必要

国家総合職や地方上級などの試験では、記述式の専門試験が課せられています。この記述式試験の勉強は、多肢選択式試験の勉強の延長線上にあります。ただ、**多肢選択式で頻出の論点と、記述式に多く出題される論点は違います。**また、各試験によっては、たとえば憲法のうちでも人権のほうが多いなどといった出題傾向・特徴があるのも事実ですし、最低限、その試験でここ2～3年に出題された論点を重ねて出題することは避けるでしょうから、過去問を入手して分析しておくことが重要です。記述式試験においても、**最低、過去10年分を3回は回す**ことを目安にしてください。

各試験の出題傾向・特徴を知るためには、**受験雑誌の特集記事が有効**です。最新のものだけでなく、過去数か年の雑誌を見ておきましょう。過去問については受験案内に添付されていたり、ウェブサイトで公開されていたりしていますが、それも過去数年分程度ですので、それ以前の問題を知りたい場合は、各試験実施機関に直接問い合わせるか、学校の就職部に保管してある過去の受験案内を順番に見ていくなどして収集しましょう。

## 技術系・資格職の専門試験

**土木の出題例**

**土の締固めに関する次の記述のうち，正しいのはどれか。**

**【地方上級】**

**1**　ゼロ空気間隙曲線は土粒子の比重が同じでも，砂質土と粘性土では粒径が異なるので異なる曲線となる。

**2**　自然含水比の大きい土の場合，締固め試験には，いったん気乾した後に順次水を加えていく方法と，初めから順次乾燥させていく方法があるが，2つの方法から求めた締固め曲線はどちらも同一のものとなる。

**3**　同一の締固めエネルギーの場合，砂質土に比べて粘性土のほうが締固め曲線は鋭いピークを示し，最大乾燥密度は大きく，最適含水比は小さい。

**4**　同一の締固めエネルギーの場合，砂質土は均等係数の小さいものほど最大乾燥密度は小さく，最適含水比は大きい。

**5**　同一の試料の場合，締固めエネルギーを増すと，最大乾燥密度は増加し，最適含水比は減少する。

**正答　5**

## 試験ごとに違う科目や出題傾向を押さえる

技術系の職種や資格免許職の試験の場合にも、多肢選択式と記述式の専門試験が課せられています。それぞれの職種によって、出題される科目が異なっていますし、さらに同じ職種でも受ける試験によって微妙に出題科目や出題範囲が異なっていますので、事前によく確認しておくことが必要です。

また、試験によっては、通常の筆記用具以外に、製図道具や電卓などの使用を認めている場合がありますので、受験案内や受験票の持ち物の欄を注意して見ておきましょう。

勉強法に関しては、事務系の試験と同様、基本書や学生時代に使った教科書を読み返すことと、基本的な定理や公式を使った応用問題に慣れておくことです。出題傾向やレベルを知るためにも、これらの職種でもやはり過去問の勉強は重要です。

また、公務員の模擬試験の場合、技術系の職種や資格免許職の専門試験に対応しているものは少ないので、むしろ、**民間企業や非公務員型の独立法人などの採用試験を受験**して、専門試験の試験慣れ、問題慣れをしておくということも必要だと思います。

# 専門試験の勉強法

## 基本3法マスターはリーガルマインドの養成

一般事務系の専門試験でどうしても押さえておかなければならないのは、憲法・民法・行政法の3科目です。この3科目は、国家公務員、地方公務員を問わず、また、どの職種の試験でも必ず出題される試験科目です。公務員となったら、ある意味、法解釈と立案作業（法律、政令、規則、条例等の原案の作成）に明け暮れる毎日となるわけですから、法律をいかに読めるか（作れるか）が勝負になります。そういうわけで、受験者にリーガルマインドがちゃんと備わっているかを判定するために、この基本3法が試験科目に盛り込まれているのです。各条文はどう書いてあるか、その保護法益は何か（なぜその条文が設けられたか）、具体的事件では何が問題となり判例・学説はそれをどう解釈したかという視点で勉強すればリーガルマインドが身に付いてきます。

そのほかの科目ももちろん大事なことは大事なのですが、まずはこの3科目をつぶしてからです。1日10時間勉強するのだとしたら、最低5時間はこの3科目。残りの1時間を一般知能に使って、1時間を一般知識、3時間を刑法や商法、行政学、社会学、経済学などほかの専門科目に割り振るぐらいの勘定《かんじょう》です。

なお、この3法は、地方公務員の採用後の**昇任試験の科目にもなっています**ので、そういう意味でも、この際、シッカリ勉強してマスターしておく必要があります。

### ●必読の専門書

憲法は最低でも芦部。民法は有斐閣Sシリーズもしくは内田。行政法は宇賀もしくは原田。これだけは最低でも読んでください。これは国家総合職・一般職、地方上級を問わないと思います。

なお、判例については『判例百選』がお勧めですが、時間がないときには判例六法の該当箇所を読むだけでも違います。

### ●受験対策本の選び方

本文に書いたように本当は基本書を読むべきでしょうが、最近の受験者のみなさんは、受験対策本や予備校のテキストで済ませてしまう方が多いようですね。そこで、このようなテキストの選び方についてお話ししておきましょう。

まず、本屋さんでいろいろ見比べて、わかりやすい文章であるか、参照条文が明示されているか、また、1つのテーマにつ

## 本当は基本書・判例・六法を読んで！

ですから、基本書・判例・六法を読んでもらいたいナ！と思って、これまでこの本でも言ってきたわけです。でも、受験者のみなさんには、「ありえねー！」ってすごいブーイングでしたよね。基本書を読む最大のメリットは、原理原則を押さえる思考回路が身に付くということです。これがまさにリーガルマインドというものです。中国の箴言《しんげん》に「知機心自閑（機を知れば心自《おの》ずから閑《かん》）」というのがありますが、これは原理原則を押さえていればどんな複雑なことに出くわしても振り回されることなく心が常にのどかであるという意味だそうです。これが身に付けば、きっと将来の仕事でも応用が利《き》きます！

勉強の王道の第2は、判例と六法を読むです。まず、最近の判例は出題の宝庫です。試験委員の学者や実務家は、新しい判決が出るとそれを研究しますので、試験問題を考えるときにもそれを参考にする傾向があるからです。本当は法律雑誌『ジュリスト』などをこまめに読んでおくといいのですが、せめて勉強の過程で出くわした最近5年間ぐらいの判例についてはチェックしておきましょう。

また、ついつい、六法を引かずに、テキストに書いてあることだけですまそうとしてしまいがちですが、これでは、法律の体系・構造というのがわからなくなってしまいます。ですから、日頃から、市販されている公務員試験用の六法か、**判例が短く掲載されている判例六法**を必ず脇《わき》に置いて、条文が出てきたら、それを見ながら学習する癖《くせ》を付けましょう。

ともかくは基本書でも受験対策本・予備校のテキストでもいいですから、これを通読して、その法律の体系（と受験テクニック的には頻出論点）を把握することから勉強は始まります。

いて、たとえば職業選択の自由についてどの程度まで詳しく書き込んであるか、最新の判例や学説に触れているかといったところをチェックします。この際、誤字・脱字、参照条文のミス等のあるテキストは避けたほうがよいと思います。院生時代に実際にやっていたセンパイに聞いた話なのですが、受験対策本や予備校のテキストの多くは、予備校の先生などが監修していたとしても、実際の執筆は試験合格者や大学院生がアルバイトでやっているものが多いそうです。そのセンパイが言っていて印象深かったのは「学者の本の間違いは『学説』になるが、対策本の間違いは単なる間違い。間違った対策本のとおりに回答しても試験では○にならない」ということでした。

また、そもそも民法などは通常の基本書などでも4～5冊になるものなのですから、これを薄い本1冊で済ませようとするのは、間違いです。説明不足なので、また改めて詳しいテキストを買い直さなければならなくなってしまい、お金と時間のロ

## たかが過去問、されど過去問

その次が過去問です。どうせ「過去問」なんだから、もう本番には出ないよね！といってバカにしてはいけません。いい問題は必ず何年か置きに繰り返し使われていますし、模擬試験よりも質の高い厳選された良問が多いものです。過去問はウェブサイトなどでも公開されていますが、それでは正答がわかりませんので、正答と解説の載った市販の問題集を買うこととなると思いますが、その場合には、丁寧な解説がなされているものを買いましょう。

出題分野別に問題をばらしてあるもの、試験実施年ごとのものなど編集のしかたはさまざまですが、どちらをお使いになるかは個人の好みでしょう。ただし、勉強の初期には、たとえば今日は憲法の議院内閣制の勉強をして、その関連のテキストを読んで、次に問題を解いてみて、という流れのほうがやりやすいと思います。一方、直前期には、今日は令和○年の、明日は令和△年のというふうに正規の時間でやってみて、実践感覚をつけるという方法もあります。どちらの方法がいいかは人によりますので、自分に合った方法を選択してください。

実際の出題比率は、各試験によって異なりますが、勉強のほうは、**1日当たり憲法1問、民法2問、行政法2問の割合**で続けてください。1問につき選択肢は5つあるわけですから、1問で5～7つの論点が出てくることになります。ですから、1問につき1時間はかけましょう。なかなか進まなくて焦りますよね。しかし、1日5問できれば上等だと思えば、気が楽になります。

できることなら、過去数年分を繰り返し解くのがいいのですが、メインはテキストの読み込みに回して、過去問は通学時間など空き時間を有効に活用しましょう。

---

スになります。

余白にスペースがあるものもお勧めです。過去問等で気になった事項を書き込んだり、またそのままコピーを貼ったりできるからです。受験対策本は「完成品」ではありません。書き込んだり、アンダーラインを引いたり、あなたなりに作り替えていかなければならないものと思ってください。なお、場合によっては、公務員試験対策本よりも司法試験対策本のほうがいい場合もあります。ともかく買う前に、以上のことを参考に、いろいろ見比べてみることが肝心です。

**●専門試験も1問3分**

専門試験では、1問4～5分の時間が与えられていますが、教養試験のときと同じく1問3分を原則にして、わからないときでも最大5分で次の問題に移るように訓練しておきましょう。

格闘技の選手も1ラウンド3分間に合わせてトレーニングを積むそうです。体に時間を覚え込ませる、ということが重要なのですね。

# 模擬試験を有効活用しよう

出版社・予備校などの模擬試験は可能な限り受けましょう。解説が長くて論点をつぶしやすいので、見逃した論点をつぶすのに効果があります。また、最新の判例を押さえるという意味でも模擬試験は有効です。模擬試験も最新の判例からたくさん出題されています。

まだ勉強途中なのですから、模擬試験でできなくても当たり前です。模試の点数や成績で落ち込んでもしょうがないですよ。大切なのは本番の点数が合格点に達すること。今悪くてもいいのです。**模試は復習に充《あ》てるもの**と割り切ってください。私の場合は、1つの模試を復習するのに1週間ぐらいかけていました。なお、ひょっとしたら模試で出た問題が本番に出るかも！という期待もありますが、これは「神のみぞ知る」です。

過去問、模擬試験をやったら、該当部分のテキストを読み直し、書かれていない解説や新判例、試験で**どの部分を間違えたか**を書き加えておくとよいでしょう。試験直前には短時間でもテキストをめくって、これまで自分でチェックしたポイントを拾い読みしていきましょう。

また、専門分野でわからないところがあった場合には、積極的に人に教えてもらってください。予備校だけではなく、学校の先生でも教えてくれますよ。直接質問して答えを聞くのが一番覚えると思います。周りに聞く人がいない、というのが独学の最大のデメリットですから、独学の人は、できれば同じ試験を受ける人とサークル・勉強会を作るといいと思います。周りにそういう人がまったくいないし、遠隔地だしという人の場合は、せめて通信で模擬試験を受けるとか、通信講座を受講するなどして、最新情報が手に入る手段と、わからないところを質問できる手段を確保しておきたいものです。

### ●勉強が進んでいる方へ

さらにさらに勉強に余裕がある人には（こんな人はそういませんが）、最新の判例を雑誌『ジュリスト』『法学教室』や年度版で出版されている『令和○年度重要判例解説』で勉強するという方法もあります。ここまで勉強するのは大変で手が回らないとは思いますが、出題者は最新の判例をヒントに問題を作成することが多いものなので、最新の判例を知っておくとかなり有利ではあります。

### ●!?な受験者

「○年の過去問の解き方を教えてください。よくわからないので出版社の人にも聞いてみたんですが、教えられませんっていわれちゃったんですぅ」と電話をかけてくるハテナな受験者もいますが、そんなこと人事にいわれてもねぇ。答えられるわけないですもん。出版社の人もさぞお困りになったのでは？

こういうことはご自身で解決してくださいね。

## 論点の整理のしかた

何度も出てくる頻出論点については、ノートにまとめておくというのも便利な方法です。この論点ごとにまとめて整理したノートを作成する場合には、綴《と》じ込み式のノートよりもルーズリーフにして1論点1枚にしておくほうが便利です。このほうが後で加除訂正できますし、並べ替えも簡単です。ただし、きれいにノートを整理することに時間をかけてしまうのは本筋ではありません。**試験に受かりさえすれば、どんなノートのまとめ方でもいい**のです。論点ノートを作るのではなく、基本書やサブテキストの余白に必要事項を書き込むだけでもいいと思います。ノート作成よりも、むしろ過去問を解くほうに時間をかけましょう。

なお、記述式試験までもう時間がないっ！というときには、十ぐらいの予想論点の解答案を作って丸暗記するという方法もあります。かくいう私も行政法はこれでした。しかも解答案を友人に作ってもらってそれを丸暗記しました。それでも、そのうちのいくつかがヒットしましたので、無事合格は果たせました。こういうときに論点ノートを使うという方法もあります。

## 記述式試験の過去問でのトレーニング方法

これは本番だけではなく、過去問を解く練習をするときにも共通していえることですが、答案を書き出す前には十分な論点抽出《ちゅうしゅつ》と構成の検討が必要です。

1時間で解く問題であれば、まず20分は考えましょう。問題用紙の余白を最大限に利用して、論点やポイントをこれでもかと抽出してメモすること。同じ論点を書いている答案を比較した場合は、構成がしっかりしていたほうが評価が高くなるので、**構成には時間をかけるべ**

**●試験委員の著作を押さえる**

記述式の専門試験の出題傾向を探る一つの方法として、国家総合職・一般職のように試験委員が公表されている試験の場合には、その試験委員の著作を事前に読んでおくということも有効な手段です。試験問題を作成する側としては、自分が最近一番勉強・研究しているところのほうが自信がありますので、それに関連する範囲から出題するという傾向があります。ですから、試験委員の過去数年の本、

**き**です。思いついたことからいきなり書き始めてしまうと、後から書きたいことが次々出てきて大量に消さなければならなくなったりゴチョゴチョ書き足したりと余計に時間がかかってしまい、かつ汚い答案用紙になってしまいます。

書きたい焦《あせ》りを「グッ」とこらえて考える。これが大事なのです。ある意味、公務にも通じますよね。思いついたら「パァ〜」とやってしまうという仕事のやり方では、「やってみたけれど、国民にこんな被害も出してしまった」ということになりかねません。これからみなさんが携わる公務においては、「やり直し」はきかないのです。政策の現場には「消しゴム」なんてありません。じっと利害得失を考えて、「何が国民にとっての最大の幸福となるのか」を見いだし、そして思い立ったら即実行できる人材こそが、求められているのです！

過去問を解く訓練をする際には、すべての問題をいちいち解いていては、とても時間が足りません。そこで、**メモを20分で作るトレーニング**をしましょう。これはメモですから、自分がわかりさえすれば、どんなものでもいいのです。その後、この自分で作ったメモと模範解答や解説を見比べて、何が足りなかったか、何が多すぎたかをチェックするのです。

チェックが終わったら、そこでおしまい、ではありません。**模範解答を写す**、ということをやってください。〝写経〟のようなものです。ひたすら単調な作業で時間の無駄のように思われるかもしれませんが、実はこれが一番覚えます。単に論点を覚えるというだけでなく、この程度の字数の理由づけをすればいいとか、この順で論点に触れるといったことが「体で」覚えられるのです。1問につき3回連続。バカにしないで、ぜひやってみてください。

論文を読んでおくと、絶対当たる！というものではありませんが、かなり当たる確率が高くなるのは事実です。

試験委員については、国家公務員の試験の場合には4月1日前後の官報に掲載されます。また、受験雑誌に掲載されることも多いので、これらを参考にしましょう。試験委員によっては、自分の研究室のホームページを持っていて、最近の研究についてコメントしている場合もあるので、検索しておくとさらなる情報が得られるかもしれません。

**●新たな科目として注目される「公共政策」**

平成18年度から国家Ⅰ種（現在の総合職）の記述式試験の科目に「公共政策」が追加されましたが、これは、公共政策大学院修了の受験者が増えることなどに対応したものです。「公共政策」では、政治学、行政学、経済学等の知識を前提に政策の分析、評価、具体策の提示などについて論述させる問題が出題されます。

## 記述式試験で採点者はどこを見ている？

採点者が記述式試験でその科目の知識があるかどうかを見ているのは当然です。でも、その科目で必要とされている知識の中のほんの一部の論点が出題されるだけですよね。ですから、それだけを見ているのではないのです。「答案」は、あなたと採点者とのコミュニケーションの機会であり、道具です。それをどのように使いこなすことができるか、そういうコミュニケーション能力が見られています。そこで、専門試験に限らず論文試験・作文試験など記述式試験全般の答案の書き方についての注意をここでしておきましょう。

まず、受験番号の書き間違い。初歩中の初歩ですが、必ず何人かいます。採点者側からすると、そもそも自分の一生を決める試験でこのような不注意な間違いをする人間を採用するのか、ということになりますので、印象点が変わってきてしまう可能性があります。

次に、どんなに時間がなくても、**字は丁寧《ていねい》に**書きましょう。心を込めて書いた字か、殴《なぐ》り書きした字かは、すぐにわかってしまいます。下手でもいいのです。下手でも心を込めて書いているのがわかるような字だったら、印象が違います。さらに、間違ったときの消し方。鉛筆で書いた場合、雑に消して前の字が残っていたり、消しゴムのカスがこびりついていたりするのはとても汚く見えます。ペン書きの場合も、グチャグチャに消すのではなく、きれいに2本線で消しましょう。この字の書き方を仕事に置き換えてみると、急いでいるから、時間がないからといって、あなたは窓口に現れた困っている住民を邪険《じゃけん》に扱いますか？ そんなこと、許されませんよね。こういうあなたの心構え、態度が見られているのです。

なお、鉛筆で書く場合、特に女性の方に多いのですが、**薄くて読めないような字**

### ●「字」は体《たい》を表《あらわ》す

何年か採用担当をしていてわかったことですが、答案や受験申込書、身上書の字を心を込めて書いていた人は、その後の仕事ぶりもしっかりしています。その一方で、字が雑で、ミミズがのたうち回って断末魔《だんまつま》の叫びをあげているような人は、仕事をさせてみてもやっぱりダメです。「字」は体を表すのですね。

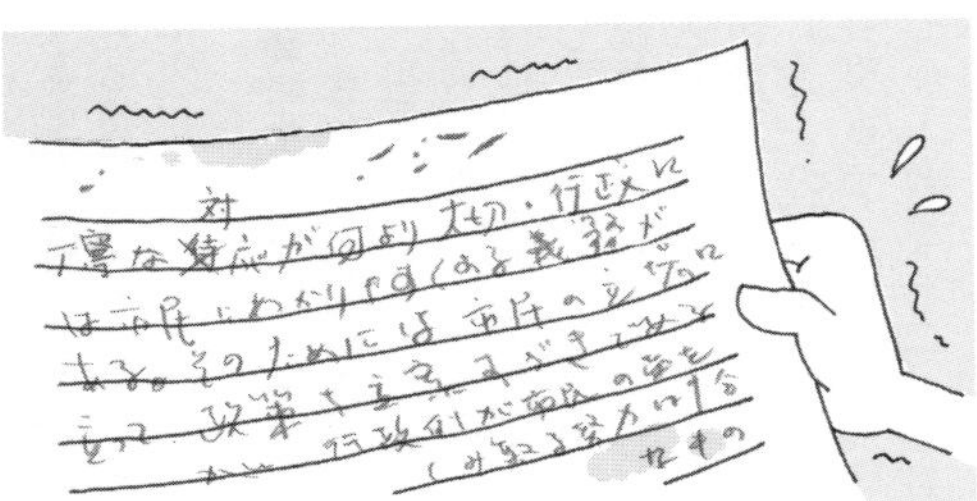

**は、どんなにきれいな字でも困ります**。採点者は、短期間に大量の答案を読まなければならないのです。ですから、読みづらい答案ではせっかくの中身までマイナスに見られてしまいます。相手（＝試験の場合は採点者）のことを考えて仕事をしていますか？ということです。

それから、**誤字・脱字**。「こんなの見逃してよ。実際の仕事では、どうせパソコン使っちゃうんだからさ」という方もいらっしゃるでしょうが、最近の若手職員は、パソコンでも変換ミスが多いのですよ。というか、「そもそも、ミスしていることがわかっていない」という事例が多いのです。コトバや文章はコミュニケーションの最大の道具。それを的確に使いこなせるかどうかは社会人としての基本でしょう。試験ではこういうところも見られているのです。

前後の脈絡《みゃくらく》がわからなかったり、主語・述語の関係が不明確だったりして意味不明な文章も本当に多いです。公務員というのは、文章を書いてナンボ、という世界です。どんなに立派なことをいっていても、文章を見ればお里が知れてしまいます。「なんだこの程度か！」では、相手にされなくなります。

最後に、**答案用紙のだいたい4分の3から目《め》一杯《いっぱい》までの間に収めること**。論点だけポツポツ書いて後は全部余白というのも、「なんじゃこりゃ？何行もあふれてるよ！」もいただけません。要求された期限内に要求された程度の仕事ができますか？ってことです。最近の公務においては、アカウンタビリティ（説明責任）というのが非常に重視されてきています。施策について必要不可欠な事項をどう住民のみなさんに適切に説明して理解していただくか。そのためには、ポイントだけポツポツ説明するのではなく、その背景も含め肉づけして説明する必要がありますよね。その一方で、「長げーんだよ！」「何がいいたいんだかはっきりしろよ！」と言われてしまうのもおしまいです。試験においても、同じことですよね。

**●外国語力よりまずは日本語力**

近年、採用面接において英語能力のレベル（英検やTOEICの成績）をチェックする官公庁が多くなってきています。

確かに英語の能力も必要です。しかし、日本人でありながら日本語能力が弱いのは最大の欠点です。TOEICで900点を取っていても日本語で文書を書かせたらまるでダメ、なんて人材は使えません。悲しくなります。毎日英語を使って生活や仕事をするわけではないのですよ。

「日本人だから、今まで学校教育を受けてきたから、日本語はだいじょうぶ」ではありません。まず自分の日本語力・文章力がどの程度なのか冷静に判断しましょう。論点はよく知っているのになぜか受からないという人はこの日本語力・文章力に問題があることが多いようです。

# その他の試験種目

以上、だいたいの筆記試験の科目と勉強方法についてお話ししてきました。試験勉強、試験対策というと、この範囲で止まってしまう方が多いようです。でも、実は、公務員試験にはまだまだ試験の種類があります。たとえば、小論文を書かせる論文試験・作文試験や、プレゼンテーションとグループ討議を組み合わせた政策課題討議試験があります。また、適性試験（事務適性試験）や適性検査（性格検査）、身体検査、身体測定、体力検査を実施する試験もあります。

論文試験や適性試験については、なかなかマニュアル本や予備校の講座も少ないですし、対策のとりづらいところでしょうが、しっかり対策をとって慣れておけば確実に成績が上がる分野でもありますので、以下に若干のコメントをすることにしましょう。

なお、身体検査、身体測定や体力検査は、対策しようがないといわれますが、本番でベストの健康状態にもっていくことも、実は、自分で体調管理ができるかという試験なのです。試験勉強のしすぎで、本番の頃には疲れがたまり、健康も害しがち。注意してくださいね。

そして、どの試験でも、最後の最後に、最大の難関である人物試験（面接試験）が控えています！　人物試験・面接は十分に対策をとらなければならない試験ですから、この本でも若干は触れておきますが、ほかの本や受験雑誌、予備校の講座などでよくよく研究しておいてください（本書202ページ以降を参照。なお拙著『現職人事が書いた面接試験・官庁訪問の本』に詳しく書いておきましたので、参考になさってください）。

### ●適性試験と適性検査

適性試験と適性検査は、本来はそれぞれまったく内容も違うし、何を判定するかという目的も違う試験です。

一般的には、事務処理能力を測るスピード検査のようなものを「適性試験」といい、心理テストや性格判定テストのようなものを「適性検査」と呼んでいます（198・199ページを参照）。

しかし、公務員試験界では用語が厳密に使い分けられているわけではなく、若干の混乱が見られます。たとえば、受験案内には適性試験と書いてあっても実は性格検査みたいなものだったり、適性検査とあっても実際は事務適性試験だったりすることがあるのです。事前に情報収集をするなど、十分注意してください。

# 論文試験・作文試験

出題例

**論文試験**

組織内においてそれが法的・倫理的に誤ったものであることが十分認識されていたにもかかわらず，組織的な行為として「あってはならない決定」がなされることについて，以下の考察をせよ。【国家一般職［大卒］】

（1）「あってはならない決定」が行われる原因。
（2）これを防止するためには，組織の設計やシステムにどのような仕組みを設ければよいか。

男女共同参画社会づくりにおける行政の課題を3つ挙げなさい。また，それぞれについて具体的に考えを述べなさい。【長野県上級】

**作文試験**

あなたが社会人として努力したいこと。【神奈川県警察官B】

最近の社会現象を一つ取り上げ，思うことを書きなさい。【国家一般職［高卒］】

## 総合的な人間力が問われる

**論文試験、政策課題討議試験**は、文章や資料（英語のこともある）を読み、それを分析して結論を導くという方式の記述式試験です。実際に公務をやっていくうえで必要とされる問題発見能力、分析力、多角的な考察力など、幅広い視点から総合的に考察する能力を検証するものです。大卒程度の試験で実施されています。

**作文試験**は一般職［高卒］・初級職などの試験で実施されるもので、時事問題や志望動機、仕事の抱負などが課題として出されます。

いずれの試験も、「コレが正解」というものはありません。論文試験では、問題発見力うんぬん、といってはいますが、実は、問題点を発見できないような人、分析不足な人は、そもそもほとんど点数になりません。

ということは、残りの大多数の人は、ほぼ似たり寄ったり、ドングリの背比べの中で、点数の上下が付けられるわけです。採点者がどこで差を付けるかというと、すでに説明したとおり（194ページ参照）、文章の中身だけでなく書き方から何から全部含めて、**どれだけコミュニケーションできているか**、採点者にわかりやすい・伝わりやすい文章を書けているかという点です。

# 適性試験

出題例

与えられた記号と数字の組合せが手引のどの欄に含まれるかを調べ，その欄のカタカナのある箇所を答えよ。　【国家一般職［高卒］】

| | 114～146<br>262～310 | 352～394<br>173～219 | その他 |
|---|---|---|---|
| ●　×<br>＋　△ | ア | イ | ウ |
| ☆　※<br>○　□ | エ | オ | カ |

| | 1 | 2 | 3 | 4 | 5 | 正答 |
|---|---|---|---|---|---|---|
| 〔例題１〕☆−371 | エ | ウ | ア | カ | オ | 5 |
| 〔例題２〕●−164 | ア | カ | イ | ウ | エ | 4 |

与えられた３つの図形を，■のマス目が１つの場合はその位置に対応する手引の数に，２つ以上ある場合はそれぞれの位置に対応する手引の数を合計した数に置き換えて計算し，その結果を答えよ。答えは１～５以外にはならない。
【地方初級】

〈手引〉

| | | |
|---|---|---|
| 4 | 7 | 3 |
| 8 | 2 | 9 |
| 5 | 6 | 1 |

正答

〔例題３〕
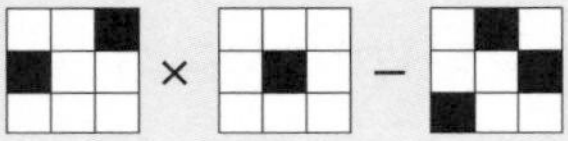
1

〔例題４〕
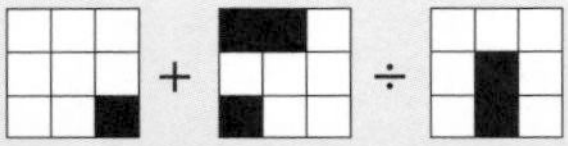
3

## スピードと正確性。慣れがものをいう！

主に高卒程度の試験で実施されるもので、実際に働いたときに事務適性・事務処理能力があるかどうか、すなわち素早くかつ正確に事務をこなすことができるかを測るために行われるものです。

マークシート方式で、計算・置換・分類・照合・図形把握の5形式の中から3形式が出題され、計１００～１２０題の問題を約10～20分で解くというものです。基準点（だいたい4割）を満たさないと、不合格になります。

このいくつかの形式の問題が交互に出てきますが、あくまでも問題の順番に従って漏《も》れなく解答しないと得点になりません。アタマの切り替え力が見られています。スピードが速くても誤りが多かったり、正解でも遅かったり、解答せずに飛ばしてしまったりすると得点が伸びない採点方法（減点法）ですので、「スピード＋正確さ」の両方が要求されます。最後まで解答できなくても、無回答部分が減点対象になることはありません。

一つ一つの問題は難しいものではありません。いつも、どこでも同じような問題が出題されます。ですから、**とにかく練習**。問題集を買って、**きっちり時間を計って**、とにかく解く練習をすれば着実に得点は上がります。

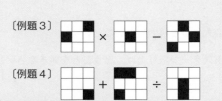

## 適性検査／身体検査／身体測定／体力検査

**適性検査**

● **クレペリン検査**　並んでいる1ケタの数字の隣どうしを足し合わせ、その答えの1の位の数字を書いていくもの。作業中の能率や正確性などの個人的特徴を判定する。

例
1 8 5 4 4 9 7 6 2 8……
9 3 9 8 3 6 3 8 0 ……

● **Y・G性格検査**　自分の性格や行動に関する質問に「はい」「いいえ」「わかりません」のいずれかで答えるもの。性格特性を推定する。

例
好奇心が強い。　はい　いいえ　わかりません
人のうわさが気になる。　はい　いいえ　わかりません

**体力検査**　主な検査種目

①**長座体前屈**……直立した状態から、ゆっくりと上半身を前に倒す。
②**反復横飛び**……１ｍ間隔で引かれた３本の線の左右をまたぐように移動する。
③**立ち幅跳び**……立ったままの状態から前方へジャンプする。
④**垂直跳び**………立ったままの状態から片手を挙げて垂直にジャンプする。
⑤**シャトルラン（折り返し走）**……決められた距離を決められた時間内に何回走ることができるか。
⑥**バーピーテスト（ジャンピングスワット）**……直立→手をついてかがむ→手をついたまま足を後ろに伸ばす→足を戻す→直立、という一連の動作を笛の合図に従って行う。

## 「検査」は、基本的に対策を考える必要はない

適性検査には、２種類あります。一般に行われているものは、性格の特徴や何に関心があるか、対人適応能力があるかなどを判定するもので、「内田クレペリン精神検査」や「Y・G性格検査」などいくつかの方法があります。また、警察官・消防官のような**公安系の職種の場合**には、規律正しい生活ができるか、命令を守れるかなど職務の性質上**特殊な適性検査**を実施しています。

また、身体検査は健康状態を診《み》るだけですので、公安系の職種の場合以外は、職務に支障がないようであれば、特にこれが理由で不合格になることはありません。

公安系の職種や一部のスペシャリストの職種の場合には身体要件が課せられていますので、身体測定で身長、体重、視力、色覚、聴覚などが基準を満たすか厳密に判定されます。特に注意を要するのが視力。ちょっと疲れていたり緊張していたりすると、すぐに基準値を切りアウトになっちゃいます。

公安系職種では、職務に必要なだけの体力のない人をふるい落とすため、さらに体力検査が課せられます。敏捷《びんしょう》性や柔軟性、持久力を見るもので、垂直跳び、握力、上体起こし、反復横跳び、関節運動などが行われます。

# 申込みと実際の受験に当たっての注意点

## 受験申込書の段階で最初の評価が決まる

受験申込書の書き方ですが、単なる申込みだからということで、殴り書きしたり、鉛筆の下書きを消していなかったり、書き間違いをグチャグチャに消していたりなどというものが見受けられますが、これはやめましょうね。**受験申込書が面接試験の際の面接官の手持ち資料になっている**場合があります。「ふりがな」と書いてあったら平仮名、「フリガナ」だったら片仮名です。学歴を書く欄がある場合、浪人中の予備校を書いてはいけません。予備校は学歴には入りませんよ。この辺で、受験者の常識が見られてしまうのです。

それから、写真。これも、ちゃんとスーツを着て撮りましょう。**民間企業の就職活動で提出する履歴書と同じ**です。単に本人確認をしているだけではないのです。Tシャツやキャミソール姿は当たり前のようにいますし、スナップ写真を切り取ったようなものまでありました。伝説上の話で残っているのは、空手部出身の男性受験者で上半身裸というのがあったようです（そもそも胸から上の写真でいいはずなのですが、なぜかご丁寧にも腰から上の写真だったそうです……）。それに、2枚必要なときには当然同じ写真を2枚ですよ。

こんなことをあえて私がここでいわなければならないほど、常識のない方が多いというのは悲しいことです。受験申込書って、人事記録などと一緒に退職するまで人事課が保管するものなのですよ。

**●申込書の書き方**

詳細は拙著『現職人事が書いた「自己PR・志望動機・提出書類」の本』をご覧になってください。

**●受験案内・受験申込書の取り寄せ方**

配布時期については、各試験実施機関に直接連絡してみるか、ウェブサイトで確認しましょう。

各学校の就職部などで入手するのが最も手っ取り早い方法です。それができない場合には、試験実施機関に返信用封筒を送って送り返してもらうという方法があります。

しかし、最もお勧めする方法は、直接、試験実施機関に足を運んで入手する方法です。実際に申込書を受け取るのにはさしたる時間はかかりませんが、実際に行ってみることで、その官公庁の受付や人事課の雰囲気、そのほかの働いている職員の感じをつかむことができます。

## 第1次試験の試験会場にて

最後に、第1次試験の試験日当日および試験会場での注意を念のためお話ししておきます。

まず、試験には**遅刻しない**でください。電車などの交通機関が止まっているといった特別かつ正当な事情がなければ、時間延長などの措置は認められません。ですから、事前に下見をし、代替交通手段の検討もしておく必要があります。試験開始時刻や試験会場を間違えたなど、この段階で社会人としての基礎ができていない人間は、将来も伸びないものです。

次に、**忘れ物をしない**ことです。鉛筆、消しゴムを忘れても、試験監督は貸してくれません。記述式の試験でペン書き指定がある場合には、ちゃんとペンまたはボールペンを持ちましたか？　それから受験票。そのほか、お弁当やさっと見られる参考書などなど。当日朝になって慌《あわ》てないように、前日から余裕を持って準備しておきましょう。なお、第1次試験の会場での服装は、常識の範囲内であれば最も楽な格好でかまいません。

試験会場に着いたら、**座席を間違えていないか**どうか（これも毎年必ず1人はいるんですよね）、トイレの位置、これらは確認しておきましょう。特に女性用トイレはどこの試験会場においても不足気味ですので、女性の方は事前に複数箇所確認しておきたいものです。

休憩時間には、聞こえよがしに答え合わせをする人たちには耳を貸さずに（こういう人たちの言っている答えはたいてい間違っているものです）、穏やかに過ごしましょう。次の時間の試験の参考書、あるいはさっと全体が見渡せる論点集などを作っておいてそれを見ているのがよいでしょう。試験が終わったら、よくても悪くても気持ちを切り替えましょう。いつまでも引きずらないことです。

**●インターネット申込みが標準化**

国、地方公共団体を問わず、ほとんどのところでインターネットによる申込受付ができます。ただし、思った以上に手続が煩雑です。パソコンでは、ちょっとした字の間違いなど気付かないもの。中身を十分に確認してからエンターキーを押すようにしましょう。

**●試験準備便利集**

試験会場が暑かったとき、寒かったときの両方の場合に対応できるような服装にしておいたほうがいいでしょう。試験会場ではうちわや扇子《せんす》は使えませんし、机の表面がガタガタということもありますので、下敷きがあると便利です。

なお、試験会場の近くのコンビニは非常に混みますから、お弁当とか飲み物を準備するのであれば、事前に用意しておくべきです。こんなことで焦っていては損です。また、交通機関の利用機会が増えますので、スイカなどの交通系ICカードへのチャージもお忘れなく。

# 最大の難関！人物試験とは

## 公務員試験も人物重視

「民間企業の就職は面接で決まり、公務員の場合は筆記試験で決まる」という言い方がよくなされます。実際、受験者のみなさんも、教養試験（基礎能力試験）・専門試験対策に偏《かたよ》ってはいませんか？

でも、実際には、公務員試験の最大の難関！山！絶壁‼は、やはり面接試験（人物試験、口述《こうじゅつ》試験）なのです。公務員試験は、受験者が多いものですし、公正に合格者を選考しなければならないわけですから、まず、第1段階として、ある程度の人数に絞り込むため、これらの教養試験や専門試験を実施しているだけなのです。

受験者のみなさんの側から見れば、これが大きな山なのでしょうが、人事の側から見ると、筆記試験は**前提条件にすぎません**。この堰《せき》を登ってきた生きのイイ受験者だけを面接試験にかけようというわけです。ですから、第1段階の堰を登っただけで息切れしてしまうようなおおかたの受験者のようになってしまってはダメです。

最近公表されるようになった各公務員試験の配点を見てみても、全体の成績に占める第1次試験の成績の割合はそんなに高くはありません。教養試験で何点か高くたって、面接試験がダメならば、あっさりと逆転されてしまうのです！

というわけで、面接試験を侮《あなど》ってはいけません。十分対策を練りましょう！

**●進むウェブ面接の導入**

令和2年から続いているコロナ禍により、オンライン（リモート）で面接や官庁訪問を行うところが急激に増えました。Web会議ツールはいくつもありますが、公務員の世界ではWebexやZoomが多く使われています。皆さんも授業等で使ったことがあると思いますので、その違いは何となくおわかりだと思いますが、リアルの面接とウェブ面接では、受験するほうも採点するほうも感覚的な面も含めずいぶんと違ってきます。その対応策については『面接試験・官庁訪問の本』をご覧ください。

**●第一印象が大事**

ある研究によると、第一印象はたった3秒で決まり、その記憶は最低3年も残るということです。面接試験はお互い知らない者どうしが相手を見極める場。第一印象を磨いて、1度し

# 面接試験への過程

**国家総合職・一般職の場合**は、いずれも第2次試験に人物試験が課されています。これが一般に「**人事院面接**」といわれている個別面接です。総合職の場合は最終合格発表後に官庁訪問という流れですが、一般職の場合は人事院面接が官庁訪問と同時並行になってしまうのが厄介《やっかい》です。配点比率は総合職・一般職とも20％程度と試験全体の中でも高い比率を占めています。

この人事院面接は、試験の合否にのみ関するもので、最終合格した者を実際に各府省が採用するかどうかは、各府省の採用面接である**官庁訪問**にかかっています。官庁訪問は、単なる「訪問」「面会」ではなく面接試験であることにはなんら変わりがありません。

**その他の国家公務員試験や地方自治体の試験の場合**も、第2次試験、第3次試験に面接試験が課せられています。まだ人数の多い第2次試験では、**集団面接や集団討論（グループディスカッション）、プレゼンテーション**などが実施されることが多くなってきました。また、特殊な試験では、専門的知識を問う口頭試問《こうとうしもん》が行われることもあります。そして、第3次試験でじっくり**個別面接**、というのが、だいたいの流れです。ただし、個別面接といっても、面接官が3人ぐらいのところもあれば、10人近くの面接官に取り囲まれるようなところもあり、各試験実施機関、自治体によって特徴はさまざまです。

この本では、標準的な例でお話していきますので、ご自分のお受けになる試験の特徴については、最新の受験案内などを参考になさって、事前に情報収集を進めておいてください。特に、最近は、面接試験の内容の変更が激しいので、最新の情報に注意しましょう。

かないチャンスを最大限に生かしましょう。

**●人事院面接の詳細**

面接官は3名で真ん中が人事院の職員、両脇がほかの府省の人事担当経験者という構成です。

説明会や官庁訪問で顔を合わせたことがある職員が面接官になっていてビックリ！ということもあるようです。ある府省で「第一志望」とウソをついていて、面接カードにそこを第二志望と書いて提出したら、面接試験室でその府省の人事担当者とバッタリ……という受験者もいたそうです。

## 個別面接

すべての面接試験の基本が、この個別面接です。受験者1人に対して、面接官は3人程度ですが、もっと多い場合もあります。受験者1人当たりのおおよその面接時間の目安は、**15分～20分程度**です。面接官が1人ずつ質問をしていく形式が多いようですが、そう思い込んでいて違っていると動揺するものですよ。

まず、受験者の緊張を解きほぐすような質問がなされ、次に、志望動機、やってみたい仕事、併願状況の確認などが行われます。その後は、事前に提出した面接カード（身上書・調査書などともいいます）に沿った形で、自己PRや学業以外で力を注いだ事柄《ことがら》、最近の関心事、人間関係などが順に聞かれます。また、時事的な問題についても聞かれることがあります。

これらの質問で何を見ているかというと、社会人としてだれにでも求められている適性があるかという点と、その組織・職務に適合する性格・資質かという点の2つです。社会人としての適性とは、「コミュニケーション能力」「バランス感覚」「責任感」「態度」「表現力」「社会性・協調性」「積極性」「堅実性・緻密《ちみつ》性」などです。これらの事項は、社会人として組織の一員となって働く者に等しく求められているものですよね。また、「一般常識」があるかということも同時に見られています。

その官公庁の組織・職務との適合性という面では、どの組織にも共通するものとして「幅広い視野」「柔軟性」「相手の立場に立てる」「行動力」などがあります。このほかにも、職務の特殊性に応じて「この職場で勤務をすることが適当な人物か」という独自の観点からの質問がなされます。たとえば、公安系の職種では「規律の維持を重視できるか」「守秘義務を守れるか」とい

**●調整力**

特に、将来の幹部候補生、組織のリーダーとなることを期待されている総合職や上級職員については、このほかにも「リーダーシップ」「指導力」「企画力」「調整力」などが求められます。キャリアの世界では、各府省との折衝、国会議員への説明（説得）など、自分と同格以上の人たちと互角に渡り合い、

個別面接の形式

うことが試されますし、調査をメインとする職場では「分析力」「調査力」を評価項目に入れています。

面接での注意点は、**短時間にいかにアピールするか、印象よく思ってもらえるか**です。アピールというと、ガツガツ自分のよさをしゃべりまくる、相手の質問に食いついてまくし立てるというふうに思われがちですが、そんなのは逆効果です。

素直に相手と**会話のキャッチボール**ができればいいのです。キャッチボールをするときには、相手の投げてきた球を、体の真正面で受け止めますよね。そして、相手の真正面に投げ返します。相手が絶対取れないような球を投げたりはしませんよね。面接時の会話でも、面接官の質問に対して、わざとはぐらかしたり、あるいは意味を取り損ねてアチャラカの回答をするようなことはせずに、**素直に真正面から答える**、これだけでいいんです。

それから、印象。これは、面接試験室の扉をノックしたときから扉が完全に閉まるまで、その間のあなたの全行動が評価されるのです。極端なことをいうと、その敷地に入ったときから出るまで、どこで見られているかわからないんです。あなたがこれまでどういう生活をしてきたか、どういう躾《しつけ》、教育を受けてきたか、どういう考え方を持っているか、どういう人生を送ろうとしているのか、こういうことが立《た》ち居《い》振《ふ》る舞《ま》いに現れてきます。付《つ》け焼《や》き刃《ば》ではできません。自分のこれまでを振り返って、直すべきは直す、ということが肝心です。

よく、マニュアル本に書かれている「志望動機が大切だ！」「自己アピールはこうする！」なんていうのは、その次の話なんです。それに、そもそも志望動機なんて、どんなに受験者のみなさんが工夫してきたつもりでも、さして変わり映えしないものです。それよりも言葉のキャッチボールと印象作り、これが大事ですし、準備に時間のかかることなんです。

意見をまとめていく能力が必要とされますので、「調整力」ということが非常に重視されています。「ソフトに話しつつ相手を説得できる能力」と言い換えてもいいと思うのですが、キャリアのみなさんとお話ししていると、いつもそのように感じます。さすがですよね。

## 集団面接

次ページでお話する「集団討論」とは異なるものです。むしろ、集団面接は個別面接の変形と考えてください。受験者5～8人程度を1班として、この1班に対して面接官が3人程度、時間は50分くらいで行われます。個別面接では時間当たり面接可能な受験者の数が限られてしまうので、なるべく多くの受験者に会いたいときに用いられるものです。

質問は、面接官が「○○についてどうお考えになりますか？△番の方から順にお答えください」という形式がとられます。いつも同じ受験者から答えるようだと、初めの人は考える時間がないし、後の人は言いたかったことを先に言われてしまったりして不公平なので「今度は右端の方からどうぞ」などと順番を替えるようにします。言いたいことを前の人に言われてしまった！と焦る方がいますが、**あくまでも一人ひとりの受け答えについては、それぞれ面接官とその受験者の1対1**なので気にしなくてもいいのです。ほかの受験者の答えとの比較を強調しているマニュアル本などもありますが、面接官は前の人と同じ答えだからといって気にしてはいません。ただし、前の人の話に引きずられないように気を付けてくださいね。

個別面接との最大の違いは、個別面接の場合は受験者は1人ですから、1つの答えに失敗しても次の受け答えでフォローできるのに対し、集団面接の場合は受験者が複数ですので、1問1答状態になり、答えに失敗してもフォローできないということです。ですから、一言の答えで失敗しない細心の注意が必要です。

なお、自分が**話をしていないときにも気を抜かない**こと。意外と差が付くのは、答えの内容よりも「ほかの人の話をしっかり聞いているか」という聞く態度なのです。

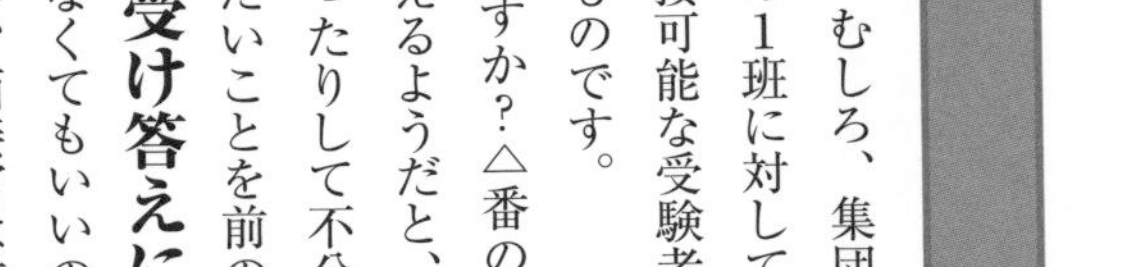


**●クールビズ、する？しない？**

最近では、面接試験のときのクールビズを推奨してくれる官公庁が多くなりましたが、原則長袖、上着着用など、ところによって程度の差がありますし、そもそもいまだにクールビズがダメなところもあります。あらかじめ上着・ネクタイ着用の〝正装〟で行ってみてその場の

## 集団討論（グループディスカッション）

受験者5～10人程度を1つのグループとし、最初に1つのテーマを与えて討論させ、その討論の中での行動や発言を通じて、それぞれの受験者の社会性や指導性、ものの考え方などを総合的に評価しようというものです。国家総合職の政策課題討議試験もこれと同じようなものです。集団討論だけで最終合格を出すということはなく、個別面接と併用されます。なぜこの集団討論を行うかというと、集団討論は**職場会議のシミュレーション**になり、集団討論における受験者の態度から、仮に採用した場合の職場での態度やキャラクターを推測できるからです。

集団討論では、個別面接と同じ点が評価の対象となることはもちろんですが、それ以外に、ほかの受験者とのコミュニケーションが取れているかという点が評価の大きな対象となります。課題解決に向けてどれだけ寄与《きよ》したかという「貢献度《こうけん》」、ほかの仲間とうまく会話できたかという「社会性」、議論を引っ張っていく「リーダーシップ」なども見られています。

発言回数が多いほど評価される場面が出てくるわけですが「適度」ということを心掛け、5人だったら3～4回に1回はしゃべるようにしましょう。次に、なんでもかんでも仕切りたがるという人は敬遠されるので、「適度」に仕切るにはどうすればいいか？ということですが、その秘策は「**あまりしゃべっていない人に話を振る**」です。そうすると「この受験者は自分のことだけではなく、**周りの受験者の状況もよく把握しているな**」と面接官も思ってくれます。

状況に合わせるとか、事前に人事に問い合わせるなどの対応が必要です。

**●地方上級の集団討論の例**
- ●今後の教育のあり方について
- ●（当日渡された資料と統計を読んで）これからの○○県の公共事業のあり方について
- ●夫婦別姓について
- ●レジ袋への課税に関する問題点と解決策

# 官庁訪問

国家総合職・一般職の場合は、試験に**最終合格するだけでは採用になりません**。官庁ごとに官庁訪問をし、採用面接を受けなければ内定をもらえないのです。しかも、採用面接を受けただけではダメ。その前の官庁訪問の段階で「ふるい落とし」されるのが現状です。官庁訪問は、総合職、一般職それぞれ事前に定められた日時から一斉にスタートします。ある意味早い者勝ち的な一面もあるので、**出遅れないように注意**しましょう。

官庁では、面接カードを書いて、人事の「面談」を受け（実はコレも面接！）、原課の人の「業務説明」を受け（実はコレも面接！）……これを何度か繰り返して、ようやく夜になったら解放！ということの繰り返しです（高校生もいる一般職［高卒］の場合には夕方には終わりますが）。

初日にダメ出しされる受験者もいれば、最終の採用面接まで引っ張られてアウトの人もいます。限られた期間内に志望官庁を回らなければいけないし、かといって拘束時間は長いし、ということで、**どこの官庁をどの順番で訪問するか**が実は最大のキーポイントになります。流行に流されて、いわゆる「受験者ウケ」する人気官庁ばかり回っていると、あっという間に日にちだけ過ぎて〝最終合格、内定なし〟という最悪の状況になってしまいます。

ですから、早い段階から、自分はどこの官庁に入ってどんな仕事をしたいのか、自分にはそこの官庁に入れる可能性がどれだけあるのかを冷静に判断しておくことが必要です。また、原課の人の業務説明では、かなり職務に立ち入った質問もなされますので、日頃からその官庁の業務に関して情報収集をし、ノートを作っておくなどの対策が必要です。

**●改革が進む人物試験**

コンピテンシーの導入など、日々新たになる面接試験や官庁訪問の詳細とその対応策については、拙著『現職人事が書いた「面接試験・官庁訪問」の本』をご覧になってください。

# 第4章

## オトナの世界へ羽ばたこうとする君たちへ求められる人物像

みなさんの前には無限で広大な可能性が開けています！　でもあまりの広さに道を見失ってはダメダメ！
日本の、そして世界の未来を背負っているキミたちへのコトバ

# 公務員になるための心構え

## 公務は究極のサービス業

これは、私がよく言っていることなのですが、これからお話しする点は、公務員になろうとするみなさんに心構えとして持っておいていただきたい、そして公務員になってからもず〜っと忘れないでいていただきたいと思っていることです。

その第一は、**公務はサービス業である**、ということです。公務を行うことによって、国民や住民にサービスを提供する仕事なのです。

ですから、「いらっしゃいませ〜」と言ってお客にペコペコ頭を下げるのはイヤだとか、人と話すよりも机やパソコンに向かっているほうがイイ、という動機だけで、もし公務員を選択されたのならば、早めに軌道《きどう》修正されたほうがよいでしょう。公務員はすべて営業職というぐらいの気構えでいなければいけないと思います。

もう一つは、モノの売買と違って、公務が扱うサービスは目に見えない、形のないものですから、これをどう提供するかは非常に難しいし、国民や住民が本当に満足しているかどうかを実感するのも困難です。われわれ公務員は、そこのところを忘れがち。口では「国民に奉仕」と言ってはいるものの、じゃあそれが自らの行動に現れているかというと、疑問符が付いてしまうような公務員が多いのです。私自身を含め、注意したいことです。

## 単なる試験合格者。信任を受けたわけではない！

第二は、たかだか公務員試験に受かったぐらいで勘違いするな！っていうことです。ちょっと、キツイ言い方をしてしまいました。確かに、公務員試験は難しい問題も出題されます。試験によっては、100倍を超えるものすごい競争率になっているところもあります。このような難関の試験ですから、合格して採用されたときのうれしさもひとしおでしょう。ご本人だけではなく、ご家族の方や友人など、みんな喜んでくれると思います。

ですが、ここで忘れてはいけないのは、みなさんは公務員試験、**単なる試験に合格して採用されたに過ぎない**ということです。確かに「選ばれた」人間ではあっても、それはしょせん「試験で選ばれた」だけです。だからといって偉《えら》くなったわけでも、国民や住民のみなさんから「あなたにお願いします」という信任を受けたわけでもないのです。ここの部分が、国民（住民）の信任を受けて当選してきた公務員、すなわち国民の代表である国会議員（地方の場合は、首長《しゅちょう》や議員）との大きな違いなのです。これを忘れてしまうと、勘違いしてしまうことになるのです。

中央官庁にいると、自分の係から発出される文書で全国の自治体が動いていきますし、各自治体や業者からの陳情《ちんじょう》もたびたびあります。若手の職員が自分の親のような年齢の人を応対することになるわけです。それでも、お願いする側とされる側の立場の差がありますから、みんな頭を下げてくれるんですね。こういう生活を繰り返していると、ついつい麻痺《まひ》してしまうのです。これが「自分たちは選ばれた人間だ」「自分たちはなんでもできる」と思い違えてしまう大きな原因ではないでしょうか。

**●上杉鷹山《ようざん》の「伝国《でんこく》の詞《ことば》」より**

江戸後期の米沢藩主であった上杉鷹山の言葉です。現在の民主主義国家に当てはめてよくよく味わってみてください。

●国家は先祖より子孫へ伝《つたえ》候《そうろう》国家にて、我私《がし》すべき物には無之候《これなくそうろう》

●人民は国家に属したる人民にして、我私すべき物には無之候

●国家人民の立てたる君にして、君のために立てたる国家人民には無之候

# 人事が求めているのはこんな人物だ！

## この人と働きたいか

人事が求めている人物像とは、すなわち、面接官や人事が、現在いる職員や受験者を見ていて「こんなことが欠けているんじゃないか？」「こういうことを知っていて、わきまえていてほしいな！」と感じていることそのままなんだと思います。

これを一言でいうと、**「この人と働きたい！」と面接官が思うかどうか**ということです。面接官は、面接が終われば、通常の業務に戻るわけですから、そのときに「こういう部下を持ちたいな！」と思うような人材を面接試験においても〝物色《ぶっしょく》〟しているわけです。

「こんな人！」ということを具体的にお話しする前に、みなさんが勘違いしがちなことを１つだけお話ししておきましょう。それは、この「この人と仕事したいか」というのは、その人が**「いい人か悪い人か」とか「好きか嫌いか」ということとはまったく違う**ということです。面接官や人事は、その人がこの組織で働くことによって「組織が活性化され、その機能を十分に発揮できるようになるのか？」「国民・住民のみなさんがより一層幸せになることができるのか？」といった観点から見ているだけです。ですから、よく試験に落ちたから「全人格を否定された」と落ち込んでしまう方がいますが、そんなに思い詰める必要はありません。たまたま、その組織の考え方、風土には合わなかったということにすぎないのです。

**●第１次試験から見られている「この人と働きたいか？」**

以下のものはみんな、私が実際に試験会場で見かけた光景です。

- ●ずいぶん遅刻して入ってきたので、電車でも止まっていたのかな？と思って心配して尋ねてみたら、「寝坊しました」
- ●遅刻した理由が「会場を間違えました」
- ●「机の上には、受験票、筆記用具、時計以外のものは置かないでくださいね」と言っているにもかかわらず、飲みかけのペットボトルを置いたまま
- ●試験中、いきなりシャツを脱いでランニング姿になる
- ●額にひんやりシートをはっている
- ●試験中にいびきをかいて寝ている
- ●明らかに高校の制服で来ているのに休憩時間にタバコを吸っている

## 組織によって採用基準が違う

　というわけで、その官公庁、その職種によって、選ぶ人材が違うということをよく念頭に置いておいてください。たとえば、極端な例をいいますと、将来の幹部候補生を選ぶ総合職・上級試験では、企画力、調整力、発想力を重視しますが、その一方で、上意下達《じょういかたつ》で指示が全員に速《すみ》やかに行き渡らなければならない警察官・消防官のような組織では、このような能力よりもいかに従順に指示に従うか、命令を的確に実行できるかということを重視します。

　以前、さまざまな職種の採用担当者を集めた研修会に参加したことがありました。その研修では、何パターンもの受験者が出てくるビデオを見ながら、採点・評価をしていくという実験をしたのですが、非常におもしろい結果が出ました。というのは、事務の大卒職種の採用担当者が「はっきりしない」「言っていることがわからない」「人の意見に流されそうだ」という評価でD判定を下《くだ》した受験者に対し、ある公安系の職種の採用担当者は「従順そうである」「命令に従いそうだ」「人の和を大切にする」という高い評価をしてB判定を下したのです。同じ受験者を見ていても、それぞれ**職種、持ち場によって、いろいろな考え、感じ方がある**のですね。こんなにも意見の違いが出てきたということに、改めてビックリしました。

　そこで、本来、就職先を選ぶにおいては「自分が何をしたいか」を最優先にすべきであることは重々承知のうえで、あえて、面接試験の〝攻略法〟としては、「(他人から見た)自分の性格に合っている仕事は何か」ということを知るということも大事だと指摘しておきましょう。ですから、あなたをよく知っている友人・知人、ご両親、ご兄弟などに、自分はどのような仕事、職種が向くと思うか、聞いてみることも必要だと思います。

---

●休憩時間中、周りの迷惑も考えずに大声ではしゃいでいたり、机に馬乗りになって座っているなど行儀が悪い
●弁当箱などのごみが机の周りに散乱している
……などなど。

　みなさんの中には、「これくらい、いいんじゃない?」と思われるものもあるかもしれません。しかし、これと同じことをオフィスでやったとしたらどうでしょう。みなさんが同僚だったとしたら?あるいは、役所を訪れてそのような職員を見かけたとしたら?……一緒に仕事をしたいと思いますか?安心して仕事を任せられますか?

　公務員試験は、あくまで採用試験です。「こういう人材を採ってだいじょうぶなのか」というところを見ている試験なわけです。ですから、採用したら国民・住民のみなさんにご迷惑をかけるかも、ということがちょっとでも見えたならば、採用には至りません。社会人としての適性を見る試験なのですから。

　第1次試験の試験監督は、職員がやっていることが多いです

## どういうところを見ているのか

職種・組織などによって採用基準は違う、とはいうものの、最大公約数として、こんな人材が欲しいな！という部分は同じだと思います。それは、仕事ができる人であることはもちろん、さらに、一言でいって、**毎日の仕事生活（社会生活）において共に円滑・円満に過ごせるような人**、ということが求められています。

### きちんとあいさつができるか

これは、社会人として最低限の基本です。どんなに優秀でも、世の中1人で生きているわけではないのですから、相手と会話ができること、コミュニケーション能力は大切です。あいさつはその基礎中の基礎ですから、これがきちんとできない人、ぞんざいな人は不適格だと思います。あいさつで受ける第一印象、これは社会生活ではことのほか大事なんです。

### 「会話」ができるか

これも当たり前のようでいて、結構難しいものです。人見知りが激しくて、人前ではしゃべれない、というのでは、サービス業である公務員には不向きです。また、ベラベラしゃべるんだけれど、人の話は一向に聞かない、というのも不向きです。相手（国民・住民だったり、上司や同僚や部下だったり）が何を要求しているのかをきちんと聞き分けて、適切に応対できる必要があります。会話のキャッチボールです。

もう一つ。最近のみなさんは、核家族化が進み、同世代の友達との会話しかしてこなかった、年長者とのコミュニケーションの経験自体が少なかった、そういう方が多いようですよね。そういう人は、今までどおり普段自分の周りにいる友達とコミュニケーションを取るのと同じように

ので、当然こういう目で見ているわけです。こういうところをもし試験監督に見かけられたら、受験番号がチェックされていると思ってよいでしょう。

もちろん、このような事情は試験の結果には反映されません。成績がよければ第1次試験は受かります。しかし、人事課にそういう報告が上がっていれば、当然、その後の面接試験などでの「心証」の問題となってくる可能性はあります。

話をすれば、社会人になっても通じるのではないかと思い込んじゃってます。でもでも、みなさんとオジサン世代はその価値観も世界観も違っているのです。「同じ日本人なんだから、きっとわかってくれるはず」というのは甘〜い！

ですから、社会人になってからは、初めて出会う外国人と話すのと同じ、異文化コミュニケーションだと割り切りましょう。常に目上の人と接している意識を持ち、言ってはいけないこと、やってはいけないことといった基本的なマナーを理解しておきましょう。特に注意すべきは、無意識のうちに、友達と話すような学生言葉を使ってしまうことです。こういったことに細心の注意を払っていれば、ジェネレーションギャップも超えられるはずです。

## 身体的にも精神的にもタフな人間か

仕事をするって、結構、体力と持久力が必要です。今までの学生時代のように、ちょっと寝坊したから休むとか、夏休みも1か月あるなんてわけではない世界に、いきなり放り込まれるわけです。しかも、毎日残業！　これに耐えるには、まず、体力です。知力・体力ではなく、**体力・知力、この順番がモノをいいます。**

それから、つらい仕事に負けない精神的な強さ、頑張り抜ける力も重要なポイント。「つらい仕事」といいましたが、そもそも仕事に「おもしろい」ものなど、あるわけがありません。「普通」の仕事は「普通」にストレスのかかる仕事なのです。

仕事の中身うんぬんだけでなく、最初のうちは怒られて、失敗してナンボなんです。こんなことでめげない、そういう強さが必要です。失敗が人を大きくするんです。上司だって「かわいそうだ」と思ってもあえて助けずに突き放して見ていることだってあるんです。

それに、上司や関係者もみんながみんな、みなさんの思うとおりには動いてくれません。とき

**●言葉は心の使い**

日本の古いことわざです。その意味は、何気なく口にした言葉であっても、その言葉はその人の心のメッセージであり、正直に本心を伝えているというものです。注意しないと！

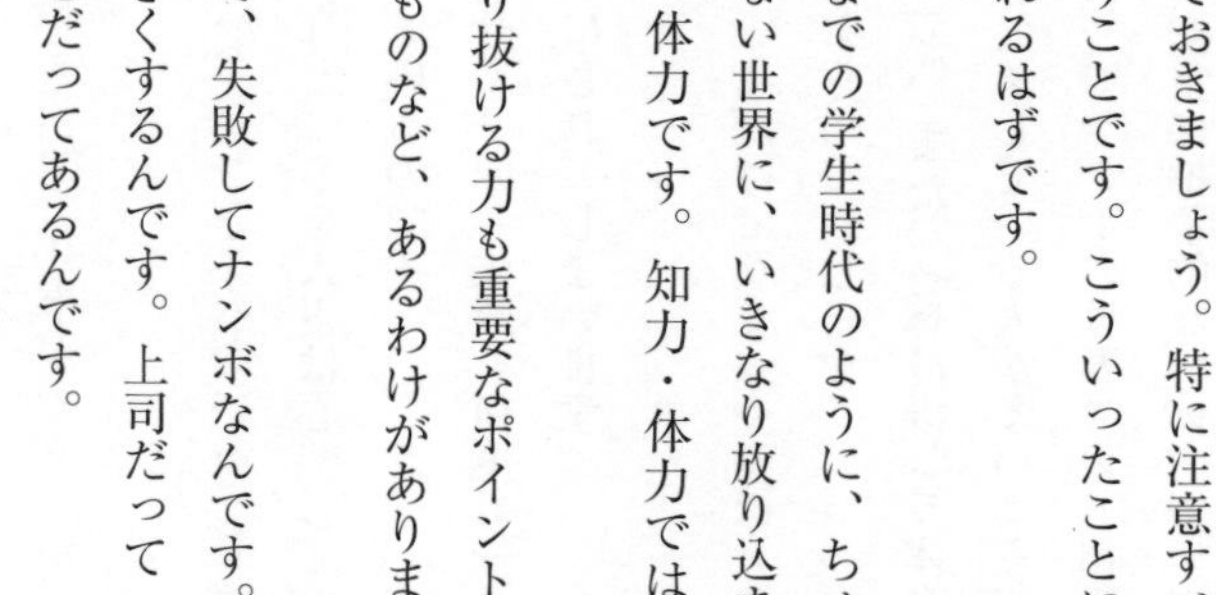

にはつらく当たるかもしれません。ときにはなんだコンチクショウ！と思うこともあるかもしれません。でも、そんなことを乗り越えて、グッとガマンして笑顔で仕事ができるか、というのも、実は大事な要素なのです。

なのに、最近の採用者を見ていると、すぐにヘナヘナになっちゃう人がいる。じゃなかったら、もうイイや！と仕事を投げちゃう人もいます。こういうところを人事は心配しています。こういうストレス耐性、打たれ強さがあるかどうかも見られているのです。

とはいうものの、同じ失敗を何度も繰り返してはいけません。同じ失敗を何度も繰り返してしまう学習能力のない人は、いずれみんなから置いてけぼりにされてしまいます。

## 基礎的な社会常識をわきまえているか

コレ、笑い事じゃないです。別に私が年を取ったからというだけでなく（やっぱりそうなのかな?）、「近頃の若いモンは物事を知らん！」という場面によく出くわします。

その一つは、「**躾**《しつけ》」の部分。人を敬《うやま》うということ、また、（私は決して体育会系好みではないのですが）いわゆる上下関係、こういうところが欠落している人が多いようです。

そもそも公務員はサービス業。相手（国民・住民）があってナンボの世界です。相手を敬う、相手に不快感を与えない、これが大原則です。それから、非常に抽象的ないい方ですが、躾ができていない人には「品《ひん》・品格」がなく、品のない人の起案した案にはやはり品がないのです。それがどうした?といわれるでしょうが、品のない政策は長続きしないものなのです。

もう1つは、「**基礎的な学問**」。あるとき受験者に「国連安保理の常任理事国ってどこですか?」って質問をしたら、なんと大卒の受験者でも1割強が答えられなかったという現実！これってかなり問題です。氷山の一角ですもの。某優秀大学卒業で、この質問に答えられなく

**●楽しんでいこう！**

●仕事が楽しみなら、人生は楽園だ。仕事が義務なら、この世は闇《やみ》だ（ゴーリキー『どん底』）

●気分転換がうまくできない人は、仕事も小さくなってくるし、躰《からだ》もこわすことになりがちだね（池波正太郎『男の作法』）

**●ハタチ過ぎたら自分の顔に責任を持て！**

顔の美醜をいっているのではありません。同じ顔でも、何かに向かって一生懸命努力しているのと、ただボヘ～っとしているのとでは、全然違って見えてくるということです。

オトナの顔とは、生まれ持った造作を超えて自分自身で作り上げるものなのです。

て、某教育系中央省庁にキャリアで入った受験者もいます。ん～日本の今後はどうなっちゃうんだろうって考えちゃいますよね。小難しい議論の枝葉の一本一本を知っていなさいということではありません。中学・高校レベルで習ったような各教科の基本事項は、しっかり押さえておこうね、ということなのです。こっちのほうが社会生活で本当に役立つ知識なのですよ。

## 潜在能力！

伸び切ったゴムのような人、「ゆとり」とか「（ハンドルの）あそび」の部分がない人は、多様性のある仕事に柔軟に対応できません。言い方を変えれば、できあがった人間よりも**これから育つ余地のある人間のほうが望ましい**ということです。

能力的にも精神的にも体力的にも頑張ってガンバっていっぱいいっぱいの状態で面接までたどり着いた受験者、ゆとりもあってデーンと構えている受験者、最終の面接会場にはいろんなタイプの受験者がいるわけです。その中で、面接官が選ぶのは……そう、やっぱり、まだまだ伸びるタイプ、ポテンシャルの高い人材のほうです。みなさんが面接官だって、そうでしょ。

ですから、面接で緊張して顔が青ざめちゃったり、答えに詰まっちゃう人は敬遠されるのです。でも、そんなときに機転をきかせられる人、イヤミではない程度に茶目《ちゃめ》っ気《け》で返せるような人だったら、「なかなかやるジャン！」と見直してくれます。

超優秀学校に入るために人生と能力を使い果たしてしまったような人は「いりませ～ん！」。遊びグセがついちゃって、仕事に力の入らない人もノーサンキュー。マジメだけの人も、アタマの芯《しん》までチャランポランな人も困りもの。その真ん中、中庸《ちゅうよう》で「マジメに遊びができる人」＝遊ぶときはとことん遊ぶ、仕事をするときはめっちゃ仕事をする、その区別があって切り替えができる人、こういう人材が求められているんです。

**●アタマは使わないと退化する!?**

「ルーの法則」というのがあります。廃用性萎縮《いしゅく》理論ともいわれ、ヒトの器官、機能は適度に使えば発達するが、使わなければ退化し、やがて萎縮していくという法則です。ボケボケ、まったり公務員には痛い言葉！

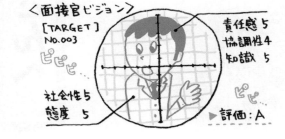

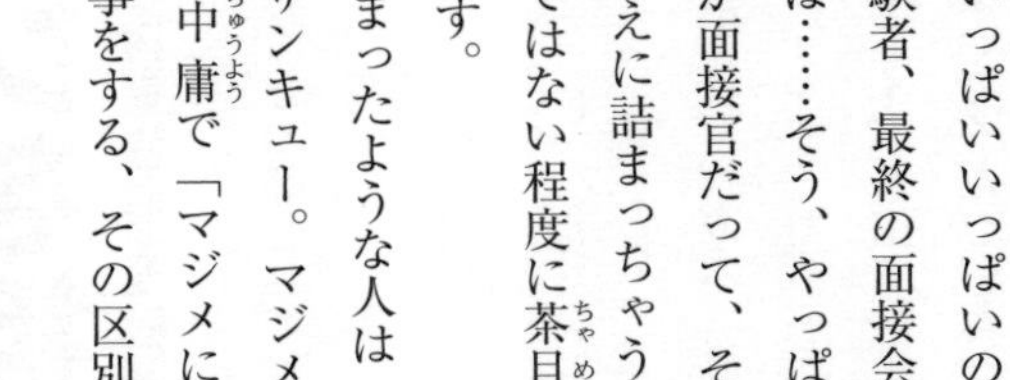

# 将来のニッポンを担うみなさんへ

というわけで、公務員の仕事のあれこれ、試験のいろいろをお話ししてまいりました。公務員という職業に興味を持っていただけたでしょうか？

最後に、将来のニッポンを担うことになるみなさんに、センパイ職員として一言。

## 着眼大局、着手小局

最初のうちは、仕事に慣れなくて大変！そんなこんなで自分の考え、思い、ビジョンなんて吹っ飛んでしまう日々でしょうけれど、こんなことだけは守ってくださいね。

公務員になる、実際に辞令をもらうと、理想に燃え、プライドも出てきますよね。それは、とてもいいことだと思いますが、でも、変な方向には向けないでくださいね。というのは、この本の初めのほうでもお話ししましたが、「自分は偉いんだ！」と勘違いしてしまう人や、やたらと大きなことは言うけれど日常業務にポカが多いという人が結構いるんです。

**「着眼大局《ちゃくがんたいきょく》、着手小局《ちゃくしゅしょうきょく》」**というのは将棋《しょうぎ》の升田幸三名人の言葉ですが、本当にそうです。天下国家を論ずる、国家を担う・日本を背負うという気概、着眼大局、これは大事なんです。〝省益〟〝局益〟〝課益〟にとらわれた小役人になんかなってはいけません。青くさいようですが、すべて「国民のためとは」「国家とは」というところから問いかけを始める気持ちは、終生失ってはいけないと思います。

でも、だからといって、日々の細々とした仕事をバカにしてはいけません。まして、バカにす

**●ノブレス・オブリージュ**
19世紀のフランスの文学者レヴィ公が初めて使った言葉ですが、「貴族たるものは、その名にふさわしく気高い態度を持し、貴族なるがゆえの責務をひとり背負わなければならない」という意味です。キャリアの人たちがよく「自

るぐらいだったら、そんな仕事でポカをしてはいけません。大きな視点を持ちつつも、小さなことからコツコツと積み上げていかなければいけないのです。

二宮尊徳、今は銅像が置いてある小学校も少なくなりましたが、あのたきぎを背負った二宮金次郎も、こんな言葉を残しています。

「**大事をなさんと欲《ほっ》せば、小なる事を怠《おこた》らず勤《つと》むべし**。小積もりて大となればなり。およそ小人《しょうじん》の常、大なる事を欲して、小なる事を怠り、でき難《がた》き事を憂《うれ》いて、でき易《やす》き事を勤めず、それゆえ終《つい》に大なる事をなすこと能《あた》わず。例《たと》えば、百万石《ごく》の米といえども、粒の大なるにあらず」

## 新人クンに望むこと

それじゃあ、具体的に、着手小局の部分を。

### ●あいさつは大きい声ではっきりと

とにもかくにもコレ。これは忘れないように。

### ●時間・約束は厳守する

社会人は、学生時代のようにゆったりと時間は流れていません。1分でも1秒でも遅れは遅れ。それに、一度口に出してしまったことは必ずやらなければならない、これも社会人の鉄則です。

### ●キビキビとした態度・動作を

テンポよく仕事をすれば、能率も上がってくるものです。時間があるからとまったり仕事をしていると、逆に能率も下がるし、間違いも多くなるもの。不思議ですよね。

### ●報告・連絡・相談を徹底する

分は偉いんだ。だから……」的に使って鼻持ちならない言葉になってしまいましたが、そんなクサさはさておき、単に「貴族」を「公務員」と置き換えてみるとなかなか含蓄《がんちく》のある言葉です。

「ほう、れん、そう」が大事、といわれるのはこのことです。ともかく、上司に頼まれて何かをしたら、どんなことでも報告する、こういうクセをつけてください。電話をした、FAXを送った、こういう細かいことの確認が重要です。

## ●先輩の言うことをよく聴く

日本の職場ではどこでも、新人研修はほんの少し。後はすべてOJT（オン・ザ・ジョブ・トレーニング）です。ですから、センパイ職員の言葉は貴重です。「聴《き》く」という字は十四の心を持つといいますが、それくらい注意をもって聴きましょう。

## ●勝手な判断をしない

最近最も重視されているのは、説明責任（アカウンタビリティ）です。どんな行動も常に合理的・合法的な説明のつくものでなければならないわけです。ということは、上司の判断を仰《あお》ぐべき事項については、必ず勝手な判断をしないこと。

逆に、なんでも上司の言いなり、自分で判断することを避けるというのも考えもの。自分でできる仕事は、きちんと自分の力でやり抜くべきことは当然です。

## ●ごまかさない

「あっ、また失敗しちゃったぁ。でも、センパイにばれなきゃいいよね！」こんなごまかしをして知らんぷりをしている人、結構います（そう、管理職にも！）。でも、公務の場合、単なる失敗がその人個人だけでは済まされない、あっちこっちの国民・住民に迷惑をかけることが多いんです。ですから、決してごまかしはいけません。

## ●マニュアルを応用、臨機応変《りんきおうへん》

マニュアルを覚えることは大切です。でも、そのマニュアルどおりにしか対応できないので

### ●「慣れ」が恐ろしい

大きな事故の原因として、職員の「慣れ」「惰性《だせい》」が指摘されることがよくあります。みなさんもそうならないように、次のことを注意してくださいね。

**○「雑巾《ぞうきん》掛け」に徹する**

係員のうちは、「雑巾掛け」に徹しましょう。嫌な仕事ほど進んでやること。雑巾を掛けた分だけ、大きな人間になれるのですよ。「できもしないのに言いたいことは言う」そういうヤカラになってはいけません。最初はコピー取りや資料届けばか

は、〝お客様〟である国民・住民のみなさんを満足させることはできません。そこから一歩踏み出して臨機応変の対応ができるようになることをめざしてください。

**●準備・事後処理、けじめのある仕事をする**

準備ができていないので対応に遅れる、やったらやりっぱなしで事後処理・まとめをしていないので後任者がさっぱりわからない、実はこういう人が結構多いんです。次の人にきちんと引き継ぐことができてこそ、立派な仕事のしかたなのです。

それから、公私の区別の付かなくなる人、これも意外に多いんです。特に公務員の場合は、これが汚職につながる最悪のパターンであることを忘れずに。

以上、いろいろお話ししてきましたが、社会人が仕事をするに当たって必要不可欠な要素として、3つのSと3つのCがあるといわれています。3つのSとは、Speed（迅速《じんそく》）、Smartness（機転）、Sincerity（誠実）、3つのCとは、Concise（簡潔）、Clear（明瞭）、Correct（正確）です。これを忘れずにいてくださいね。

## 公務員の心意気！

今まで私が十ン年、公務員稼業をしている中で、これこそが公務員の心意気だな！この言葉を拠《よ》り所にしよう！と思った言葉があります。そのうちのいくつかをご紹介しましょう。

**●僕は君の意見に反対だ。しかし、君がその意見を述べる権利を、僕の生命を賭《か》けて守る**（フランスの啓蒙家ヴォルテール）

絶句！公務員は、こうでなくっちゃ！　ついつい、自分の意見だけが正しいと思っちゃうのが人間ですよね。でも、いろんな花が咲き乱れるからこそ美しい野原なんですね。いろんな考えが

りかもしれません。「いつもいつも、こんな仕事ばかりかよ！」と腐りたくなることでしょう。でも、どんな仕事でもだれかがどこかで必要としているからこそ、あるんですよ。

**○サークル・クラブ活動のノリで仕事をしない**

組織では上意下達です。ラインで仕事をしているのです。国家公務員法第98条第1項も「職員は、その職務を遂行するについて、法令に従い、且《か》つ、上司の職務上の命令に忠実に従わなければならない」としています。ただし、言わなければならないことは上司に対してでも建言してください。

**○甘えない**

社会に出たら、そんなに楽しいことなんてありません。むしろつらいことのほうが多いと覚悟してください。嫌な仕事もあるでしょう。バカな上司がいるかもしれません。でも、甘えないでくださいね。人事課はいつまでも保護してくれませんよ。むしろ、逆境にあっても自ら生き残る雑草のような人間になってください。

あって、それを言い合える社会、それこそが民主主義国家。んー、でも言うは易し行うは難し。この心境になるには、相当の修行が必要ですよね。

## ●先天下之憂而憂、後天下之楽而楽（宋代の名臣、范仲淹『岳陽楼記《がくようろうき》』）

「天下の憂《うれ》いに先立ちて憂い、天下の楽しみに後れて楽しむ」そう、「後楽園」の由来となった言葉です。問題が起こる前に対処し、自分は二の次としてまず国民が豊かになるようにする、こんな意味でしょうか。なのに、自分が先に甘い汁を吸っちゃう。こういう公務員の不祥事が、現実社会では本当に後を絶ちません。中に入っちゃうとぬるま湯に浸《つ》かってしまうんですよね！ああ、自分自身、反省しないと！

## ●之《これ》に先んじ、之《これ》に労す（『論語』）

何事もみんな（国民）の先に立ってやって、みんな（国民）より苦労しろ、という意味。先の先憂後楽と同じですよね。率先して仕事しているかなぁ？国民より苦労しているのかなぁ？甘ちゃんで仕事しているんじゃないか？「寿司も子供《わらし》も重石《おもし》かせねばボケる」という秋田の言い伝えがありますが、公務員も自ら責任を感じないとボケちゃいますよね。

## ●タマネギは、旨《うま》みを出して消えていく（洋食の老舗《しにせ》「たいめいけん」の茂出木シェフ）

これ、料理の話です。でも、いろいろかみしめると、なるほどな！というところがあります。私たち公務員も、実は、このタマネギのような存在であるべきではないでしょうか？　公務員自身、公務員がした仕事自体は目立ってはいけない、けれども、国民・住民、社会・国家というシチューに絶妙の旨みを出していく……。そう、こういった心意気を持った諸君、キミたちにこそ、明日の日本を、明日の世界を担っていただきたいと思います！

---

**○見切らない**

ちょっと最初のうちはわからない話かもしれません。自分より年の若い上司のいうことを聞かなければならなくなったり、自分の昇進もこの辺までかぁと予測がついてしまったりすると、途端に仕事に対する意欲が薄れ、「この程度でいいかぁ」「そんなのはワタシの仕事じゃない」と後ろ向きになっちゃう職員がいます。特に一般職・初級職の職員では若いうちからこうなっちゃう人が……。

「お金がもらえればいい。それ以上積極的なことはイヤ」と見切ってしまう、それも考え方でしょうが、それじゃあ、二度と繰り返せない人生、あまりに寂しくありませんか？

**●公務員の資質とは？**

●権力にかかわっていることに対して責任を持つこと。

●マーケット（市場競争原理）では救えない人々の支援を心掛けること。

●時間的・空間的に全体を見渡せる目線と高い志を持つこと。

こんなことが必要だと思います。

## 最後までくじけないで！

最後になりましたが、受験というのは本当に大変です。

「兵を養うこと千日、用いるは一朝《いっちょう》にあり（『水滸伝《すいこでん》』）」ですものね。毎日のコツコツした積み重ねを大事にしましょう。

この本をお読みになって、これから公務員試験を受験してみようと考えたあなた、「道近しといえども行かざれば至らず（『荀子《じゅんし》』）」です。最初の一歩を踏み出すのは面倒で大変ですが、思い切って勉強を始めましょう！

今年は残念ながらダメだったキミ、「『これが最悪』などと言える間は、まだ実際のどん底なのではない（シェイクスピア『リア王』）」「成功（sucesso）が仕事（trabalho）の前に来るのは辞書だけだ（＝努力しないと成功はない）（ブラジルの諺《ことわざ》）」ということです。「幾度《いくたび》か辛酸《しんさん》を経《へ》て、志初めて堅し（西郷隆盛）」となったのではないでしょうか。試験の合格の向こうにある、その志に向かって、いっちょう、頑張ってみましょう！

「われわれは短い時間をもっているのではなく、実はその多くを浪費しているのである。人生は十分に長く、その全体が有効に費やされるならば、最も偉大なことをも完成できるほど豊富に与えられている（セネカ『人生の短さについて』）」そうですから、チャレンジあるのみです。本田宗一郎は、「人間性とは？」との問いに対し、「**いかに前向きであるかが、最も重要である**」といっていますよ！　さあ！

＜編著者紹介＞

**大賀 英徳**（おおが ひでのり）

都内の大学院を修了後、某中央官庁にⅠ種職員として採用され、数か所の異動の後、人事課に配属、任用係長を経て、任用担当の課長補佐となる。

人事課では、職員の採用から昇任昇格・配置換まで全般を担当し、採用においては、事務系から技術系、選考採用、非常勤まであらゆる職種の採用に携わってきた。この経験を生かし「現職人事シリーズ」３冊を執筆、本音のアドバイスが受験者から好評を得ている。

2026年度版　公務員試験

**現職人事が書いた「公務員になりたい人へ」の本**

2024年 6 月20日　　初版第 1 刷発行　　＜検印省略＞

| | | | |
|---|---|---|---|
| 編著者 | 大賀英徳 | ＤＴＰ組版 | 森の印刷屋 |
| 発行者 | 淺井　亨 | 本文イラスト | とみたみはる |
| 発行所 | 株式会社　実務教育出版 | | |

〒163-8671　東京都新宿区新宿1-1-12

振替　00160-0-78270

編集　03-3355-1812　販売　03-3355-1951

印　刷　奥村印刷

製　本　東京美術紙工



ISBN 978-4-7889-7346-6 C0030

落丁・乱丁本は、小社にておとりかえいたします。

# 付録 公務員試験ミニデータ

実務教育出版

ここに本文中に掲載できなかった、主な公務員採用試験の試験区分、受験資格、試験日程、試験内容、問合せ先などのデータを集約して掲載しています。

ただし、データはいずれも令和６年度（2024年度）以前のものなので、注意が必要です。受験に際しては、各試験実施団体のウェブサイトなどをご覧いただき、最新の情報をご確認ください。

また、公務員のこと、公務員試験のことをもっと詳しく知りたい！早速勉強を始めたいけどどうすればいいの？という方のために、小社から出版されている本の紹介も掲載しましたので、参考にしてください。

## ●各自治体の問合せ先について●

都道府県・市町村で行われる採用試験の問合せ先については、数が多すぎて紙面の都合上掲載することができません。

各地方自治体の情報については小社のウェブサイト内「公務員試験ニュース」のリンク集（https://www.jitsumu.co.jp/news/exam/）を使うなどして、各自でお調べください。

注１　受験資格における年齢は、各試験年度の４月１日におけるものである。

注２　大学を卒業した者および試験年度の３月までに大学を卒業する見込みの者、ならびに人事院または試験実施団体がこれらの者と同等の資格があると認める者についても受験が認められる。

注３　短期大学または高等専門学校を卒業した者および試験年度の３月までに短期大学または高等専門学校を卒業する見込みの者、ならびに人事院または試験実施団体がこれらの者と同等の資格があると認める者についても受験が認められる。

注４　大学院修士課程または専門職大学院の課程を修了した者および試験年度の３月までに大学院の修士課程または専門職大学院の課程を修了する見込みの者、ならびに人事院または試験実施団体がこれらの者と同等の資格があると認める者についても受験が認められる。

注５　試験年度の４月１日において、高等学校または中等教育学校を卒業した日の翌日から起算して規定年数を経過していない者および試験年度の３月までに高等学校または中等教育学校を卒業する見込みの者、ならびに人事院または試験実施団体がこれらの者と同等の資格があると認める者についても受験が認められる。

注６　日本国籍を有する者であっても外国の国籍を有する者は、外務公務員になることができない。

## ●令和６年度（2024年度）からの試験制度改革について●

人事院が実施する一部の公務員試験において、令和6年度（2024年度）から区分の創設や出題問題の見直し、日程の前倒しが行われました。

各試験の詳細については、人事院のウェブサイトを見るなどして、最新情報をチェックするようにしてください。

# 国家総合職 院卒者試験

院卒程度

国家総合職は、国の中央官庁の、主として政策の企画立案等の高度な知識、技術または経験等を必要とする業務に従事する職員を採用するための試験となっている。

国家総合職は、「院卒者試験」と「大卒程度試験」に分かれているが、ここでは「院卒者試験」について述べる。➡本書86・87ページを参照

※令和6年度の試験から行政区分に「人文系」コースを創設。知識分野は時事問題中心の出題に。また、情報分野からも出題されるようになった。行政区分の専門試験（記述式）は解答題数を削減。試験日程も前倒しとなった。

## 試験区分

行政、人間科学、デジタル、工学、数理科学・物理・地球科学、化学・生物・薬学、農業科学・水産、農業農村工学、森林・自然環境、法務の10区分。

なお、法務区分は、司法試験合格者を対象とした試験区分である。

## 受験資格

30歳未満の者で、大学院修士課程または専門職大学院の課程を修了または修了見込みの者（注1・注4・注6）。

法務区分に関しては、法科大学院の課程を修了した者であって司法試験に合格した者、司法試験予備試験に合格した者であって司法試験に合格した者および人事院が同等の資格があると認める者。

## 試験日程

- 受付期間　2月上旬～下旬
- 第1次試験　3月下旬
- 第2次試験　4月中旬～5月中旬
- 最終合格発表　5月下旬

最終合格者は、採用候補者名簿に記載され（5年間有効）この後各府省の面接（官庁訪問・採用面接）を経て採用される。

## 試験内容

【第1次試験】

◎基礎能力試験（多肢選択式、2時間20分）知能分野は、文章理解10題、判断・数的推理（資料解釈を含む）14題の計24題。知識分野は、自然・人文・社会に関する時事、情報から計6題。

◎専門試験（多肢選択式、3時間30分）

行政区分は、政治・国際系、人文系、法律系、経済系からいずれかを選択。

政治・国際系：政治学10題、国際関係10題、憲法5題の計25題は必須解答、行政学5題、国際事情3題、国際法5題、行政法5題、民法（担保物権、親族および相続を除く）3題、経済学3題、財政学3題、経済政策3題の30題から任意の計15題を解答。

人文系：政治学・国際関係・憲法5題、思想・哲学4題、歴史学4題、文学・芸術3題、人文地理学・文化人類学2題、心理学1題、教育学3題、社会学3題の計25題は必須解答。思想・哲学6題、歴史学6題、文学・芸術6題、人文地理学・文化人類学2題、心理学3題、教育学3題、社会学4題の30題から任意の計15題を解答。

法律系：憲法7題、行政法12題、民法12題の計31題は必須解答、商法3題、刑法3題、労働法3題、国際法3題、経済学・財政学6題の18題から任意の計9題を解答。

経済系：経済理論16題、財政学・経済政策5題、経済事情5題、統計学・計量経済学5題の計31題は必須解答、経済史・経済事情3題、国際経済学3題、経営学3題、憲法3題、民法（担保物権、親族および相続を除く）3題の15題から任意の計9題を解答。

※法務区分には専門試験が課されない。

【第2次試験】

◎専門試験（3時間）

行政：次の14科目から2科目選択。政治学、行政学、国際関係（2題）、思想・哲学（2題）、歴史学（2題）、文学・芸術（2題）、公共政策（2題）、憲法、行政法、民法、商法、刑法、民事訴訟法、国際法、経済理論、財政学、経済政策。

※国際関係、思想・哲学、歴史学、文学・芸術または公共政策を選択をする場合は、1科目または2科目となる。

※法務区分には専門試験が課されない。

◎政策課題討議試験（おおむね1時間30分程度）

課題に対するグループ討議によるプレゼンテーション能力やコミュニケーション力などについての試験。

◎人物試験（個別面接）

※参考として性格検査を実施する。

◎英語試験

TOEFL（iBT）、TOEI

C（L&R）、IELTS、実用英語技能検定（英検）の4種類の英語試験のスコア等を有する者に、最終合格者決定の際に得点を加算する。

### 問合せ先

人事院（〒100-8913 東京都千代田区霞が関1-2-3 ☎03-3581-5311）・人事院各地方事務局（所）。
https://www.jinji.go.jp

## 国家総合職 大卒程度試験

大卒程

国家総合職は、「院卒者試験」と「大卒程度試験」に分かれているが、ここでは「大卒程度試験」について述べる。⬇本書86・87ページを参照
※令和6年度の試験から「政治・国際・人文区分」を創設。3月に実施される試験では、基礎能力試験の出題数は30問、知識分野は時事問題中心の出題に。また、情報分野からも出題されるようになった。政治・国際・人文区分、法律区分、経済区分の専門試験（記述式）は解答題数を削減。試験日程も前倒しとなった。

### 試験区分

政治・国際・人文、法律、経済、人間科学、デジタル、工学、数理科学・物理・地球科学、化学・生物・薬学、農業科学・水産、農業農村工学、森林・自然環境、教養の12区分。

なお、教養区分は、大学2～4年生の受験を想定し、大学卒業後に採用が行われることを前提としたもの。

### 受験資格

21歳以上30歳未満の者（注1・注2・注6）。なお、教養区分は、19歳の者も受験が認められる（注1）。

### 試験日程

教養区分以外については以下のとおり。

・受付期間　2月上旬～下旬
・第1次試験　3月下旬
・第2次試験　4月中旬～5月中旬
・最終合格発表　5月下旬

教養区分の日程は以下のとおり。

・受付期間　7月下旬～8月中旬
・第1次試験　9月下旬
・第2次試験　11月中旬～下旬
・最終合格発表　12月上旬

最終合格者は、採用候補者名簿に記載され（教養区分以外は5年、教養区分は6年6か月間有効）、この後各府省の面接（官庁訪問・採用面接）を経て採用される。

### 試験内容

【第1次試験】

◎基礎能力試験（多肢選択式、2時間20分）

知能分野は、文章理解10題、判断・数的推理（資料解釈を含む）14題の計24題。知識分野は、自然・人文・社会に関する時事、情報からの計6題。

※教養区分は、2部構成となっており、Ⅰ部の知能分野が24題2時間、Ⅱ部の知識問題が30題1時間30分となっている。

◎専門試験（多肢選択式、3時間30分）

政治・国際・人文、法律、経済の各区分を例にあげる。

政治・国際・人文：（政治・国際系）政治学10題、国際関係10題、憲法5題の計25題は必須解答、行政学5題、国際事情3題、国際法5題、行政法5題、民法（担保物権、親族および相続を除く）3題、経済学3題、財政学3題、経済政策3題の30題から任意の計15題を解答。（人文系）政治学・国際関係・憲法5題、思想・哲学4題、歴史学4題、文学・芸術3題、人文地理学・文化人類学2題、心理学1題、教育学3題、社会学3題の計25題は必須解答、思想・哲学6題、歴史学6題、文学・芸術6題、人文地理学・文化人類学2題、心理学3題、教育学3題、社会学4題の30題から任意の計15題を解答。

法律：憲法7題、行政法12題、民法12題の計31題は必須解答、商法3題、刑法3題、労働法3題、国際法3題、経済学・財政学6題の18題から任意の計9題を解答。

経済：経済理論16題、財政学・経済政策5題、経済事情5題、統計学・計量経済学5題の計31題は必須解答、経済史・経済事情3題、国際経済学3題、経営学3題、憲法3題、民法（担保物権、親族および相続を除く）3題の15題から任意の計9題を解答。

※教養区分には専門試験が課されない。

◎総合論文試験（2題、4時間）

政策の企画立案の基礎となる教養・哲学的な考え方に関するもの1題と、具体的な政策課題に関するもの1題の2題が出題される。

※総合論文試験は教養区分のみ。

【第2次試験】

◎専門試験（記述式、3時間）

政治・国際・人文、法律、経済の

各区分を例にあげる。
政治・国際・人文：（政治・国際系）次の6科目から2科目選択。政治学、行政学、憲法、国際関係（2題）、公共政策（2題）、国際法。（人文系）次の3科目から1科目または2科目選択。思想・哲学（2題）、歴史学（2題）、文学・芸術（2題）。
※国際関係または公共政策を含む選択をする場合は、1科目または2科目となる。
法律：次の5科目から2科目選択。憲法、行政法、民法、国際法、公共政策（2題）。
※公共政策からは1題のみ選択可。
経済：経済理論は必須問題とし、次の3科目から1科目選択。財政学、経済政策、公共政策（2題）。
※教養区分には専門試験が課されない。

◎政策論文試験（1題、2時間）
政策の企画立案に必要な能力その他総合的な判断力および思考力についての筆記試験。

◎政策課題討議試験（おおむね1時間30分程度）
課題に対するグループ討議によるプレゼンテーション能力やコミュニケーション力などについての試験。
※政策課題討議試験は教養区分のみ。

◎企画提案試験　Ⅰ部のプレゼンテーションシート作成が1題1時間30分、Ⅱ部のプレゼンテーションおよび質疑応答がおおむね1時間の2部構成。
※企画提案試験は教養区分のみ。

◎人物試験（個別面接）
※参考として性格検査を実施する。

◎英語試験
TOEFL（iBT）、TOEIC（L&R）、IELTS、実用英語技能検定（英検）の4種類の英語試験のスコア等を有する者に、最終合格者決定の際に得点を加算する。

## ●●問合せ先
人事院・人事院地方事務局（所）。
※❷ページを参照

# 国家一般職 大卒程度試験

大卒程度

国家一般職は、国の中央官庁の、主として事務処理等の定型的な業務に従事する職員を採用するための試験となっている。

国家一般職は、「大卒程度試験」と「高卒者試験」に分かれているが、ここでは「大卒程度試験」について述べる。⬇本書88ページを参照
※令和6年度の試験から基礎能力試験の出題数は30問、知識分野は時事問題中心の出題に。また、情報分野からも出題されるようになった。

## ●●試験区分
行政、デジタル・電気・電子、機械、土木、建築、物理、化学、農学、農業農村工学、林学の10区分。
※行政区分は地域試験、その他の試験区分は全国試験として実施。

## ●●受験資格
21歳以上30歳未満の者（注1・注2・注3・注6）。

## ●●試験日程
・受付期間　2月下旬～3月下旬
・第1次試験　6月上旬
・第2次試験　7月中～下旬
・最終合格発表　8月中旬

最終合格者は、採用候補者名簿に記載され（5年間有効）、この後各府省の面接（官庁訪問・採用面接）を経て採用される。

## ●●試験内容
【第1次試験】
◎基礎能力試験（多肢選択式、1時間50分）知能分野は、文章理解10題、判断推理7題、数的推理4題、資料解釈3題の計24題。知識分野は、自然・人文・社会に関する時事、情報からの計6題（時事を含む）。

◎専門試験（多肢選択式、3時間、建築区分のみ2時間）
行政分野を例にあげる。
行政：次の16科目（各5題）から8科目を選択し、計40題解答。政治学、行政学、憲法、行政法、民法（総則および物権）、民法（債権、親族および相続）、ミクロ経済学、マクロ経済学、財政学・経済事情、経営学、国際関係、社会学、心理学、教育学、英語（基礎）、英語（一般）。

◎一般論文試験（1題、1時間）
※一般論文試験は行政区分のみ。

◎専門試験（記述式、1題、1時間〔建築区分は2時間〕）
※記述式専門試験は行政区分以外の区分に課される。

【第2次試験】
◎人物試験（個別面接）
※参考として性格検査を実施する。

## ●●問合せ先
人事院・人事院地方事務局（所）。
※❷ページを参照

## 国家一般職 高卒者試験

高卒程度

国家一般職は、「大卒程度試験」と「高卒者試験」に分かれているが、ここでは「高卒者試験」について述べる。➡本書88ページを参照

※令和6年度の試験から基礎能力試験において、情報分野からも出題されるようになった。

### 試験区分

２０２４年度の実施においては事務、技術、農業土木、林業の4区分。

※「事務」および「技術」区分は地域ごとの勤務地、「農業土木」および「林業」の勤務地は全国各地。

### 受験資格

高校または中等教育学校を卒業後2年未満の者（卒業見込みを含む。注5・注6）。※準ずると認める者には、高校に相当する教育機関の修了者のほか、試験年度の4月1日において中学を卒業した日から起算して2年以上5年未満の者も含める。

### 試験日程

・受付期間 6月中旬～下旬
・第1次試験 9月上旬
・第2次試験 10月上旬～中旬
・最終合格発表 11月中旬

最終合格者は、採用候補者名簿に記載され（1年間有効）、この後各府省の面接（官庁訪問・採用面接）を経て採用される。

### 試験内容

【第1次試験】

◎基礎能力試験（多肢選択式、1時間30分）知能分野は、文章理解7題、課題処理7題、数的処理4題、資料解釈２題の計20題。知識分野は、自然科学5題、人文科学8題、社会科学6題、情報1題の計20題。

◎適性試験（多肢選択式、15分、１２０題）※事務区分のみ。

◎専門試験（多肢選択式、1時間40分）※事務以外の区分に課される。

◎作文試験（1題、50分）

※事務区分のみ。

【第2次試験】

◎人物試験（個別面接）

※参考として性格検査を実施する。

### 問合せ先

人事院・人事院地方事務局（所）。

※❷ページを参照

## 国家一般職 社会人試験【係員級】

社会人

国家一般職については、「大卒程度試験」「高卒者試験」のほか、採用予定がある場合に、経歴等のいかんにかかわらず受験することのできる試験として、「社会人試験［係員級］」が実施される。

➡本書１０５ページを参照

※令和6年度の試験から基礎能力試験において、情報分野からも出題されるようになった。

### 試験区分

２０２４年度の実施においては技術、農業土木の２区分。

※技術区分は地域ごとの勤務地、農業土木区分の勤務地は全国各地。

### 受験資格

40歳未満の者で、高校または中等教育学校を卒業後2年以上経過している者、および人事院がこれらの者に準ずると認める者（注6）。

### 試験日程

・受付期間 6月中旬～下旬
・第1次試験 9月上旬
・第2次試験 10月上旬～中旬
・最終合格発表 11月中旬

最終合格者は、採用候補者名簿に記載され（1年間有効）、この後各府省の面接（官庁訪問・採用面接）を経て採用される。

### 試験内容

【第1次試験】

◎基礎能力試験（多肢選択式、1時間30分）知能分野は、文章理解7題、課題処理7題、数的処理4題、資料解釈２題の計20題。知識分野は、自然科学5題、人文科学8題、社会科学6題、情報1題の計20題。

◎適性試験（多肢選択式、15分、１２０題）※事務区分のみ。

◎専門試験（多肢選択式、1時間40分）※事務以外の区分に課される。

◎作文試験（1題、50分）

※事務区分のみ。

【第2次試験】

◎人物試験（個別面接）

※参考として性格検査を実施する。

### 問合せ先

人事院・人事院地方事務局（所）。

※❷ページを参照

国家専門職
# 皇宮護衛官【大卒程度】

大卒程度

皇族の護衛や皇居などの警備などに従事する職員を採用する試験。

なお、大卒程度試験のほかに高校卒業程度の試験（※⑩ページ参照）も実施され、そこには社会人区分が設けられる。

➡本書101ページを参照

※令和6年度の試験から基礎能力試験の出題数は30問、知識分野は時事問題中心の出題に。また、情報分野からも出題されるようになった。

## 受験資格

21歳以上30歳未満の者（注1・注2・注3）。

## 試験日程

- 受付期間　2月下旬～3月下旬
- 第1次試験　5月下旬
- 第2次試験　7月上旬～中旬
- 最終合格発表　8月中旬

## 試験内容

【第1次試験】

◎基礎能力試験（多肢選択式、1時間50分）知能分野は、文章理解10題、判断推理7題、数的推理4題、資料解釈3題の計24題。知識分野は、自然・人文・社会に関する時事、情報からの計6題。

◎課題論文試験（2題、3時間）

時事的な問題に関するものが1題、具体的な事例課題による皇宮護衛官として必要な判断力・思考力を問うものが1題。

【第2次試験】

◎人物試験（個別面接）

※参考として性格検査を実施する。

◎身体検査

◎身体測定

◎体力検査

## 問合せ先

人事院・人事院地方事務局（所）。

※❷ページを参照

または、皇宮警察本部、皇宮警察本部京都護衛署。

https://www.npa.go.jp/kougu/

国家専門職
# 法務省専門職員【人間科学】

大卒程度　社会人

少年院や少年鑑別所など刑事施設において、被収容者の資質の鑑別・調査業務、生活指導・観護業務、保護観察・更生保護業務などを行う専門職員を採用するための試験。

➡本書93ページを参照

※令和6年度の試験から基礎能力試験の出題数は30問、知識分野は時事問題中心の出題に。また、情報分野からも出題されるようになった。

## 試験区分

矯正心理専門職A、矯正心理専門職B、法務教官A、法務教官A（社会人）、法務教官B、法務教官B（社会人）、保護観察官の7区分。

※Aは男子、Bは女子。

## 受験資格

21歳以上30歳未満の者（注1）。ただし、区分ごとに要件は異なる（矯正心理専門職は注2、法務教官と保護観察官は注2・注3）。

法務教官（社会人）は、31歳以上40歳未満。

## 試験日程

- 受付期間　2月下旬～3月下旬
- 第1次試験　5月下旬
- 第2次試験　7月上旬
- 最終合格発表　8月中旬

## 試験内容

【第1次試験】

◎基礎能力試験（多肢選択式、1時間50分）※上記の皇宮護衛官［大卒程度］と同様。

◎専門試験（多肢選択式、2時間20分）

矯正心理専門職区分：心理学に関連する領域20題は必須、心理学、教育学、福祉および社会学に関する基礎（心理学10題、教育学10題、福祉10題、社会学10題）から20題選択。

法務教官区分・保護観察官区分：心理学、教育学、福祉および社会学に関する基礎（心理学10題、教育学10題、福祉10題、社会学10題）。

◎専門試験（記述式、1時間45分）

矯正心理専門職区分：心理学に関連する領域1題。

法務教官区分・保護観察官区分：次の領域から1題ずつ計4題出題、任意の1題選択。心理学に関連する領域、教育学に関連する領域、福祉に関連する領域、社会学に関連する領域。

【第2次試験】

◎人物試験（個別面接）

※参考として性格検査を実施する。

矯正心理専門職区分では、心理臨床場面において必要になる判断力等についての質問も含む。

◎身体検査

◎身体測定

※身体検査、身体測定は、矯正心理専門職、法務教官区分に課される。

**問合せ先**

人事院・人事院地方事務局（所）。
※❷ページを参照
または、法務省。
https://www.moj.go.jp

## 国家専門職 外務省専門職員 大卒程度

外交領事事務に従事する職員のうち、特定の地域もしくは分野に係る高度の専門的知識または特定の語学に係る高度の能力を用いて業務に従事する専門職員を採用するための試験。

➡本書95ページを参照

※令和6年度の試験から基礎能力試験の出題数は30問、知識分野は時事問題中心の出題に。また、情報分野からも出題されるようになった。

**受験資格**

21歳以上30歳未満の者（注1・注2・注3・注6）。

**試験日程**

・受付期間　3月下旬～4月上旬
・第1次試験　6月上旬
・第2次試験　7月中旬～7月下旬
・最終合格発表　8月中旬

**試験内容**

【第1次試験】
◎基礎能力試験（多肢選択式、1時間50分）※❹ページの国家一般職[大卒程度]と同様。
◎専門試験（記述式、2時間）
国際法は必須、憲法、経済学の2科目から1科目を選択。各科目3題出題のうち2題を選択解答。
◎外国語試験（記述式、2時間）
和文外国語訳2題および外国語和訳2題。受験外国語は、15か国語のうちから1か国語を選択する。
◎時事論文試験（記述式、1時間30分）
【第2次試験】
◎外国語試験（面接）
受験外国語は、15か国語のうちから1か国語を選択する。
◎人物試験（個別面接・グループ討議）※参考として性格検査を実施。
◎身体検査

**問合せ先**

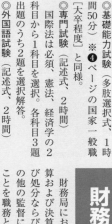

人事院・人事院地方事務局（所）。
※❷ページを参照
または、外務省人事課採用班。
https://www.mofa.go.jp/mofaj/

## 国家専門職 財務専門官 大卒程度

財務局において、主として国の予算および決算、国有財産の管理および処分ならびに金融機関等の検査その他の監督に関する業務に従事することを職務とする専門職員を採用するための試験。

➡本書91ページを参照

※令和6年度の試験から基礎能力試験の出題数は30問、知識分野は時事問題中心の出題に。また、情報分野からも出題されるようになった。

**受験資格**

21歳以上30歳未満の者（注1・注2・注3）。

**試験日程**

・受付期間　2月下旬～3月下旬
・第1次試験　5月下旬
・第2次試験　7月上旬
・最終合格発表　8月中旬

**試験内容**

【第1次試験】
◎基礎能力試験（多肢選択式、1時間50分）※❻ページの皇宮護衛官[大卒程度]と同様。
◎専門試験（多肢選択式、2時間20分）
憲法・行政法、経済学・財政学・経済事情の2科目28題は必須解答。次の8科目（各6題）から2科目を選択し、計12題解答。民法・商法、統計学、政治学・社会学、会計学（簿記を含む）、経営学、英語、情報数学、情報工学。
◎専門試験（記述式、1時間20分）
次の5科目（各1題）のうち1科目を選択解答。憲法、民法、経済学、財政学、会計学。
【第2次試験】
◎人物試験（個別面接）
※参考として性格検査を実施する。

**問合せ先**

人事院・人事院地方事務局（所）。
※❷ページを参照
または、財務省財務局。
https://lfb.mof.go.jp

## 国家専門職 国税専門官 大卒程度

内国税に関する調査もしくは検査または内国税の賦課および徴収の業務に従事することを職務とする専門

職員を採用するための試験。 ➡本書90ページを参照

※令和6年度の試験から基礎能力試験の出題数は30問、知識分野は時事問題中心の出題に。また、情報分野からも出題されるようになった。

**●● 試験区分 ●●●●●●●●**

国税専門A（法文系）、国税専門B（理工・デジタル系）の2区分。

**●● 受験資格 ●●●●●●●●**

21歳以上30歳未満の者（注1・注2）。

**●● 試験日程 ●●●●●●●●**

・受付期間　2月下旬～3月下旬
・第1次試験　5月下旬
・第2次試験　6月下旬～7月上旬
・最終合格発表　8月中旬

**●● 試験内容 ●●●●●●●●**

【第1次試験】

◎基礎能力試験（多肢選択式、1時間50分）※❻ページの皇宮護衛官［大卒程度］と同様。

◎専門試験（多肢選択式、2時間20分）

国税専門A：民法・商法、会計学（簿記を含む）の2科目16題は必須解答。次の7科目から4科目を選択し、計24題解答。憲法・行政法、経済学、財政学、経営学、政治学・社会学・社会事情、英語、商業英語。

国税専門B：基礎数学、民法・商法、会計学の3科目16題は必須解答。情報数学・情報工学、統計学、物理、化学、経済学、英語の計42題から24題を選択解答。

◎専門試験（記述式、1時間20分）

国税専門A：次の5科目（各1題）のうち1科目を選択解答。憲法、民法、経済学、会計学、社会学。

国税専門B：科学技術に関連する領域。

【第2次試験】

◎人物試験（個別面接）

※参考として性格検査を実施する。

◎身体検査

**●● 問合せ先 ●●●●●●●●**

人事院・人事院地方事務局（所）。
※❷ページを参照
または、各地の国税局・国税事務所。https://www.nta.go.jp

## 国家専門職 食品衛生監視員 大卒程度

検疫所における食品衛生監視員の業務に従事する専門職員を採用するための試験。 ➡本書91ページを参照

※令和6年度の試験から基礎能力試験の出題数は30問、知識分野は時事問題中心の出題に。また、情報分野からも出題されるようになった。

**●● 受験資格 ●●●●●●●●**

i：21歳以上30歳未満の者（注1）で、次に掲げる者。

ア　大学において薬学、畜産学、水産学または農芸化学の課程を修めて卒業した者および試験年度の3月までに大学を卒業する見込みの者。

イ　都道府県知事（平成27年4月1日以前は厚生労働大臣）の登録を受けた食品衛生監視員の養成施設において所定の課程を修了した者および試験年度の3月までに当該課程を修了する見込みの者。

ii：21歳未満の者で次に掲げる者。

ア　iのアに掲げる者。

イ　都道府県知事の登録を受けた食品衛生監視員の養成施設において所定の課程を修了した者または試験年度の3月までに修了する見込みの者であって、大学を卒業した者および試験年度の3月までに大学を卒業する見込みの者。

ウ　人事院がアまたはイに掲げる者と同等の資格があると認める者。

**●● 試験日程 ●●●●●●●●**

・受付期間　2月下旬～3月下旬
・第1次試験　6月下旬
・第2次試験　7月上旬～中旬
・最終合格発表　8月中旬

**●● 試験内容 ●●●●●●●●**

【第1次試験】

◎基礎能力試験（多肢選択式、1時間50分）※❻ページの皇宮護衛官［大卒程度］と同様。

◎専門試験（記述式、1時間40分）

【第2次試験】

◎人物試験（個別面接）

※参考として性格検査を実施する。

◎身体検査

**●● 問合せ先 ●●●●●●●●**

人事院・人事院地方事務局（所）。
※❷ページを参照

## 国家専門職 労働基準監督官 大卒程度

労働者の労働条件の確保・改善を図る専門職員を採用するための試験。 ➡本書92ページを参照

※令和6年度の試験から基礎能力試験の出題数は30問、知識分野は時事問題中心の出題に。また、情報

分野からも出題されるようになった。

### 試験区分

試験区分は、試験内容が法文系の労働基準監督Aと、理工系の労働基準監督Bがある。

### 受験資格

21歳以上30歳未満の者（注1・注2）。

### 試験日程

・受付期間　2月下旬～3月下旬
・第1次試験　5月下旬
・第2次試験　7月上旬～中旬
・最終合格発表　8月中旬

### 試験内容

【第1次試験】

◎基礎能力試験（多肢選択式、1時間50分）※❻ページの皇宮護衛官［大卒程度］と同様。

◎専門試験（多肢選択式、2時間20分）

労働基準監督Aは、労働法7題、労働事情（就業構造、労働需給、労働時間・賃金、労使関係）5題の計12題が必須解答、憲法・行政法・民法・刑法16題、経済学・労働経済・社会保障・社会学20題の計36題から28題を選択解答。

労働基準監督Bは、労働事情（就業構造、労働需給、労働時間・賃金、労使関係、労働安全衛生）8題が必須解答、工学に関する基礎（工学系に共通な基礎としての数学、物理、化学）38題から32題を選択解答。

◎専門試験（記述式、2時間）

労働基準監督Aは、労働法1題、労働事情（就業構造、労働需給、労働時間・賃金、労使関係）1題の計2題解答。

労働基準監督Bは、工業事情1題が必須解答、工学に関する専門基礎（機械系、電気系、土木系、建築系、衛生・環境系、応用化学系、応用数学系、応用物理系等の工学系の専門工学に関する専門基礎分野）から3～5題出題し、うち1題を選択解答。

【第2次試験】

◎人物試験（個別面接）

※参考として性格検査を実施する。

◎身体検査

### 問合せ先

人事院・人事院地方事務局（所）。

※❷ページを参照

または、各地の労働局。

https://www.mhlw.go.jp/kouseirou/doushou/shozaiannai/roudoukyoku/index.html

## 国家専門職　航空管制官　大卒程度

空港などで航空交通管制業務等に従事する専門職員を採用するための試験。

⬇本書94ページを参照

※令和6年度の試験から基礎能力試験の出題数は30問、知識分野は時事問題中心の出題に。また、情報分野からも出題されるようになった。

### 受験資格

21歳以上30歳未満の者（注1・注2・注3）。

### 試験日程

・受付期間　2月下旬～3月下旬
・第1次試験　5月下旬
・第2次試験　7月上旬
・第3次試験　8月下旬
・最終合格発表　10月上旬

### 試験内容

【第1次試験】

◎基礎能力試験（多肢選択式、1時間50分）※❻ページの皇宮護衛官［大卒程度］と同様。

◎適性試験Ⅰ部（多肢選択式、45分）

記憶についての検査15題、空間関係についての検査45題の計60題解答。

◎外国語試験（聞き取り、約40分）

◎外国語試験（多肢選択式、2時間）

英文解釈、和文英訳、英文法についての筆記試験。

【第2次試験】

◎外国語試験（英会話による面接）

◎人物試験（個別面接）

※参考として性格検査を実施する。

【第3次試験】

◎適性試験Ⅱ部

記憶力、空間把握力についての航空管制業務シミュレーションによる試験。

◎身体検査

◎身体測定（視力・色覚・聴力）

### 問合せ先

人事院・人事院地方事務局（所）。

※❷ページを参照

または、航空保安大学校。

https://www.cab.mlit.go.jp/asc/

## 国家専門職　海上保安官　大卒程度

海上保安庁の幹部となる職員を採用する試験。⬇本書94ページを参照

※令和6年度の試験から基礎能力試験の出題数は30問、知識分野は時

事問題中心の出題に。また、情報分野からも出題されるようになった。

### 受験資格

30歳未満（注1・注2）で大学を卒業した者（卒業見込を含む。注5）。

### 試験日程

・受付期間　2月下旬～3月下旬
・第1次試験　5月下旬
・第2次試験　7月上旬～中旬
・最終合格発表　8月中旬

### 試験内容

【第1次試験】
◎基礎能力試験（多肢選択式、1時間50分）※❻ページの皇宮護衛官（大卒程度）と同様。
◎課題論文試験（2題・3時間）
出題は、時事的な問題に関するもの1題と、具体的な事例により海上保安官として必要な判断力・思考力を問うもの1題。

【第2次試験】
◎人物試験（個別面接）
※参考として性格検査を実施する。
◎身体検査
◎身体測定（身長、体重、視力、色覚、聴力）
◎体力検査

### 問合せ先

人事院・人事院地方事務局（所）。
※❷ページの国家総合職院卒者試験を参照。
または、海上保安庁。
https://www.kaiho.mlit.go.jp

## 国家専門職
## 税務職員

高卒程度

採用地域の税務署などにおいて、国税の調査・徴収等の事務に従事する専門職員を採用するための試験。

⬇本書90ページを参照

※令和6年度の試験から基礎能力試験において情報分野からも出題されるようになった。

### 受験資格

高校または中等教育学校を卒業後3年未満の者（卒業見込みを含む。注5）。

### 試験日程

・受付期間　6月中旬～下旬
・第1次試験　9月上旬
・第2次試験　10月上旬～中旬
・最終合格発表　11月中旬

### 試験内容

【第1次試験】
◎基礎能力試験（多肢選択式、1時間30分）※❺ページの国家一般職［高卒者試験］と同様。
◎適性試験（多肢選択式、15分、120題）
◎作文試験（1題、50分）
【第2次試験】
◎人物試験（個別面接）
※参考として性格検査を実施する。
◎身体検査

### 問合せ先

人事院・人事院地方事務局（所）。
※❷ページを参照
または、各地の国税局・国税事務所。https://www.nta.go.jp/

## 国家専門職
## 皇宮護衛官【高卒程度】

高卒程度　社会人

皇族の護衛や皇居などの警備などに従事する職員を採用する試験。

なお、高卒程度試験のほかに大卒程度の試験（※❻ページ参照）も実施される。

⬇本書101ページを参照

※令和6年度の試験から基礎能力試験において、情報分野からも出題されるようになった。

### 試験区分

護衛官、護衛官［社会人］の2区分。※社会人区分は採用予定がある場合に実施される。

### 受験資格

高校または中等教育学校を卒業後5年未満の者（卒業見込みを含む。注5）。

社会人区分は、40歳未満の者で、前記の期間が経過している者、および人事院がこれらの者に準ずると認める者。

### 試験日程

・受付期間　7月中旬～下旬
・第1次試験　9月中旬
・第2次試験　10月下旬
・最終合格発表　11月中旬

### 試験内容

【第1次試験】
◎基礎能力試験（多岐選択式、1時間30分）※❺ページの国家一般職［高卒者試験］と同様。
◎作文試験（1題、50分）
【第2次試験】
◎人物試験（個別面接）
※参考として性格検査を実施する。
◎身体検査
◎身体測定
◎体力検査

### 問合せ先

人事院・人事院地方事務局（所）。
※❷ページを参照
または、皇宮警察本部、皇宮警察

本部京都護衛署。
https://www.npa.go.jp/kougu/

## 国家専門職 刑務官

高卒程度　社会人

刑務所、少年刑務所や拘置所に勤務する職員を採用する試験。地域ごとの採用になる。

➡本書100ページを参照

※令和6年度の試験から基礎能力試験において、情報分野からも出題されるようになった。

### 試験区分

刑務A、刑務A［武道］、刑務A［社会人］、刑務B、刑務B［武道］、刑務B［社会人］の6区分。
※Aは男子、Bは女子。社会人区分は採用予定がある場合に実施される。

### 受験資格

17歳以上29歳未満の者。
社会人区分については、40歳未満の者。

### 試験日程

・受付期間　7月中旬～下旬
・第1次試験　9月中旬
・第2次試験　10月中旬～下旬
・最終合格発表　11月中旬

### 試験内容

【第1次試験】
◎基礎能力試験（多肢選択式、1時間30分）※❺ページの国家一般職［高卒者試験］と同様。
◎作文試験（1題、50分）
◎実技試験　※柔道または剣道。武道区分のみ。
【第2次試験】
◎人物試験（個別面接）
※参考として性格検査を実施する。
◎身体検査
◎身体測定
◎体力検査　※武道区分以外。

### 問合せ先

人事院・人事院地方事務局（所）。
※❷ページを参照
または法務省矯正局。
https://www.moj.go.jp/kyousei1/kyousei_index.html

## 国家専門職 入国警備官

高卒程度　社会人

各地の出入国在留管理局などにおいて、不法入国者などの調査・摘発を担当する職員を採用する試験。

➡本書100ページを参照

※令和6年度の試験から基礎能力試験において、情報分野からも出題されるようになった。

### 試験区分

警備官、警備官［社会人］の2区分。※社会人区分は採用予定がある場合に実施される。

### 受験資格

高校または中等教育学校を卒業後5年未満の者（卒業見込みを含む。注5）。
社会人区分は、40歳未満の者で、前記の期間が経過している者、および人事院がこれらの者に準ずると認める者。

### 試験日程

・受付期間　7月中旬～下旬
・第1次試験　9月中旬
・第2次試験　10月下旬
・最終合格発表　11月中旬

### 試験内容

【第1次試験】
◎基礎能力試験（多肢選択式、1時間30分）※❺ページの国家一般職［高卒者試験］と同様。
◎作文試験（1題、50分）
【第2次試験】
◎人物試験（個別面接）
※参考として性格検査を実施する。
◎身体検査
◎身体測定
◎体力検査

### 問合せ先

人事院・人事院地方事務局（所）。
※❷ページを参照
または出入国在留管理庁各地方出入国在留管理局。
https://www.moj.go.jp/isa/index

## 国家専門職 航空保安大学校学生

高卒程度

航空保安職員を養成する航空保安大学校の学生を採用する試験。航空保安大学校の研修期間は2年。

➡本書103ページを参照

※令和6年度の試験から基礎能力試験において、情報分野からも出題されるようになった。

### 試験区分

航空情報科、航空電子科の2区分。

### 受験資格

高校または中等教育学校を卒業後3年未満の者（卒業見込みを含む。注5）。

### 試験日程

・受付期間　7月中旬～下旬
・第1次試験　9月中旬

・第2次試験　11月中旬
・最終合格発表　12月中旬

### 試験内容

【第1次試験】
◎基礎能力試験（多肢選択式、1時間30分）※❺ページの国家一般職［高卒者試験］と同様。
◎学科試験（多肢選択式、2時間）
【第2次試験】
◎人物試験（個別面接）
※参考として性格検査を実施する。
◎身体検査
◎身体測定

### 問合せ先

人事院・人事院地方事務局（所）。
※❷ページを参照
または航空保安大学校。
https://www.cab.mlit.go.jp/asc/

## 国家専門職 海上保安大学校学生（高卒程度）

海上保安庁の幹部職員を養成する試験。海上保安大学校の学生を採用する試験。海上保安大学校の教育期間は本科と専攻科の計4年6か月。

➡本書102ページを参照

※令和6年度の試験から基礎能力試験において、情報分野からも出題されるようになった。

### 受験資格

高校または中等教育学校を卒業後2年未満の者（卒業見込みを含む。注5）。

### 試験日程

・受付期間　8月下旬～9月上旬
・第1次試験　10月下旬
・第2次試験　12月中旬
・最終合格発表　翌年1月中旬

### 試験内容

【第1次試験】
◎基礎能力試験（多肢選択式、1時間30分）※❺ページの国家一般職［高卒者試験］と同様。
◎学科試験（多肢選択式、2時間）
◎学科試験（記述式、数学、英語各1時間20分）
◎作文試験（1題、50分）
【第2次試験】
◎人物試験（個別面接）
※参考として性格検査を実施する。
◎身体検査
◎身体測定
◎体力検査

### 問合せ先

人事院・人事院地方事務局（所）。
※❷ページを参照
または海上保安庁。
https://www.kaiho.mlit.go.jp

## 国家専門職 海上保安学校学生（高卒程度）

海上保安学校の学生を採用する試験。海上保安学校の教育期間は1年または2年。

➡本書103ページを参照

※令和6年度の試験から基礎能力試験において、情報分野からも出題されるようになった。

### 試験区分

一般課程（1年間）、航空課程（1年間）、管制課程（2年間）、海洋科学課程（1年間）の4区分。

### 受験資格

高校または中等教育学校を卒業後12年未満の者（卒業見込みを含む。注5）。

### 試験日程

・受付期間　7月中旬～下旬
・第1次試験　9月中旬
・第2次試験　10月中旬～下旬
・最終合格発表　11月中旬
※航空課程は11月下旬～12月上旬に第3次試験を行い、翌年1月中旬に最終合格が発表される。
※年によってはこの日程以外の特別募集がある。

### 試験内容

【第1次試験】
◎基礎能力試験（多肢選択式、1時間30分）※❺ページの国家一般職［高卒者試験］と同様。
◎学科試験（多肢選択式、海洋科学課程以外は2時間、海洋科学課程は3時間）
※一般課程には課されない。
◎作文試験（1題、50分）
※一般課程のみ。
【第2次試験】
◎人物試験（個別面接）
※参考として性格検査を実施する。
◎身体検査
◎身体測定
◎体力検査
【第3次試験】
◎適性検査（模擬飛行装置を使用しての操縦検査）
◎人物試験（個別面接）
※参考として性格検査を実施する。
◎身体検査
※第3次試験は航空課程のみ。

### 問合せ先

人事院・人事院地方事務局（所）。
※❷ページを参照
または海上保安庁。

https://www.kaiho.mlit.go.jp

## 国家専門職 気象大学校学生

高卒程度

気象庁で気象業務などを行う職員を養成する気象大学校の学生を採用する試験。気象大学校の教育期間は4年。

⬇本書102ページを参照

※令和6年度の試験から基礎能力試験において、情報分野からも出題されるようになった。

### ●●受験資格

高校または中等教育学校を卒業後2年未満の者（卒業見込みを含む。注5）。

### ●●試験日程

・受付期間　8月下旬～9月上旬
・第1次試験　10月下旬
・第2次試験　12月中旬
・最終合格発表　翌年1月中旬

### ●●試験内容

【第1次試験】
◎基礎能力試験（多肢選択式、1時間30分）※❺ページの国家一般職［高卒者試験］と同様。
◎学科試験（多肢選択式、3時間）
◎学科試験（記述式、数学、英語、物理、各1時間20分）
◎作文試験（1題、50分）
【第2次試験】
◎人物試験（個別面接）
※参考として性格検査を実施する。
◎身体検査

### ●●問合せ先

人事院・人事院地方事務局（所）。
※❷ページを参照
または気象大学校。
https://www.mc-jma.go.jp/mcjma/

## 国家専門職 経験者採用試験

社会人

民間企業等における有為な勤務経験等を有する者を係長以上の職へ採用することを目的として行う中途採用試験。

⬇本書105ページを参照

※令和6年度の試験から基礎能力試験において、情報分野からも出題されるようになった。

### ●●試験の種類・区分

経験者採用試験［係長級］のように、府省別・職制段階別に定められる。

試験区分も、求める専門性等の必要に応じて設けられる。

### ●●受験資格

係長級以上の採用であることを踏まえ、大学卒業後一定以上の年数の経過を受験資格とする（注6）。
※試験により大学卒業後の年数が定められている。

### ●●試験内容

【第1次試験】
◎基礎能力試験（多肢選択式、2時間20分）知能分野は、文章理解10題、判断・数的推理（資料解釈を含む）14題の計24題。知識分野は、自然・人文・社会に関する時事、情報からの計6題。
◎経験論文試験（1題・1時間30分）
【第2次試験】
◎人物試験（個別面接）
※参考として性格検査を実施する。
【試験ごとに選択される種目の例】
◎政策課題討議試験（1時間30分程度）
◎政策論文試験（1題・2時間）
◎政策課題討議試験（おおむね1時間30分）
◎一般論文試験（1題・1時間）
◎外国語試験
◎総合評価面接試験

### ●●問合せ先

人事院・人事院地方事務局（所）。
※❷ページを参照

## 裁判所職員総合職

院卒程度　大卒程度

各裁判所の一般事務に従事する裁判所事務官、家庭に関する事件の審判および調停について必要な調査を行う家庭裁判所調査官となる者を採用するための試験。

⬇本書96ページを参照

なお、裁判所事務官試験では、「特例」を希望すれば、総合職に不合格となった場合、一般職大卒程度区分の受験者として取り扱われる。

### ●●試験区分

裁判所事務官と家庭裁判所調査官補の2試験。それぞれ「院卒者区分」と「大卒程度区分」に分かれている。

### ●●受験資格

院卒者区分：30歳未満の者で、大学院修士課程または専門職大学院の課程を修了または修了見込みの者（注1・注4）。
大卒程度区分：21歳以上30歳未満の者（注1・注2）。

### ●●試験日程

・受付期間　3月中旬～4月上旬
・第1次試験　5月中旬

・第2次試験　6月上旬～下旬
・第3次試験　7月中旬
※裁判所事務官のみ
・最終合格発表
　裁判所事務官試験：7月下旬
家庭裁判所調査官補試験：7月中旬

### 試験内容

試験内容やその実施日などがかなり複雑なので、必ず受験案内で確認してほしい。

【第1次試験】

◎基礎能力試験（多肢選択式、2時間20分）
　知能分野24題、知識分野6題。
◎専門試験（多肢選択式、1時間30分）
　憲法7題、民法13題は必須、刑法または経済理論を選択し10題解答。
※裁判所事務官試験のみ課される。

【第2次試験】

◎専門試験（記述式、院卒者裁判所事務官は4時間、大卒程度裁判所事務官は3時間、家庭裁判所調査官補は2時間）
　裁判所事務官：憲法、民法、刑法（各1題）は必須解答。さらに院卒者試験では民事訴訟法または刑事訴訟法のうち1題を選択解答。
※憲法は第1次試験日に実施。
　家庭裁判所調査官補：次の5領域から合計15題程度出題、そのうち任意の2題を選択解答。心理学に関する領域、教育学に関する領域、福祉に関する領域、社会学に関する領域、法律学に関する領域。
◎政策論文試験（1題、1時間30分）
◎論文試験（1題、1時間）
※第1次試験日に実施。
◎人物試験（個別面接）
※特例希望者のみに課される。
※家庭裁判所調査官補試験の個別面接および集団討論は2回。

【第3次試験】

◎人物試験（集団討論、個別面接）
※院卒者・大卒程度区分の裁判所事務官試験のみ。

### 問合せ先

最高裁判所（〒102-8651 東京都千代田区隼町4-2 ☎03-3264-8111）および各地方裁判所。
https://www.courts.go.jp/saikosai/index.html

## 裁判所職員一般職【大卒程度】

大卒程度

裁判所一般職は、「大卒程度区分」と「高卒者区分」に分かれているが、ここでは「大卒程度区分」について述べる。➡本書96ページを参照

### 受験資格

21歳以上30歳未満の者（注1・注2・注3）。

### 試験日程

・受付期間　3月中旬～4月上旬
・第1次試験　5月中旬
・第2次試験　6月上旬～7月上旬
・最終合格発表　7月下旬

### 試験内容

【第1次試験】

◎基礎能力試験（多肢選択式、2時間20分）
　知能分野24題、知識分野6題。
◎専門試験（多肢選択式、1時間30分）
　憲法7題、民法13題は必須、刑法または経済理論を選択し10題解答。

【第2次試験】

◎専門試験（記述式、1時間）憲法1題。※第1次試験日に実施。
◎論文試験（1題、1時間）
※第1次試験日に実施。
◎人物試験（個別面接）

### 問合せ先

最高裁判所および各地方裁判所。
※前項を参照。

## 裁判所職員一般職【高卒者】

高卒程度　社会人

裁判所一般職は、「大卒程度区分」と「高卒者区分」に分かれているが、ここでは「高卒者区分」について述べる。➡本書96ページを参照
　なお、採用の予定がある場合に、経歴等のいかんにかかわらず受験することのできる試験として、「社会人区分［係員級］」を、高卒者区分と同様の試験内容で実施する。

### 受験資格

高卒者区分は、高校または中等教育学校を卒業後2年未満の者（卒業見込みを含む。注5）。
　社会人区分［係員級］は、20歳以上40歳未満の者で（注1）、高卒者区分の受験資格を有する者を除く者を対象とする。
※採用する予定がある場合のみ実施。

### 試験日程

・受付期間　7月上旬～中旬
・第1次試験　9月中旬
・第2次試験　10月中旬～下旬
・最終合格発表　11月中旬

### 試験内容

【第1次試験】
◎基礎能力試験（多肢選択式、1時間40分）高卒者区分は、知能分野24題、知識分野21題。社会人区分は、知能分野29題、知識分野16題。
◎作文試験（1題、50分）
【第2次試験】
◎人物試験（個別面接）

### 問合せ先

最高裁判所および各地方裁判所。
※前項を参照。

## 防衛省専門職員

大卒程度

防衛省の内部部局等で主として諸外国との交渉、国際会議の通訳、海外資料の収集・分析などに従事したり、情報本部で主として国際関係、地域情勢、軍事情勢などの収集・分析等に関する業務に従事する専門職員を採用するための試験。

⬇本書104ページを参照

### 試験区分

年度によって違うが、令和6年度は以下のとおり。
英語、ロシア語、中国語、朝鮮語、フランス語。

### 受験資格

21歳以上30歳未満の者（注1・注2・注3）。

### 試験日程

・受付期間　4月上旬～中旬
・第1次試験　5月下旬
・第2次試験　7月上旬
・最終合格発表　7月下旬

### 試験内容

【第1次試験】
◎基礎能力試験（多肢選択式・1時間50分）※❻ページの皇宮護衛官［大卒程度］と同様。
◎専門試験（記述式・2時間）
◎論文試験（1時間）
【第2次試験】
◎口述試験（個別面接）
◎身体検査

### 問合せ先

防衛省大臣官房秘書課採用試験室（〒162-8801　東京都新宿区市谷本村町5-1　☎03-3268-3111）および各地の防衛局・支局。https://www.mod.go.jp

## 衆議院事務局総合職

大卒程度

衆議院の本会議・委員会等運営や国政調査に関する事務などに従事する職員を採用するための試験。

⬇本書98ページを参照

### 受験資格

21歳以上30歳未満の者（注1・注2）。

### 試験日程

・受付期間　2月上旬～3月上旬
・第1次試験　3月下旬
・第2次試験　4月中旬～下旬
・第3次試験　5月下旬
・最終合格発表　6月上旬

### 試験内容

【第1次試験】
◎基礎能力（多肢選択式・2時間）
◎専門（多肢選択式・1時間30分）
憲法〈必須〉。行政法、民法、刑法、労働法、経済理論、経済政策・経済事情、財政学、統計学、政治学・行政学、国際関係の計45題から24題を選択解答。
【第2次試験】
◎論文（2時間）
憲法〈必須〉と、行政法、民法、政治学、経済学から1科目選択。
◎個別面接試験
【第3次試験】
◎口述試験

### 問合せ先

衆議院事務局庶務部人事課（〒100-8960　東京都千代田区永田町1-7-1　☎03-3581-6866）。
https://www.shugiin.go.jp/internet/index.nsf/html/index.htm

## 衆議院事務局一般職［大卒程度］

大卒程度

衆議院の本会議・委員会等運営や国政調査に関する事務などに従事する職員を採用するための試験。

⬇本書98ページを参照

### 受験資格

21歳以上30歳未満の者（注1・注2）。

### 試験日程

・受付期間　4月上旬～下旬
・第1次試験　5月下旬
・第2次試験　6月上旬
・第3次試験　7月中旬～下旬
・最終合格発表　9月上旬

●● **試験内容** ●●●●●●●●●

【第1次試験】

◎基礎能力（多肢選択式・2時間）

◎専門（択一式・1時間30分）

憲法（必須）。行政法、民法、刑法、労働法、経済理論、経済政策・経済事情、財政学、統計学、政治学・行政学、国際関係の計45題から24題を選択解答。

【第2次試験】

◎論文（2時間）

憲法（必須）と、行政法、民法、政治学、経済学から1科目選択。

【第3次試験】

◎集団討論試験

◎個別面接試験

●● **問合せ先** ●●●●●●●●●

衆議院事務局庶務部人事課。

※前項を参照。

## 衆議院事務局 一般職［高卒程度］ 衆議院衛視

（高卒程度）

衆議院の一般事務に従事する職員、衆議院の整備・警備などに従事する衛視を採用するための試験。

➡本書98ページを参照

●● **受験資格** ●●●●●●●●●

一般職［高卒］は、17歳以上21歳未満の者（注1）。衛視は、17歳以上22歳未満の者（注1）。なお、衛視には身体基準がある。

●● **試験日程** ●●●●●●●●●

・受付期間　6月下旬～7月中旬

・第1次試験　8月下旬

・第2次試験　9月中旬

・最終合格発表　10月中旬

●● **試験内容** ●●●●●●●●●

【第1次試験】

◎基礎能力（多肢選択式・1時間30分）

◎作文試験（1時間）

※一般職［高卒］のみ

【第2次試験】

◎個別面接試験

◎身体検査　※衛視のみ。

◎体力検査　※衛視のみ。

●● **問合せ先** ●●●●●●●●●

衆議院事務局庶務部人事課。

※前項を参照。

## 参議院事務局 総合職

（大卒程度）

参議院事務局でも衆議院事務局職員と同様の職務に従事する職員を採用するための試験がある。

➡本書98ページを参照

●● **受験資格** ●●●●●●●●●

21歳以上30歳未満の者（注1・注2）。

●● **試験日程** ●●●●●●●●●

・受付期間　2月上旬～下旬

・第1次試験　3月上旬

・第2次試験　4月上旬～中旬

・第3次試験　6月上旬

・最終合格発表　7月上旬以降

●● **試験内容** ●●●●●●●●●

【第1次試験】

◎基礎能力試験（多肢選択式・2時間）

一般的知識（時事を含む）・知能として、社会科学2題、人文科学2題、自然科学1題、情報1題、文章理解10題、判断推理・数的推理・資料解釈14題の計30題。

◎専門試験（多肢選択式・2時間30分）

次の80題から合計40題となるように問題を選択。憲法5題、行政法10題、民法10題、刑法5題、労働法5題、経済政策5題、経済理論10題、経済事情・経済史5題、財政学10題、統計学・計量経済学5題、国際関係5題、政治学・行政学5題。

【第2次試験】

◎専門試験（論文式・2時間）

次の7題から合計2題を選択。憲法、行政法、民法、政治学、経済理論、財政学、経済政策。

◎人物試験（集団面接）

※参考として性格検査を実施する。

【第3次試験】

◎人物試験（個別面接）

※参考としてTOEFL（iBT）、TOEIC（公開テストに限る）、IELTS、実用英語技能検定（英検）のスコア等を証明する書類の写しを提出（任意）。

●● **問合せ先** ●●●●●●●●●

参議院事務局人事課任用係（〒100-0014　東京都千代田区永田町1・11・16　☎03・5521・7492）。

https://www.sangiin.go.jp

## 参議院事務局 一般職 専門職［衛視］

（高卒程度）

参議院の事務局職員と衛視を採用するための試験。

➡本書98ページを参照

●●受験資格
一般職は、17歳以上21歳未満の者（注1）。衛視は、17歳以上20歳未満の者（注1）。高校・中等教育学校を卒業（見込）の者、ならびに参議院事務局が同等の資格があると認める者。なお、衛視には身体基準がある。

●●試験日程
・受付期間　6月中旬～7月上旬
・第1次試験　8月中旬
・第2次試験　9月中旬
・最終合格発表　10月下旬以降

●●試験内容
【第1次試験】
◎基礎能力試験（多肢選択式・1時間30分）
一般的知識・知能として、社会科学（時事を含む）7題、人文科学8題、自然科学5題、文章理解6題、判断推理・数的推理・資料解釈14題の計40題。
◎一般常識試験（短文記述式・40分）
◎作文（1時間）
◎事務適性試験（10分）
※一般職のみ。
【第2次試験】
◎人物試験（個別面接）
◎基礎体力検査　※衛視のみ。
◎身体検査　※衛視のみ。

●●問合せ先
参議院事務局人事課任用係。
※前項を参照。

## 国立国会図書館 総合職 一般職［大卒程度］

大卒程度

国立国会図書館の一般事務などに従事する職員を採用する試験。
➡本書98ページを参照
総合職試験の受験者はあらかじめ希望すれば、総合職に不合格の場合も一般職［大卒］受験者として取り扱われる「特例」制度がある。

●●受験資格
20歳以上34歳未満の者（注1・注2、一般職［大卒］については注3）。

●●試験日程
・受付期間　2月上旬～中旬
・第1次試験　3月下旬
・第2次試験　4月下旬～5月上旬
・第3次試験　6月上旬
・最終合格発表　6月下旬以降

●●試験内容
【第1次試験】
◎教養試験（多肢選択式・2時間）
【第2次試験】
◎専門試験（記述式・総合職は2時間、一般職は1時間30分）
法学（憲法、民法、行政法、国際法から2分野選択）、政治学、経済学、社会学、文学、史学（日本史、世界史から1分野選択）、図書館情報学、物理学、化学、数学、工学・情報工学（工学全般、情報工学から1分野選択）、生物学から1科目選択。
※総合職試験受験者は、最初の90分間は一般職試験と共通の問題を、引き続く30分間は総合職試験独自の問題を解答。一般職試験と共通の問題に90分間を超えて解答することはできない。法学の総合職試験独自問題は、共通問題で選択した2分野のうちから1分野を選択。
◎英語試験（多肢選択式・1時間）
◎小論文試験（1200字・1時間）
※総合職のみ
◎人物試験（個別面接）※試験の参考とするため性格検査も実施。
【第3次試験】
◎人物試験（個別面接）

●●問合せ先
国立国会図書館総務部人事課任用係（〒100-8924 東京都千代田区永田町1-10-1 ☎03-3506-3315）。
https://www.ndl.go.jp

## 国立大学法人等職員

大卒程度

各国立大学法人等の職員を採用するための試験。なお、職員の身分は公務員ではない。
➡本書118ページを参照

●●試験区分
事務、図書、電気、機械、土木、建築、化学、物理、電子・情報、資源工学、農学、林学、生物・生命科学の各区分があるが、試験実施年の3月時点で採用予定のない区分については、試験を実施しない。

●●受験資格
30歳未満の者（注1）。

●●試験日程
・受付期間　5月中旬～下旬
・第1次試験　7月上旬
・第2次試験　各法人等が行う
・最終合格発表　各法人等から通知

●●試験内容
【第1次試験】
◎教養試験（多肢選択式・2時間）
一般知識として、社会7題、人文

7題、自然6題の計20題、一般知能として、文章理解7題、判断推理8題、数的推理および資料解釈5題の計20題。

【第2次試験】

◎面接考査等（全区分）

各法人ごとに設定。必要に応じて各試験区分の専門性を考査する。

図書は、専門試験（筆記試験）が課せられている。

### 問合せ先

各地区の国立大学法人等職員採用試験実施委員会または国立大学協会。

https://www.janu.jp

## 地方上級　大卒程度

地方公務員試験のうち、都道府県、政令指定都市、特別区（東京23区）で実施される、大学卒業程度の職員採用試験。

試験科目、出題形式などは各自治体によってかなり異なっているので、受験する試験の正確な情報については、各自で十分調べておく必要がある（以下に掲載するのは地方上級試験の概要である）。

⬇本書109ページを参照

### 試験区分

一般行政系区分の名称も自治体によって、行政、一般行政、行政事務、一般事務、事務などさまざまである。また、事務系として学校事務、警察事務の区分を別に設けているところもある。

そのほかにも、経営、語学、国際、心理、情報処理、環境、社会福祉、土木、建築、機械、電気、化学、農業、畜産、林業、水産、造園、保育士、看護師、薬剤師、獣医師、栄養士など、自治体によって専門系・技術系・資格免許職の分野でさまざまな試験区分がある。

### 受験資格

各自治体によって異なるが、おおむね21～29歳程度の者となっている（注1）。しかし、近年は年齢制限を緩和する自治体も増えており、30歳以上であっても受験できるところも多い。

受験資格には、基本的には年齢制限だけが設けられているが、学歴制限等を設けている場合もある。

### 試験日程

各自治体によって異なるが、例年、以下のようになっている。

- 受付期間　5月上旬～6月上旬
- 第1次試験　6月下旬
- 第2次試験　7月中旬～8月中旬
- 最終合格発表　8月上旬～9月上旬

道府県と政令指定都市は例年同じ日に第1次試験を実施（令和6年度は6月16日に実施）しており、それとは別に5月に東京都Ⅰ類Bと特別区Ⅰ類が同日に実施（令和6年度は4月21日に実施）されている。

### 試験内容

専門試験がない自治体や、逆に記述式試験が課される自治体もあるなど、試験内容も各自治体によってかなり異なるが、一般的なところを示すと次のようになる。

【第1次試験】

◎教養試験（多肢選択式・2時間～2時間30分）

◎専門試験（多肢選択式・2時間）

【第2次試験】

◎論文試験

◎面接試験（個別面接・集団面接・集団討論）

論文試験と面接試験は、第1次試験で行われる場合と、第2次試験で行われる場合とがある。

### 出題タイプ

地方上級の一般行政区分は出題数、出題科目、出題内容によって、いくつかの出題タイプに分けることができる。

○全国型（全国型変形タイプ）

多くの自治体がこの型に入り、ほかの型のベースとなっている。変形タイプは、全国型をベースに、自治体独自の科目や問題を加えたり省いたりして、出題数を増減させている。選択解答制を導入しているところが多い。

○関東型（関東型変形タイプ）

教養試験、専門試験とも選択解答制を導入している。変形タイプは関東型をベースに、自治体独自の科目や問題などを加え、出題数も多くなっている。選択解答制を導入している。

○中部・北陸型　教養試験は全問必須、専門試験は選択解答制を導入している。

○法律・経済専門タイプ　一般行政系の試験区分・専門選択分野などで、法律、経済の区分がある自治体で実施している。

○その他のタイプ　前述のどの型にも当てはまらない出題構成ではあるが、一部には全国型との共通問題も見られる。

○独自タイプ　出題構成・出題内容とも、その自治体独自のものとなっ

## 地方上級一般行政系択一式試験の概要　令和５年度の情報による

＊一般行政系のうち，各自治体で代表的な試験区分についてまとめた。
＊出題タイプ―**全**＝全国型　**関**＝関東型　**中・北**＝中部・北陸型　**法・専**＝法律専門タイプ　**経・専**＝経済専門タイプ

（細字部分は令和4年度以前の情報）

| 自治体 | 試験区分 | 専門選択分野等 | 教養 出題タイプ | 教養 時間(分) | 教養 出題数 | 専門 出題タイプ | 専門 時間(分) | 専門 出題数 |
|---|---|---|---|---|---|---|---|---|
| 北海道 | 一般行政A | | 職務基礎力試験（110分，60問） | | | なし | | |
| 青森県 | 行政 | | 全 | 120 | 40 | 全 | 120 | 40 |
| 岩手県 | 一般行政A | | 全 | 120 | 50問中40問 | 全 | 120 | 50問中40問 |
| 宮城県 | 行政 | | 全 | 150 | 50 | 全 | 120 | 40 |
| 秋田県 | 行政A | | 全 | 120 | 40 | 全 | 120 | 40 |
| 山形県 | 行政 | | 全 | 150 | 50 | 全 | 120 | 40 |
| 福島県 | 行政事務 | | 全 | 120 | 40 | その他 | 60 | 20 |
| 茨城県 | 事務(知事部局等A) | | 関 | 120 | 50問中40問 | 関 | 120 | 50問中40問 |
| 栃木県 | 行政 | | 関 | 120 | 50問中40問 | 関 | 120 | 50問中40問 |
| 群馬県 | 行政事務A | | 関 | 120 | 50問中40問 | 関 | 120 | 50問中40問 |
| 埼玉県 | 一般行政 | | 関 | 120 | 50問中40問 | 関 | 120 | 50問中40問 |
| 千葉県 | 一般行政A | | 関 | 120 | 50問中40問 | 関 | 120 | 50問中40問 |
| 東京都 | Ⅰ類B行政(一般方式) | | 独自 | 130 | 40 | 記述式 | | |
| 神奈川県 | 行政 | | 関 | 120 | 50問中40問 | その他 | 120 | 80問中40問 |
| 山梨県 | 行政 | | 関 | 120 | 50問中40問 | 関 | 120 | 50問中40問 |
| 長野県 | 行政A | | 関 | 120 | 50問中40問 | 関 | 120 | 50問中40問 |
| 新潟県 | 一般行政 | | 関 | 120 | 50問中40問 | 関 | 120 | 50問中40問 |
| 岐阜県 | 行政Ⅰ | | 全 | 150 | 50 | 全 | 120 | 40 |
| 静岡県 | 行政Ⅰ | | 関 | 120 | 50問中40問 | 関 | 120 | 55問中40問 |
| 愛知県 | 行政Ⅰ | | その他 | 120 | 40 | その他 | 120 | 40 |
| 三重県 | 一般行政分野(行政Ⅰ) | | 中・北 | 150 | 50 | 中・北 | 120 | 50問中40問 |
| 富山県 | 総合行政 | | 中・北 | 150 | 50 | 中・北 | 120 | 50問中40問 |
| 石川県 | 行政 | | 中・北 | 150 | 50 | 中・北 | 120 | 50問中40問 |
| 福井県 | 行政 | | 中・北 | 150 | 50 | 中・北 | 120 | 60問中40問 |
| 滋賀県 | 行政(専門試験型) | | 全 | 120 | 47問中40問 | 全 | 120 | 50問中40問 |
| 京都府 | 行政A | 総合政策 | その他 | 120 | 40 | 全 | 90 | 40 |
| | | 法律 | その他 | 120 | 40 | 法・専 | 90 | 40 |
| | | 経済 | その他 | 120 | 40 | 経・専 | 90 | 40 |
| 大阪府 | 行政 | | SPI 3（70分） | | | なし | | |
| 兵庫県 | 一般事務職 | | 全 | 150 | 55問中45問 | 全 | 120 | 80問中40問 |
| 奈良県 | 総合職（行政） | | 全 | 105 | 50問中35問 | 全 | 90 | 55問中30問 |
| 和歌山県 | 一般行政職（通常枠） | 法律 | SCOA(60分，120問) | | | 法・専 | 120 | 40 |
| | | 経済 | SCOA(60分，120問) | | | 経・専 | 120 | 40 |
| | | 総合A・B | SCOA(60分，120問) | | | その他 | 120 | 60問中40問 |
| 鳥取県 | 事務(一般コース) | | 全 | 150 | 50 | 全 | 120 | 40 |
| 島根県 | 行政A | | 全 | 150 | 50 | 全 | 120 | 40 |
| 岡山県 | 行政 | | 全 | 150 | 50 | 全 | 120 | 40 |
| 広島県 | 行政(一般事務A) | 行政 | 全 | 150 | 55問中45問 | 全 | 120 | 40 |
| | | 法律 | 全 | 150 | 55問中45問 | 法・専 | 120 | 40 |
| | | 経済 | 全 | 150 | 55問中45問 | 経・専 | 120 | 40 |

| 自治体 | 試験区分 | 専門選択分野等 | 教養 出題タイプ | 教養 時間(分) | 教養 出題数 | 専門 出題タイプ | 専門 時間(分) | 専門 出題数 |
|---|---|---|---|---|---|---|---|---|
| 山口県 | 行政 | | 全 | 150 | 50 | 全 | 120 | 40 |
| 徳島県 | 行政事務 | | 全 | 150 | 50 | その他 | 135 | 95問中45問 |
| 香川県 | 一般行政事務A | | 全 | 150 | 50 | 全 | 120 | 40 |
| 愛媛県 | 行政事務 | | 全 | 150 | 50 | 全 | 120 | 40 |
| 高知県 | 行政 | | 全 | 150 | 50 | 全 | 120 | 40 |
| 福岡県 | 行政 | | 全 | 150 | 50 | 全 | 120 | 40 |
| 佐賀県 | 行政 | | 全 | 150 | 50 | 全 | 120 | 40 |
| 長崎県 | 行政A | | 全 | 150 | 50 | 全 | 120 | 40 |
| 熊本県 | 行政 | | 全 | 150 | 50問中40問 | その他 | 120 | 80問中40問 |
| 大分県 | 行政 | | 全 | 150 | 50 | 全 | 120 | 40 |
| 宮崎県 | 一般行政 | | 全 | 150 | 50 | 全 | 120 | 40 |
| 鹿児島県 | 行政(40問必須解答型) | | 全 | 150 | 50 | 全 | 120 | 40 |
| 沖縄県 | 行政 | | 全 | 150 | 50 | 全 | 120 | 40 |
| 札幌市 | 一般事務(行政コース) | | 筆記試験（120分，65問中40問） | | | | | |
| 仙台市 | 事務 | | 全 | 120 | 45問中40問 | 全 | 120 | 56問中40問 |
| さいたま市 | 行政事務A | | 全 | 120 | 50問中40問 | 全 | 120 | 50問中40問 |
| 千葉市 | 事務(行政A) | | 全 | 150 | 55問中45問 | 全 | 120 | 50問中40問 |
| 特別区 | 事務 | | 独自 | 120 | 48問中40問 | 独自 | 90 | 55問中40問 |
| 横浜市 | 事務 | | その他 | 150 | 50 | なし | | |
| 川崎市 | 行政事務 | | 総合筆記試験（180分，60問） | | | | | |
| 相模原市 | 行政 | | その他 | 90 | 30 | なし | | |
| 新潟市 | 一般行政A | | 全 | 120 | 40 | 全 | 120 | 40 |
| | 一般行政B | | 全 | 120 | 40 | なし | | |
| 静岡市 | 事務A | | 全 | 150 | 55 | なし | | |
| | 事務B | | なし | | | 全 | 150 | 55 |
| 浜松市 | 事務(行政A) | | 筆記試験（30問） | | | 筆記試験（40問） | | |
| 名古屋市 | 事務 | 行政(教養型) | その他 | 120 | 40 | なし | | |
| | | 行政 | その他 | 120 | 40 | その他 | 120 | 40 |
| 京都市 | 一般事務職(行政) | | その他 | 90 | 30 | 全 | 90 | 40問中30問 |
| 大阪市 | 事務行政(22-25) | 行政 | SPI 3（70分） | | | なし | | |
| | | 法律 | SPI 3（70分） | | | 法・専 | 90 | 30問中25問 |
| 堺市 | 事務 | | SPI 3（70分） | | | なし | | |
| 神戸市 | 総合事務 | | その他 | 150 | 45問中40問 | その他 | 80 | 25問選択 |
| 岡山市 | 事務一般枠A | | その他 | 120 | 40 | 全 | 120 | 40 |
| 広島市 | 行政事務 | 法律 | 全 | 150 | 55問中45問 | 法・専 | 120 | 40 |
| | | 経済 | 全 | 150 | 55問中45問 | 経・専 | 120 | 40 |
| | | 行政 | 全 | 150 | 55問中45問 | 全 | 120 | 40 |
| 北九州市 | 一般事務員(行政Ⅰ〈専門択一〉) | | 全 | 150 | 50 | 全 | 120 | 40 |
| 福岡市 | 行政事務(行政〈一般〉) | | 全 | 150 | 50 | 全 | 120 | 40 |
| 熊本市 | 事務職 | | 全 | 150 | 50 | 全 | 120 | 40 |

## 地方上級の代表的な3つのタイプと東京都Ⅰ類B・特別区Ⅰ類の科目別出題数

教養試験

| 科目 | 全国型 | 関東型 | 中・北型 | 東京都 | 特別区 |
|---|---|---|---|---|---|
| 政治・経済 | 6 | 7 | 5 | 3 | 4 |
| 社会 | 6 | 7 | 5 | — | — |
| 社会事情 | — | — | — | 5 | 4 |
| 日本史 | 2 | 3 | 2 | 1 | 1 |
| 世界史 | 2 | 3 | 3 | 1 | 1 |
| 地理 | 2 | 3 | 3 | 1 | 1 |
| 思想 | — | — | — | — | 1 |
| 文学・芸術 | — | — | — | 1 | — |
| 国語 | — | — | — | — | — |
| 数学 | 1 | 1 | 1 | — | — |
| 物理 | 1 | 1 | 1 | 1 | 2 |
| 化学 | 2 | 2 | 2 | 1 | 2 |
| 生物 | 2 | 2 | 2 | 1 | 2 |
| 地学 | 1 | 1 | 1 | 1 | 2 |
| 文章理解 | 8 | 8 | 8 | 8 | 9 |
| 判断推理 | 10 | 7 | 10 | 5 | 10 |
| 数的推理 | 6 | 4 | 6 | 7 | 5 |
| 資料解釈 | 1 | 1 | 1 | 4 | 4 |
| 合計 | 50 | 40/50 | 50 | 40 | 40/48 |

専門試験

| 科目 | 全国型 | 関東型 | 中・北型 | 特別区 |
|---|---|---|---|---|
| 政治学 | 2 | 2 | 2 | 5 |
| 行政学 | 2 | 2 | 2 | 5 |
| 社会政策 | 3 | 3 | 2 | — |
| 社会学 | — | — | 2 | 5 |
| 国際関係 | 2 | 3 | 2 | — |
| 憲法 | 4 | 4 | 5 | 5 |
| 行政法 | 5 | 5 | 8 | 5 |
| 民法 | 4 | 6 | 7 | 10 |
| 商法 | — | — | — | — |
| 刑法 | 2 | 2 | 2 | — |
| 労働法 | 2 | 2 | 2 | — |
| 経済原論 | 9 | 12 | 8 | 10 |
| 財政学 | 3 | 4 | 3 | 5 |
| 経済史 | — | 1 | — | — |
| 経済政策 | — | 2 | 2 | — |
| 経済事情 | — | — | 3 | — |
| 会計学 | — | — | — | — |
| 経営学 | 2 | 2 | — | 5 |
| 合計 | 40 | 40/50 | 40/50 | 40/55 |

※平成20～令和5年度の情報による。
※東京都、特別区の判断推理には、それぞれ空間把握を含む。
※合計の欄の見方（以下同）40／50＝出題50題中40題選択解答

ている。
⑲ページには、令和5年度の情報をもとに、各自治体がどの出題タイプに分類されているかなど、教養・専門の択一式試験の概要を示した。また⑳ページには各出題タイプの科目別出題数を示したので参考にしてほしい。

### 問合せ先

各都道府県、政令指定都市等の人事委員会。

# 地方中級

短大卒程度

地方公務員試験のうち、都道府県、政令指定都市で実施される、短期大学卒業程度の職員採用試験。

試験科目、出題形式などは各自治体によってかなり異なっているので、受験する試験の正確な情報については、各自で十分調べておく必要がある（以下に掲載するのは地方中級試験の概要である）。

なお、地方中級試験は、自治体によっては実施していないところもあるので、十分注意してほしい。

⬇本書110ページを参照

### 試験区分

一般事務、学校事務、警察事務などの事務系区分のほか、司書、栄養士、学校栄養士、保育士、獣医師、薬剤師、看護師、保健師、臨床検査技師、診療放射線技師、理学療法士、作業療法士などの資格免許職が募集されることが多い。また、農業、土木、農業土木などの技術系区分も募集されることがある。

### 受験資格

各自治体や試験区分によって異なるが、おおむね19～27歳程度の者となっている。

### 試験日程

日程も自治体や試験区分によって異なる。9月の地方初級試験と同日（令和6年度は9月29日）に第1次試験を行うところが多いが、6月の地方上級試験と同日（令和6年度は6月16日）に行うところもある。

### 試験内容

専門試験を行わない自治体や、教養記述式試験を行う自治体があるなど、試験構成・内容はまちまちである。

### 出題タイプ

事務系区分については、第1次試験日や出題内容から分析すると、以下のタイプに分けられる。

○6月タイプ　地方上級と同一日に第1次試験が実施される。
○9月タイプ　地方初級と同一日に第1次試験が実施される。
○その他　それ以外の日程で行われるもの。

**●●問合せ先●●●●●●●●**

各都道府県、政令指定都市等の人事委員会。

## 地方初級（高卒程度）

地方公務員試験のうち、都道府県、政令指定都市、特別区（東京23区）で実施される、高校卒業程度の職員採用試験。

試験科目、出題形式などは各自治体によってかなり異なっているので、受験する試験の正確な情報については、各自で十分調べておく必要がある（以下に掲載するのは地方初級試験の概要である）。

➡本書110ページを参照

**●●試験区分●●●●●●**

自治体・年度によって募集職種は異なるが、主な職種は、一般事務、学校事務、警察事務などの事務系区分と、農業、土木、建築、電気などの技術系区分である。

**●●受験資格●●●●●●**

各自治体によって異なるが、おおむね17～21歳程度の者となっている（注1）。なお、学歴制限を設け、たとえば、大卒・大卒見込者が受験できないようにしている場合もある。

**●●試験日程●●●●●●**

各自治体によって異なるが、例年、以下のようになっている。

・受付期間　7月中旬～9月上旬
・第1次試験　9月下旬
・第2次試験　10月下旬
・最終合格発表　11月中旬～下旬

道府県と政令指定都市は例年同じ日（令和6年度は9月29日）に第1次試験を実施しており、東京都と特別区も例年同じ日（令和6年度は9月8日）に実施している。

**●●試験内容●●●●●●**

【第1次試験】

◎教養試験（多肢選択式・2時間～2時間30分）※出題順を変えたり、何題か独自の問題に差し替える自治体もある。
◎適性試験（多肢選択式、15分）※約3割の自治体で実施されている。
◎作文試験　※第2次試験で課すところもある。字数や制限時間は自治体によって異なる。

【第2次試験】

◎面接試験（個別面接）※自治体により集団面接や集団討論が課されることもある。

**●●問合せ先●●●●●●**

各都道府県、政令指定都市等の人事委員会。

### 地方初級の科目別出題数　平成20～令和4年度の情報による

教養試験

| 科目 | 道府県・政令指定都市 | 東京都Ⅲ類 | 特別区Ⅲ類 |
|---|---|---|---|
| 政治 | 3 | 2 | 3 |
| 経済 | 2 | 2 | 2 |
| 社会 | 3 | — | — |
| 日本史 | 2 | 2 | 2 |
| 世界史 | 2 | 2 | 2 |
| 地理 | 3 | 2 | 1 |
| 倫理 | — | — | 1 |
| 文学・芸術 | — | — | 1 |
| 国語 | 3 | — | 3 |
| 数学 | 1 | — | — |
| 物理 | 1 | 1 | 2 |
| 化学 | 2 | 1 | 2 |
| 生物 | 2 | 1 | 2 |
| 地学 | 1 | 1 | 1 |
| 生活常識 | — | 3 | — |
| 文章理解 | 8 | 8 | 9 |
| 判断推理 | 9 | 2 | 6 |
| 空間把握 | — | 5 | 4 |
| 数的推理 | 6 | 8 | 5 |
| 資料解釈 | 2 | 5 | 4 |
| 合計 | 50 | 45 | 45/50 |

## 市役所上級（大卒程度）

地方公務員試験のうち、政令指定都市を除く一般の市で実施される、大学卒業程度の職員採用試験。

ほかの公務員試験とを比べてみて、特に注意すべき点は次のとおり。

○毎年すべての市で採用試験があるわけではない

毎年採用を行っていた市が突然採

## 市役所上級の代表的なタイプの科目別出題数　平成30～令和5年度の情報による

**教養試験**

| 科目 | A日程 | B・C日程 Standard-Ⅰ | B・C日程 Logical-Ⅰ |
|---|---|---|---|
| 政治 | 1 | 0 | 1 |
| 経済 | 1 | 2 | 3 |
| 法律 | 2 | 2 | 2 |
| 社会 | 5 | 5 | 3 |
| 地理 | 2 | 2 | 1 |
| 日本史 | 1 | 1 | 1 |
| 世界史 | 2 | 2 | 2 |
| 文学・芸術 | — | — | — |
| 数学 | 1 | 1 | — |
| 物理 | 1 | 1 | — |
| 化学 | 1 | 1 | — |
| 生物 | 2 | 2 | — |
| 地学 | 1 | 1 | — |
| 文章理解 | 6 | 6 | 9 |
| 判断推理 | 8 | 8 | 9 |
| 数的推理 | 4 | 4 | 6 |
| 資料解釈 | 2 | 2 | 3 |
| 合計 | 40 | 40 | 40 |

**専門試験**

| 科目 | A日程 | B・C日程 必須解答タイプ | B・C日程 科目選択タイプ |
|---|---|---|---|
| 政治学 | 2 | 2 | 5（政治学・行政学） |
| 行政学 | 2 | 2 | |
| 社会学・教育学 | — | — | 5 |
| 社会政策 | 3 | 3 | 5 |
| 国際関係 | 4 | 4 | 5 |
| 憲法 | 5 | 5 | 5 |
| 行政法 | 6 | 6 | 5 |
| 民法 | 5 | 5 | 5 |
| 刑法 | — | — | — |
| 労働法 | — | — | — |
| 経済学（経済理論） | 10 | 10 | 5 |
| 経済政策・経済事情 | — | — | 5 |
| 財政学 | 3 | 3 | 5 |
| 合計 | 40 | 40 | 30/50 |

※表中のB・C日程の出題数はどちらもB日程の情報による。
※科目選択タイプの財政学には金融論を含む。

用を休止したり、休止していた市が数年ぶりに採用を再開することもある。また、募集職種も変動する。

○試験の程度の区分（上級・中級、大卒程度・短大卒程度など）が一様でない

学歴区分を設けずに一つの区分で試験を実施する市や、上級だけ・初級だけの試験を実施する市もある。

○受験申込書の郵送を受け付けないところがある

なかには受験申込書を本人が直接持参しなければならないところもある。さらに、受付のときに簡単な面談を行う場合もある。

このように試験全体が各自治体によってかなり異なっているので、自分の受験する試験の正確な情報については、各自で十分調べておく必要がある（以下に掲載するのは市役所上級の概要である）。

➡本書111ページを参照

### 募集職種

市・年度によって異なるが、主な職種は行政一般事務などと、農業、土木、建築、電気などの技術系区分、臨床検査技師、看護師などの資格免許職と消防である（消防については㉕ページ参照）。

### 受験資格

上級の年齢制限は、おおむね21～29歳前後となっているが、30歳以上となっているところも少なくない（注1）。また、受験資格に学歴制限・住所要件などを設けているところもある。職種によっては資格・免許の取得が必要条件となっている場合もある。

### 試験内容

市によってまちまちではあるが、第1次試験では択一式の教養試験・専門試験、または教養試験のみを課すのが一般的。このほかに、論文・作文試験、人物試験（個別面接・集団面接・集団討論）、適性試験、適性検査、体力検査などを第1次試験または第2次試験で課す市も多い。

このうち適性試験は事務適性試験とも呼ばれるもので、国家一般職の高卒者試験などの初級試験で課されるものと同様のものであるが、市役所試験では10分・100問という形式であることが多い。

### 試験日程・出題タイプ

試験日程も、第1次試験日、試験公告日、申込受付期間などが市ごとに異なる。このため、市役所どうしで併願できる可能性もある。

上級試験を定期的に実施している

市について、第1次試験日ごとにまとめると、出題内容がほぼ共通するグループを見いだすことができる。

○A日程（令和6年度は6月16日）
地方上級試験と同じ試験日に実施され、地方上級の全国型とほぼ同一の問題が出題される。県庁所在市などの比較的大きな市が該当。

○B日程（同7月14日）
全国的に広く見られるタイプ。

○C日程（同9月22日）
例年全国的に最も多くの市が属するタイプ。

なお、B・C日程の教養試験は内容が変更され、従来の教養試験に近いStandardタイプ、知能試験重視のLogicalタイプの2つになり、StandardとLogicalにはそれぞれレベル別にⅠ・Ⅱの2つに分かれている。受験する市がどのタイプになっているのか、事前に調べておく必要がある。

### ●●問合せ先

各市役所の採用担当部署。

## 市役所初級（高卒程度）

政令指定都市を除く市で実施される高校卒業程度の職員採用試験。

市役所初級の注意すべき点は前項の「市役所上級」と同様なので、詳しくはそちらをご覧いただきたい。

なお、市の初級は、上級以上に毎年コンスタントに採用試験が行われるとは限らない。欠員によっては急きょ募集が出ることもあるので、各自で状況を十分調べておく必要がある（以下に掲載するのは市役所初級の概要である）。

⬇本書111ページを参照

### ●●募集職種

市・年度によって異なるが、主な職種は一般事務職と土木などの技術系職種と消防などである（消防については㉕ページ参照）。

### ●●受験資格

受験資格は自治体によってかなり違いがあり。受験案内に「初級試験（高卒程度試験）」と記載されていても短大卒や大卒の人でも受験可能だったりすることもある。

### ●●試験日程

例年の日程はおよそ以下のとおりである。

・受付期間　8月上～中旬
・第1次試験　9月下旬
・第2次試験　10月下旬～11月中旬
・最終合格発表　11月下旬

令和6年度は、第1次試験を9月22日に行うところが多い。それ以外では、7月14日、9月22日に第1次試験を行うところがあるが、このほかの日程で実施する市もあるので注意が必要。

### ●●試験内容

第1次試験で教養試験（択一式）、作文、適性試験を行い、第2次試験で面接を課すというパターンが多いものの、試験内容・構成は自治体ごとにまちまちである。

### ●●問合せ先

各市役所の採用担当部署。

## 警察官（大卒程度）（高卒程度）

警察官の採用試験は、都道府県ごとに行われている。

試験は大学卒業程度と高校卒業程度に分かれ、それぞれを「警察官A」「警察官B」と呼ぶところが多い。

また、職務の特性上、男性と女性の試験を別々に行っている。

男性警察官の試験には都道府県ごとに実施する試験のほかに、共同試験として、複数の都道府県が合同で採用試験を行い、第二希望の自治体も受験したことになるというシステムを実施している場合もあり、4月採用以外の特別募集（主にその年の10月採用）を含めて、単独の試験を1年に複数回行う都道府県もある。

このように試験全体が各都道府県によってかなり異なっているので、自分の受験する試験の正確な情報については、各自で十分調べておく必要がある（以下に掲載するのは警察官試験の概要である）。

⬇本書112ページを参照

### ●●受験資格

自治体によって異なるが、大卒程度試験は21～29歳、高卒程度試験は17～29歳というところが多い。しかし、近年は年齢制限を緩和するところも多く、30歳以上であっても受験できるところも増えている（注1）。

なお、程度の区分をしているところでは大卒程度の場合「大学を卒業または卒業見込の者」と受験資格が

**警察官（大学卒業程度）**
**教養試験の科目別出題数**

| 科目 | 5月型 | 7月型 | 警視庁Ⅰ類 |
|---|---|---|---|
| 政治・経済 | 7 | 6 | 5 |
| 社会 | 2 | 3 | 4 |
| 日本史 | 2 | 2 | 2 |
| 世界史 | 2 | 2 | 2 |
| 地理 | 3 | 2 | 2 |
| 思想 | 1 | 1 | 1 |
| 文学・芸術 | 1 | 2 | 1 |
| 国語 | — | — | 2 |
| 英語 | — | — | 2 |
| 数学 | 1 | 1 | — |
| 物理 | 1 | 1 | 1 |
| 化学 | 2 | 2 | 1 |
| 生物 | 2 | 2 | 1 |
| 地学 | 1 | 1 | 1 |
| 文章理解 | 9 | 9 | 8 |
| 判断推理 | 9 | 9 | 11 |
| 数的推理 | 5 | 5 | 4 |
| 資料解釈 | 2 | 2 | 2 |
| 合計 | 50 | 50 | 50 |

※平成20～令和5年度試験の情報による。

**警察官（高校卒業程度）**
**教養試験の科目別出題数**

| 科目 | 9月型 | 10月型 | 警視庁Ⅲ類 |
|---|---|---|---|
| 政治 | 2 | 3 | 4 |
| 経済 | 2 | 2 | 2 |
| 社会 | 4 | 2 | 3 |
| 倫理 | — | — | 1 |
| 日本史 | 2 | 2 | 2 |
| 世界史 | 1 | 2 | 2 |
| 地理 | 3 | 3 | 2 |
| 文学・芸術 | — | 1 | 1 |
| 国語 | 4 | 3 | 2 |
| 英語 | — | — | 4 |
| 数学 | 1 | 2 | — |
| 物理 | 1 | 1 | 1 |
| 化学 | 2 | 2 | 1 |
| 生物 | 2 | 2 | 1 |
| 地学 | 1 | 1 | 1 |
| 文章理解 | 8 | 9 | 6 |
| 判断推理 | 9 | 9 | 5 |
| 空間把握 | — | — | 4 |
| 数的推理 | 6 | 4 | 6 |
| 資料解釈 | 2 | 2 | 2 |
| 合計 | 50 | 50 | 50 |

限られていることが多い。

また、近年はかなり減っているが身体基準が設けられている自治体もある。

身体基準は比較的緩やかに定められている場合もあるので、心配なら問い合わせてみること。

## ●● 試験日程・出題タイプ ●●●

教養試験の出題内容を第1次試験日ごとに分類すると次のようになる。

■大卒程度試験
○5月型（令和6年度は5月12日に実施）
○7月型（同7月14日）
○警視庁Ⅰ類（同4月13日・9月15日・令和6年1月12日の計3回）

■高卒程度試験
○9月型（同9月22日）
○10月型（同10月20日）
○警視庁Ⅲ類（同9月14日・令和6年1月12日の計2回）

なお、これ以外でも独自の日程で行う自治体もあり、警視庁のように年に複数回採用試験を行う自治体もあるので、十分注意したい。

大卒程度試験の7月型の平均的な日程は例年次のようになっている。

・受付期間　5月～6月頃
・第1次試験　7月上旬
・第2次試験　8月上～下旬
・最終合格発表　8月下旬～9月中旬

## ●● 試験内容 ●●●●●●●●

教養試験、面接試験以外は、自治体によって実施の有無は異なるが、おおよそ次のような内容となっている。教養試験以外は、第1次試験で行うか第2次試験で行うかは、自治体によって異なる。

【第1次試験】
◎教養試験（多肢選択式・2時間～2時間30分）
◎教養試験（記述式・20分～1時間）
※漢字の試験等が一部の自治体で実施される。
◎論文（作文）試験（1時間～1時間30分）
◎適性検査（性格検査）
◎身体検査など
◎体力検査など

【第2次試験】
◎個別面接（併せて、集団面接、集団討論を実施する場合もある）
◎体力検査など

## ●● 問合せ先 ●●●●●●●●

各都道府県の人事委員会または警察本部。

## 消防官・消防士

大卒程度　高卒程度

消防官・消防士試験は、基本的に市町村ごとに実施されるが、周辺市町村が合同でつくった消防組合等が採用試験を実施している場合もある。また、東京都では東京消防庁が一部地域を除いて一括して採用試験を行っている。

なお、試験の名称は、消防官、消防士、消防職、消防Ａ・Ｂ、消防吏員などさまざまである。

消防官・消防士試験は、市役所職員採用試験の中の消防の職種として実施されることがほとんどなので「地域によっては毎年採用試験があるわけではない」など市役所の試験と同様の特徴が見られる。市役所試験の特徴については㉑～㉓ページにある「市役所上級」「市役所初級」の項を参照してほしい。

このように試験全体が各自治体によってかなり異なっているので、自分の受験する試験の正確な情報については、各自で十分調べておく必要がある。（以下に掲載するのは消防官・消防士試験の概要である）。

### ●試験区分

⬇本書113ページを参照

大卒程度・高卒程度、男性・女性などと分かれているが、なかには区別なく一括で採用する自治体もある。東京消防庁の場合、Ⅰ類（大学卒業程度）、Ⅱ類（短期大学卒業程度）、Ⅲ類（高校卒業程度）と専門系（法律、建築、電気、電子・通信、化学、物理、土木、機械）に区分されている。

毎年一定人数の採用が行われているとは限らないうえに、特に女性の採用人数は男性に比べて少ないので、注意が必要である。

### ●受験資格

自治体によって異なるが、大卒程度試験はおおむね21～29歳、高卒程度試験はおおむね17～29歳というところが多い（注1）。

年齢制限のほかに、身体基準が設けられている場合がある。

身体基準は比較的緩やかに定められている場合もあるので、心配なら問い合わせてみること。

### ●試験日程

各自治体によって異なるが、市役所の第1次試験と同一日（㉑～㉓ページの「市役所上級」「市役所初級」の項を参照）に行われることも多い。東京消防庁では、年に複数回に分けて募集する場合がある。

### ●試験内容

教養試験、面接試験以外は、自治体によって実施の有無は異なる。

教養試験は第1次試験で行われることがほとんどであるが、そのほかの試験については、第1次試験で行うか第2次試験で行うか、自治体によって異なる。

なお、一部の自治体では専門試験が課されることもある。

【第1次試験】

◎教養試験（多肢選択式・2時間～2時間30分）

◎論文（作文）試験（1時間～1時間30分）

◎適性検査（性格検査）

◎身体検査など

【第2次試験】

◎個別面接（併せて、集団面接、集団討論を実施する場合もある）

◎体力検査など

### ●問合せ先

各市町村・消防組合等の採用担当部署。

**東京消防庁消防官
教養試験の科目別出題数**

| 科目 | Ⅰ類（1回目） | Ⅲ類 |
|---|---|---|
| 政治・経済 | 4 | 3 |
| 社会 | 3 | 2 |
| 日本史 | 1 | 2 |
| 世界史 | 1 | 2 |
| 地理 | 1 | 2 |
| 倫理 | — | — |
| 国語 | 3 | 3 |
| 文学 | — | — |
| 英語 | 4 | 3 |
| 数学 | 2 | 3 |
| 物理 | 1 | 2 |
| 化学 | 1 | 2 |
| 生物 | 1 | 2 |
| 文章理解 | 5 | 5 |
| 判断推理 | 5 | 4 |
| 空間把握 | 3 | 2 |
| 数的推理 | 5 | 4 |
| 資料解釈 | 5 | 4 |
| 合計 | 45 | 45 |

※平成30～令和5年度の試験の情報による。

## 要点整理集

一般知識分野、専門分野の過去問から重要テーマ・頻出項目をピックアップし、出題のポイントをわかりやすくまとめた要点整理集です。基礎固めだけでなく、短期間で実戦力もアップできます。

**一般知識 まるごとチェック！**［改訂版］
資格試験研究会編●定価1320円

**一般知識 まるごとクエスチョン**［改訂版］
資格試験研究会編●定価1320円

**行政5科目 まるごとパスワード neo2**
高瀬淳一著●定価1430円

**行政5科目 まるごとインストール neo2**
高瀬淳一著●定価1430円

**法律5科目 まるごとエッセンス**［改訂第4版］
九条正臣著●定価1430円

## 速攻の直前対策

『公務員試験 速攻の時事』は白書や統計、政府の施策など公務員試験独特の時事問題にポイントを絞って解説する基本書、『実戦トレーニング編』はその知識定着を図るための問題演習書です。

公務員試験 **速攻の時事**［年度版］
資格試験研究会編

公務員試験 **速攻の時事 実戦トレーニング編**［年度版］
資格試験研究会編

公務員試験の英語、苦手科目にする受験生の多い自然科学、論文や面接などで重視されるようになっている行政課題・政策論、警察官採用試験で重視される漢字のための短期攻略本です。

公務員試験 **速攻の英語**
資格試験研究会編●定価1320円

公務員試験 **速攻の自然科学**
資格試験研究会編●定価1320円

公務員試験 **論文・面接で問われる 行政課題・政策論のポイント**［年度版］
高瀬淳一編著

警察官採用試験 **漢字力7日間トレーニング**［改訂版］
資格試験研究会編●定価990円

## 論文対策・専門記述式対策

合格レベルの答案を書くためにどんな知識を身につけておくべきか、その知識を生かしてどうまとめればいいか、実際の出題例をもとに詳しく解説しています。

公務員試験 **採点官はココで決める！合格論文術**［年度版］
春日文生著

大卒警察官 **合格論文はこう書く！**［改訂版］
資格試験研究会編●定価1540円

地方上級／国家一般職［大卒］／市役所上・中級 **論文試験 頻出テーマのまとめ方**［年度版］
吉岡友治著

公務員試験 **元警察人事が教える！ ホントの警察官論文対策**
大貫啓行監修／資格試験研究会編●定価1430円

公務員試験 **無敵の論文メソッド**
鈴木鋭智著●定価1320円

公務員試験 **採点官はココで決める！ 社会人・経験者の合格論文＆面接術**［年度版］
春日文生著

行政系の専門試験は5肢択一式が多いですが、なかには記述式の専門試験を課しているところもあります。記述式試験では何が求められているのか、合格答案作成のためのノウハウが満載です。

公務員試験 **専門記述式 憲法 答案完成ゼミ**
資格試験研究会編●定価1980円

公務員試験 **専門記述式 民法・行政法 答案完成ゼミ**［改訂版］
資格試験研究会編●定価1980円

## 面接対策

面接重視・人物重視の流れはますます加速しています。早いうちから対策を練って面接官や人事に「この人と一緒に働きたい！」と思わせるよう戦略的にアピールしないと、内定はもらえません。

公務員試験 **現職人事が書いた「面接試験・官庁訪問」の本**［年度版］
大賀英徳著

公務員試験 **採点官はココで決める！合格面接術**［年度版］
春日文生著

公務員試験 **現職人事が書いた「自己PR・志望動機・提出書類」の本**［年度版］
大賀英徳著

公務員試験 **大事なことだけ シンプル面接術**
後藤和也著

公務員試験 **元面接官が教える！ ホントの警察官面接対策**
大貫啓行監修／資格試験研究会編●定価1320円

公務員試験 **寺本康之の面接回答大全**［年度版］
寺本康之著

**公務員面接を勝ち抜く力**
小紫雅史著●定価1320円

年度版の書籍については、当社ホームページで価格をご確認ください。https://www.jitsumu.co.jp/

# [受験ジャーナル]

受験ジャーナルは、日本で唯一の公務員試験情報誌です。各試験の分析や最新の採用情報、合格体験記、実力を試す基礎力チェック問題など、合格に不可欠な情報をお届けします。年間の発行計画は下表のとおりです（令和6年3月現在）。

| 定期号 | 発売予定日 | 特集等 |
|---|---|---|
| 7年度試験対応<br>vol.1 | 令和6年10月1日<br>発売予定 | 特集1：第一志望に受かる!　タイプ別学習プラン<br>特集2：判断推理の合格戦術<br>徹底分析：国家総合職，東京都，特別区 |
| 7年度試験対応<br>vol.2 | 令和6年11月1日<br>発売予定 | 巻頭企画：1年目職員座談会<br>特集1：数的推理の合格戦略<br>特集2：教養区分を受けよう<br>地方上級データバンク①：東日本　　徹底分析：国家一般職 |
| 7年度試験対応<br>vol.3 | 令和7年1月1日<br>発売予定 | 特集1：これから間に合う合格プラン<br>特集2：早めの面接対策<br>地方上級データバンク②：西日本<br>徹底分析：国家専門職，裁判所 |
| 7年度試験対応<br>vol.4 | 令和7年2月1日<br>発売予定 | 特集：地方上級　最新出題研究<br>短期連載：また出る過去問<br>暗記カード：教養 |
| 7年度試験対応<br>vol.5 | 令和7年3月1日<br>発売予定 | 特集1：時事予想問題<br>特集2：論文の頻出テーマランキング<br>特集3：録画面接の対策<br>短期連載：また出る過去問　　暗記カード：専門 |
| 7年度試験対応<br>vol.6 | 令和7年4月1日<br>発売予定 | 巻頭企画：直前期のスペシャル強化策<br>特集1：市役所上級　最新出題研究<br>特集2：市役所事務系早見表<br>短期連載：また出る過去問 |

| 特別企画 | 発売予定 | 内容等 |
|---|---|---|
| 特別企画①<br>学習スタートブック<br>7年度試験対応 | 令和6年6月上旬<br>発売 | ●合格体験記から学ぼう　●公務員試験Q&A<br>●学習プラン&体験記<br>●教養試験・専門試験 合格勉強法&オススメ本<br>●論文&面接試験の基礎知識　●国家公務員・地方公務員試験ガイダンス |
| 特別企画②<br>公務員の仕事入門ブック<br>7年度試験対応 | 令和6年7月中旬<br>発売予定 | ●見たい! 知りたい! 公務員の仕事場訪問<br>●国家公務員の仕事ガイド<br>●地方公務員の仕事ガイド<br>●スペシャリストの仕事ガイド |
| 特別企画③<br>7年度<br>直前対策ブック | 令和7年2月中旬<br>発売予定 | ●直前期の攻略ポイント　●丸ごと覚える 最重要定番データ<br>●最新白書 早わかり解説&要点チェック<br>●新法・改正法 法律時事ニュース<br>●教養試験・専門試験の「出る文」チェック　等 |
| 特別企画④<br>7年度<br>面接完全攻略ブック | 令和7年3月中旬<br>発売予定 | ●個別面接シミュレーション　●面接対策直前講義　●面接カードのまとめ方<br>●合格者の面接再現&体験記　●個別面接データバンク<br>●集団討論・グループワーク　●官庁訪問<br>●［書き込み式］定番質問回答シート |
| 特別企画⑤<br>7年度<br>直前予想問題 | 令和7年3月下旬<br>発売予定 | ●地方上級 教養試験 予想問題<br>●市役所　 教養試験 予想問題<br>●地方上級 専門試験 予想問題<br>●市役所　 専門試験 予想問題 |

| 別冊 | 発売予定 | 内容等 |
|---|---|---|
| 7年度<br>国立大学法人等職員<br>採用試験攻略ブック | 令和6年12月上旬<br>発売予定 | ●「これが私の仕事です」<br>●こんな試験が行われる!<br>●過去問を解いてみよう!<br>●7年度予想問題 |